W0209480

Renée Fleming

Une voix

traduit de l'anglais (États-Unis) par
Simon Duran

Fayard

Édition originale en langue anglaise

© Renée Fleming, 2004

Tous droits réservés, y compris droit de reproduction en tout et en partie, et sous toute forme que ce soit.
Cet ouvrage est publié avec l'accord de Viking Penguin, filiale du groupe Penguin (États-Unis)

© Librairie Arthème Fayard, pour la traduction française, 2004.

À Amelia et Sage,
qui me donnent des raisons de chanter

Remerciements

Je tiens à remercier

Anne Patchett, dont le travail silencieux en ces pages vaut bien le chant coloré d'un oiseau. Je n'aurais jamais eu le courage d'entreprendre ce projet sans son amitié et son aide.

Richard Kot, mon éditeur : patient, aimable et, fort heureusement, fin connaisseur de l'opéra. Il a porté son attention, digne d'un déchiffreur d'hiéroglyphes, à chaque paragraphe de ce livre.

Darrell Panethiere, véritable muse inspiratrice, pour son amitié et ses conseils en toute chose de la musique. Je lui suis redevable pour l'ensemble du parcours de ce livre.

May Lou Falcone, qui m'a conseillée à chaque instant, tout du long et pour tout, m'a donné le courage d'être honnête.

Alec Treuhaft, qui a rendu tout ceci possible en me persuadant que j'avais quelque chose, aujourd'hui, à dire.

Evans Mirageas, pour avoir résolu mon problème existentiel durant une longue après-midi passée à Cologne, en me racontant exhaustivement l'histoire des enregistrements et de la voix, et sa place dans la culture du XXᵉ siècle.

Christopher Roberts, président d'Universal Classics and Jazz : je fais une confiance absolue à sa boule de cristal et à ses courageuses initiatives.

Ma famille et tout particulièrement ma sœur Rachelle, pour toute une vie d'amour.

Alison Heather et Mary Camilleri, pour leur soutien quotidien, leur patience et leur humour.

Chez Viking : Patrick Dillon et Bruce Giffords, pour leur méticuleuse attention portée à chaque ligne ; Herb Thornby et Francesca Belanger, pour leur élégant travail de présentation ; et Alessandra Lusardi, pour avoir supervisé tout cela.

Enfin tous les amis et associés, qui m'ont aidée dans les dernières étapes de ce livre, par leurs conseils avisés : Matthew Epstein, John A. Fallon, Ann Gottlieb, Mary Jo Heath, Matthew Horner, Pat Kingsley, John Pascoe, Costa Pilavachi, Jacob Rothschild, Sue Schardt, Dr. David Slavit, Ann and Bill Ziff.

Prologue

La fouille des bagages ne m'est pas une épreuve inconnue. Comme tout voyageur international, j'ai passé une grande partie de ma vie à patienter dans les files d'attente de la douane, pendant que des étrangers compulsaient mes partitions ou regardaient dans mes chaussures. Mais je n'avais jamais encore eu affaire aux chiens. Je ne me trouvais pas dans un aéroport, mais dans ma loge, à Saint-Pétersbourg, en attendant que débute une répétition de Tchaikovski. On avait cru bon de faire entrer ces chiens renifleurs d'explosifs afin de s'assurer que je n'étais pas un terroriste déguisé en chanteuse d'opéra. Les bergers allemands commencèrent par fourrer leur nez dans mon sac à main, puis partout entre les robes qui pendaient dans le placard, reniflant mes produits de maquillage, les perruques, le piano, avant de se retourner vers moi avec un air profondément sceptique. J'étais à Saint-

Pétersbourg pour une soirée de gala, une belle soirée de musique et de danse. J'étais la seule étrangère à se produire devant cinquante chefs d'État, à l'occasion du 300e anniversaire de la fondation de la ville. Je devais chanter l'air de la lettre de Tatiana dans *Eugène Onéguine*, sur la scène du Théâtre Marinski. Au XIXe siècle, ce théâtre élégant avait été la résidence de l'Opéra impérial de Russie, créé par la Grande Catherine en 1783. Il avait abrité les créations mondiales d'opéras russes aussi célèbres que *Boris Godounov*, *Le Prince Igor* et *La Dame de Pique*. Verdi avait composé *La Forza del Destino* pour lui. Le Ballet du Théâtre Marinski, mondialement célèbre, avait créé sur cette scène *Le Lac des cygnes*, *La Belle au bois dormant*, *Casse-noisette* et *La Bayadère*. Berlioz, Wagner, Mahler, Schoenberg et surtout, ce qui comptait le plus pour moi ce soir-là, Tchaikovski, avaient dirigé leurs chefs-d'œuvre depuis cette fosse d'orchestre. Je respirai fort. Ce n'était pas la première fois que l'histoire pesait si lourdement sur mes épaules.

Je ne connaissais pas Saint-Pétersbourg. On m'avait parlé des dangers qu'on y court. On m'avait mise en garde contre la mafia, les kidnappings, les vols dans les hôtels, au moins contre une agression. De toute évidence, mes informations étaient périmées. Tout le monde était serviable, et toute la ville avait revêtu comme un air d'élégance : elle me parut si belle, avec ses splendides palais baroques et ses façades néoclassiques alignées le long des grands boulevards comme des gâteaux dans une pâtisserie. Les cathédrales, les canaux, chaque rue, chaque trottoir étaient parés pour l'anniversaire. Même la mer resplendissait. Le gouvernement avait été jusqu'à pulvériser les nuages afin de préserver les lieux de la pluie pendant que le président Bush, le Premier ministre Tony Blair, Jacques Chirac, Gerhard Schröder, Junichiro Koizumi et d'autres leaders du monde entier se trouveraient là. Le jour de gloire était arrivé pour la ville. Hélas, pas pour moi : mon guide et interprète était une adolescente de quatorze ans qui ne vivait que pour AC/DC, Alice Cooper et le basket, et ma chambre d'hôtel n'avait pas de fenêtres. Quand je dis qu'elle n'avait pas de fenêtres, je ne veux pas dire que la vue était mauvaise. Je veux dire qu'elle n'avait, littéralement, pas de fenêtres. On me dit qu'il n'y avait aucune autre chambre disponible, et je sortis alors ma carte maîtresse, ma carte Valery Gergiev, disant qu'il fallait l'appeler afin de trouver un autre hôtel. Il y a bien des manières pour une soprano de compter sur l'autorité bienveillante de son chef d'orchestre, et toutes ne concernent pas la scène. Pour avoir prononcé le nom le plus puissant dans la vie musicale russe d'aujourd'hui, je fus gratifiée d'une fenêtre *et* d'une vue.

D'un côté, tout se passa incroyablement bien : ils avaient un beau costume qui avait servi pour une production de *La Traviata* et qui m'allait parfaitement bien. Mais tout n'était pas si impeccable. Ils n'avaient rien prévu pour les repérages sur la scène et se contentèrent de dire que je n'avais qu'à faire « exactement comme je l'avais fait la dernière fois ». Mais je n'avais pas interprété ce rôle depuis des années et je ne parvenais pas à me rappeler à quelle place j'avais pu me tenir sur une autre scène disposée tout autrement. Le fameux théâtre Marinski était un dédale impossible de couloirs reculés et qui tous semblaient mener nulle part. J'aurais bien eu besoin d'un de ces chiens détecteurs de bombe pour trouver le chemin qui menait de ma loge à la scène – un sentiment d'impuissance qui répondait parfaitement à celui que j'éprouvais en me trouvant plongée dans la langue russe. Je parle l'allemand couramment, mon français est acceptable, mon italien est suffisant s'il s'agit de parler dans un taxi, au restaurant ou de répondre à des questions sur l'opéra; mais mon russe, en dehors des *niet* et des *da*, est vraiment inexistant. Des années auparavant, alors que je devais l'interpréter à Dallas pour la première fois, j'avais appris le rôle de Tatiana par cœur. De toutes les héroïnes que j'ai interprétées, c'est d'elle que je me sens le plus proche. « Qu'importe le sort qui m'attend, / Mais auparavant je voudrais, / Pleine aujourd'hui d'un espoir qui m'aveugle, / Appeler le bonheur de tous mes vœux. » Même si j'ignorais le russe, c'était à moi de trouver le moyen de l'interpréter aussi authentiquement que l'eût fait une chanteuse russe. Surtout qu'il s'agissait de chanter le plus aimé des airs pour soprano de tout le répertoire national devant un théâtre rempli de Russes. Cela ne nécessite pas seulement une mémorisation des mots, mais une étude de la structure de chaque phrase, afin de comprendre comment chaque mot doit être traduit. Cela implique aussi une étude minutieuse et exacte de leur prononciation et de leur inflexion. J'accorde une attention toute particulière aux finales. Les voyelles sont-elles ouvertes ou fermées, les consonnes doublées ou non ? La langue russe recèle un bon nombre des sons les plus redoutables pour un chanteur et il faut beaucoup de temps et de patience pour apprendre à les restituer.

Mais une fois la chose acquise, le travail d'apprentissage du rôle se fait beaucoup plus rapidement. Pour un opéra, je ne dois pas seulement retenir mon propre texte, mais également celui de tous les autres interprètes. De cette façon, je parviens à m'impliquer dans un véritable dialogue avec mes collègues, au lieu de simplement les fixer d'un regard vide tandis qu'ils émettent des sons inintelligibles. Tout au long des années, j'ai imaginé bien des procédés mnémotechniques. Mais bien qu'il paraisse aller de soi, le plus important d'entre eux consiste certainement dans l'apprentissage de la signification des mots. Dix minutes de concentration pour mémoriser, en s'attachant à bien comprendre ce que je suis en train de dire, valent bien des heures et des heures de répétition mécanique. Il est également essentiel de se servir de la phonétique, des allitérations, des onomatopées, des rimes, surtout pour des langues comme le russe et le tchèque, ainsi que de bien exercer la mémoire visuelle de la musique inscrite sur la page. Je fais tout ce que je peux pour parvenir à moudre tout le grain du texte au point qu'il en soit transformé en cette matière grise qui se trouve entre mes deux oreilles. Ce qui est remarquable, c'est que plus l'empreinte se fait difficilement, plus est durable. Laissez passer six ans après l'apprentissage d'un rôle aussi complexe que celui de Tatiana et vous me trouverez peut-être dans une file d'attente à la poste, en train de marmonner la scène de la confrontation avec Onéguine, indifférente aux regards embarrassés des autres clients.

Bien entendu, j'étais loin d'être la première Américaine à me retrouver dans cette position. Notre tradition de persévérance, qui nous pousse à toujours croire que tout va toujours bien fonctionner, remonte à Lillian Nordica, d'abord connue sous le nom de Lillian Norton de Farmington, dans le Maine. Elle fut certainement la première vraie star américaine à paraître sur la scène mondiale. Lorsqu'elle fut invitée par l'Opéra impérial de Saint-Pétersbourg, en 1880, elle avait 22 ans et quasiment aucune carrière derrière elle. Le théâtre Marinski l'engagea pour chanter une douzaine de rôles principaux durant la seule saison 1880-1881. Une douzaine de rôles à 22 ans. Comparativement, je n'avais rien à craindre.

À Saint-Pétersbourg, j'avais pour répétitrice de russe une certaine Irina, une femme élégante, au professionnalisme musical réputé dans cette maison. Valery Gergiev a bâti seul de sa main la nouvelle et imposante réputation internationale du Kirov. Bien souvent, les membres de la troupe ont vu leur emploi maintenu grâce aux profits réalisés par de lucratives tournées en Occident. La Russie sait reconnaître le potentiel artistique chez les enfants dès leur plus jeune âge, ce qui a permis non seulement de faire éclore des interprètes de talent, mais aussi un public capable d'apprécier les arts avec intelligence et finesse.

Cela accroissait ma nervosité quand je pensais à Tatiana. L'air que je devais chanter dure quatorze minutes et son texte est très fourni. Soudain je songeai que je pourrais peut-être échanger mon programme contre celui de la soprano principale du Marinski. Elle devait chanter *Vocalise* de Glinka, un air sans paroles. Après tout, on est infaillible en ne chantant que des « Ah ! » Je décidai que mon salut était de m'endurcir l'esprit et de ne laisser aucun doute s'y insinuer. Bien sûr, cela n'avait rien à voir avec ma première interprétation de ce rôle, en 1992, alors que ma fille Amelia n'avait que deux mois et qu'une nuit de sommeil continu n'était qu'une chimère. Mémoriser le rôle entre sa naissance et mon départ avait été une vraie souffrance et, bien des années plus tard, je sentis monter en moi une sorte de rage vindicative en lisant quelque part que grossesse et mémoire des sons s'excluaient mutuellement. Mais maintenant, je n'avais qu'à m'armer de volonté pour ne penser qu'à Tatiana et à sa lettre, oubliant surtout que cet événement allait être retransmis partout dans le monde et que Vladimir Poutine lui-même serait assis juste en face de moi, jugeant la qualité de ma prononciation. Je devais simplement passer mon costume, monter sur une scène dont je ne connaissais pas les repères et commencer de chanter dans cette langue que je ne comprenais pas.

Dans ces moments-là, il est impossible de ne pas s'arrêter pour s'émerveiller. Comment en étais-je arrivée là ? Comment donc une fille de Churchville, dans l'État de New York, en arrive-t-elle un jour à représenter son pays lors d'un événement musical de premier plan, projetée sur la scène d'un théâtre rempli de sommités ? La réponse est si simple qu'elle en est troublante. Tout le mérite en revient à deux petits morceaux de cartilage logés au fond de ma gorge. Ces cordes vocales, délicates, mystérieuses et quelque peu imprévisibles, m'ont menée jusque dans les lieux les plus incroyables. J'ai dormi à la Maison Blanche après avoir discuté de musique jusque deux heures du matin avec les Clinton et les Blair. J'ai chanté pour Vaclav Havel à la fin de sa présidence et, au cours du dîner, il m'a raconté sa vie quatre heures durant.

À côté des moments heureux de célébration et de commémoration, il y a aussi les événements plus solennels. Quelques mois seulement après les attaques du 11 septembre, lors d'une cérémonie qui avait lieu sur Ground Zero, j'ai chanté « Amazing Grace ». Neuf mille personnes se bousculaient dans un espace bien trop réduit. Les rues étaient pleines. Les gens se pressaient les uns contre les autres, marchant coude à coude dans toutes les directions, jusqu'à ce que finalement la foule tout entière ne fût plus qu'une unique âme endeuillée. Dans la semaine précédant l'événement, je chantai cet hymne toujours et encore, m'efforçant d'en imprimer la substance sur le petit muscle de mémoire logé au fond de ma gorge, de façon à le restituer, le moment venu, en retenant mes larmes. Je me souviens d'une jeune fille qui ce tenait ce jour-là au premier rang de la foule avec sa famille. Elle devait avoir 16 ans et j'ignorais quel être cher elle avait perdu. Au milieu de tous ces gens ravagés par le deuil, qui portaient des photographies ou des reliques et qui pleuraient, son expression paraissait totalement vide. Ses yeux étaient secs. C'était un peu comme si elle avait perdu son âme au moment même où les deux gratte-ciel s'étaient effondrés. Lorsque je commençai à chanter, je levai les yeux au ciel, un ciel au bleu alors improbable, car je savais bien que, sans cela, je n'aurais pu conserver mon sang-froid.

Comme la plupart des musiciens classiques ne passent jamais à la télévision et que leurs noms ne sont pas familiers aux téléspectateurs, pourquoi s'adresse-t-on cependant toujours à des musiciens classiques qualifiés, et des chanteurs le plus souvent, en temps de crise ou de deuil national ? Pourquoi avons-nous besoin d'une soprano pour incarner nos émotions collectives ? Pourquoi ne s'adresse-t-on pas à quelqu'un que tout le monde connaît, issu du monde de la musique populaire, quelqu'un qui a vendu des millions de disques ? Pourquoi solliciter une voix beaucoup moins connue et dont la musique est appréciée par un public plus restreint ? La raison en est double, à mon avis. Tout d'abord, la tradition de la musique, parce que son universalité transcende le goût, nous rassemble et nous enracine dans un sol commun. C'est ce qui se passe tout particulièrement avec des chansons telles que « Amazing Grace » et « God Bless America ». Ensuite, une voix qualifiée est revêtue d'une sorte d'autorité innée, capable de transmettre le sentiment de la force. Nous pouvons nous faire entendre sans micro. Nous chantons avec tout le corps. Les sons que nous produisons n'émanent pas seulement de notre tête, mais de toute notre âme et de tout notre cœur. Mieux encore, ils viennent de nos entrailles. Le mot « classique » s'applique à tant de choses différentes de notre culture : aux voitures, à la musique rock, à tel épisode de telle série de télévision. Pourtant, si l'on écoutait ce qu'il dit vraiment, on verrait qu'il porte le poids de quelque chose qui se déploie à travers les âges et représente ce qu'il y a de plus excellent dans une culture donnée. La musique que nous chantons a été aimée par les générations passées; elle continuera de prospérer et de rencontrer vie et amour dans l'avenir.

Grâce à l'instrument de ma voix, j'ai été assez heureuse dans ma carrière pour que l'on m'invite à monter sur scène à l'occasion de grands événements nationaux et internationaux. J'ai regardé le monde depuis le point de vue privilégié des Opéras et des salles de concert les plus prestigieux. J'ai eu une chance incroyable dans ma carrière et les gens me disent souvent : « Quel don merveilleux vous avez. Comme ce doit être magnifique d'ouvrir la bouche et de laisser une telle voix se déployer. » La voix commence à coup sûr par quelque talent, mais si le talent est une graine, c'est le dur labeur qui est responsable de l'arbre immense qui en est issu. Afin d'atteindre à sa pleine puissance, ce talent doit être nourri, cajolé, provoqué, dorloté, défié et à chaque instant mis à l'épreuve.

À l'époque où j'ai entrepris ma formation de chanteuse, je dévorais toutes les autobiographies des hommes et des femmes qui m'avaient précédée, espérant y trouver quelque conseil susceptible de m'aider à améliorer mon chant. Mais presque tous ces livres ne consistaient qu'en de divertissants récits de la vie de gens célèbres. J'éprouvais du plaisir à lire des intrigues se déroulant lors de réceptions élégantes, mais ce dont j'avais désespérément besoin, c'était d'un conseil pratique : quand ces personnalités avaient-elles appris ce qu'elles savaient et qui le leur avait enseigné ? Comment, avaient-elle survécu à leurs premières auditions, à la peur de la scène et au rejet ? Comment, après avoir finalement été engagées, avaient-elles appris tous leurs rôles ? Comment avaient-elles trouvé leur registre le plus aigu et qu'avaient-elles fait pour le conserver, éclatant et vibrant, tout au long d'une carrière si exigeante ? J'ai cherché si longtemps le livre dont j'avais besoin que j'ai finalement décidé de l'écrire moi-même. Ce à quoi je suis parvenue finalement n'est pas l'histoire de ma vie, mais l'autobiographie de ma voix. Après tout, c'est dans ma voix que repose ma vocation et ma carrière, tout comme n'importe quel autre talent, qu'il s'agisse du chant, de la comédie ou de la danse, est ce qui contraint un artiste à monter sur scène. J'espère que *Une voix* saura être un compagnon utile à tous ceux qui s'efforcent de tracer leur chemin dans ce métier aussi intimidant qu'exaltant.

L'histoire de mon chant est parcourue par une intrigue qui n'est pas sans rappeler les récits de chevaux que j'adorais dans ma jeunesse : une enfant trouve un cheval sauvage dont elle est seule à deviner le potentiel. Elle l'aime, en prend soin, l'entraîne infatigablement. La fille et le cheval ont fait un pacte que personne ne saurait briser. Résistant à l'adversité, elle se tient aux côtés de son cheval sans jamais accorder crédit à ceux qui disent qu'il est complètement fichu. Lorsque finalement son talent éclôt, elle rejette toutes les offres d'achat. À la fin, le cheval s'avère un crack et en récompense de tous ses efforts et de tout son dévouement, il l'entraîne vers des victoires dont elle n'aurait jamais rêvé.

Les pages qui suivent racontent comment j'ai trouvé ma voix, quel travail j'ai dû accomplir pour la façonner et de quelle manière, en retour, elle m'a façonnée.

Chapitre premier

La famille

La musique a accompagné tout le film de ma vie. Elle est liée à tant de mes souvenirs. Parfois, elle se trouve au centre de l'histoire ; à d'autres moments, elle n'est qu'une pensée survenue après coup, un air qu'une de mes filles chantonne pendant que je l'accompagne prendre le bus au petit matin. Il arrive même qu'elle entraîne l'histoire avec elle, comme lorsque je me trouve seule dans une chambre parfaitement calme en train de lire une partition. La musique m'a emmenée partout à travers le monde et elle m'a aussi ramenée chez moi. Il y a tant d'êtres qui me sont chers et que je peux identifier à un certain enchaînement de sons : mes professeurs et collègues qui sont devenus mes amis. Mes souvenirs impliquent si souvent quelqu'un qui chante, ou moi-même en train de chanter, ou bien encore quelqu'un qui fait retentir les premières notes sur un piano, qu'il devient même difficile d'imaginer l'endroit précis où commencent ces souvenirs. Mais si je suis incapable de me rappeler le jour où j'entendis de la musique pour la première fois, je peux au moins me souvenir de la nuit où j'en tombai amoureuse.

J'avais treize ans. Ma famille résidait dans un lotissement récent aux maisons clinquantes de la banlieue de Rochester, dans l'État de New York. C'était l'été et il y avait de la lumière dans les rues jusque tard le soir. Les enfants jouaient dans leurs jardins, courant à travers les pelouses et s'interpellant, jusqu'à ce que finalement le soir tombe et que, leurs mères les ayant appelés de leur seuil, ils rentrent chez eux les uns après les autres. Comme il faisait chaud et qu'on laissait ouvertes toutes les portes, nous pouvions entendre retentir tous les « Bonne nuit » et « À demain » ainsi que le bruit sec des rideaux que l'on tirait. Le monde retrouvait alors tout son calme, le bruit des voix laissant place aux cigales et au passage des voitures. Cette nuit-là, je me trouvais dans le salon tandis que mes parents chantaient. Tous deux professeurs de musique, ils consacraient la journée entière à écouter chanter leurs élèves – les gammes interminables, les chansons apprises et répétées sans relâche jusqu'à ce que chaque note fût chantée parfaitement. Mon père, Edwin Fleming, chef de chœur dans un lycée, écoutait chaque jour des légions entières de voix, pendant que ma mère, Patricia Seymour Alexander, enseignait dans une petite école privée. Ils chantaient, écoutaient chanter et chantaient encore au point qu'on eût pu croire, la journée achevée, qu'on avait exprimé de leurs poitrines toutes les notes possibles; mais lorsqu'ils étaient de retour à la maison, il s'en trouvait encore assez en eux pour qu'ils chantent encore, comme si la musique au travail ne les eût pas épuisés le moins du monde. Lors de ces soirées, ils chantaient pour eux-mêmes, pour moi, pour ma petite sœur Rachelle et mon petit frère Ted. Ce soir-là, ma mère était au piano et mon père debout à côté d'elle. Ensemble ils chantaient « Bess, You Is My Woman Now », de Gershwin. Ce duo de *Porgy and Bess* était un de leurs plus grands succès, un air ardent et plein de sentiment qui leur convenait parfaitement, la voix de baryton soutenant la délicieuse voix de soprano. Je m'allongeai dans le salon avec ma chienne Bessie, envahie par un parfait contentement.

Mon père était bel homme. Son sourire était doux et ses cheveux noirs et brillants tombaient en boucles sur son front à la manière d'Elvis Presley. Ma mère ressemblait à ces femmes de caractère qu'Hitchcock a toujours aimées, un croisement entre Tippi Hedren et Kim Novak. Ils formaient un couple royal et lorsqu'ils chantaient ensemble, tout allait pour le mieux dans notre vie, nous étions tous heureux. Pour moi, leur musique et le bonheur étaient une seule et même chose; comment la plénitude de la paix aurait-elle pu ne pas régner sur le monde alors qu'une telle harmonie existait dans notre propre salon ? J'aurais pu rester étendue là éternellement, à écouter.

Il n'était pas rare de les entendre chanter ainsi après le dîner, mais en cette nuit d'été, comme leurs voix portaient à l'extérieur et se propageaient le long des pelouses, les enfants interrompirent leurs jeux et posèrent leurs ballons pour écouter, tandis que leurs mères, qui venaient pourtant de sortir pour les appeler, étaient finalement rentrées dans leurs maisons pour aller chercher leurs maris. Les uns après les autres, nos voisins s'approchèrent de notre maison, telles des phalènes ; mes parents étaient une flamme irrésistible. Quelques-uns s'étaient avancés sur le seuil, mais la plupart se tenaient dans la cour devant la maison, leurs visages collés contre le grand écran de la fenêtre. Toutes les têtes du voisinage que j'avais aperçues ne serait-ce qu'une fois étaient là. C'était une rue peuplée d'immigrants, italiens pour la plupart, récemment débarqués dans le nord de l'État. Et justement mes parents commençaient d'entonner des airs populaires et le premier grand duo de *La Bohème*. Comme ma mère travaillait pour l'examen de professeur de musique qu'elle préparait à Eastman, elle chanta les airs de Puccini qu'elle répétait alors pour son récital d'admission : « Si, mi chiamano Mimi », « In quelle trine morbide » et « Vissi d'arte ». À la fin de chaque pièce, les voisins applaudissaient frénétiquement, incapables de croire en la bonne fortune qu'ils avaient d'entendre ainsi chanter, là, dans notre petite rue. Les applaudissements incitaient mes parents à continuer, et en effet ils continuèrent ainsi tard dans la soirée, se tenant la main, souriant, s'inclinant pour saluer, passant en revue tous les duos qu'ils connaissaient. Finalement, la soirée s'acheva. Électrisés, épuisés, nos voisins s'en retournèrent rêveurs chez eux et mes parents nous envoyèrent au lit. J'étais Eliza Doolittle, bien trop excitée pour dormir. J'étais la fille la plus fortunée du monde, puisque j'avais des parents admirés et que je vivais au centre de tous ces chants.

« Mais cela ne s'est pas du tout passé comme ça », m'a dit récemment ma mère alors que je lui rapportais ce souvenir.

Vraiment ?

Bien sûr, il y eut beaucoup de ces soirées où mes parents chantaient tous les deux pendant que les gens affluaient. Mais pour cette soirée-là, qui me semblait pourtant si inoubliable, mon père n'était même pas là. Ma grand-mère nous avait rendu visite depuis la ville, et ma mère s'accompagnait elle-même au piano.

Ainsi va la mémoire. Souvent, elle fait des collages avec ses plus grands succès, en sorte que la nuit la plus parfaite rencontre le plus beau chant, que les instants de parfaite beauté physique s'épanouissent aux côtés des instants de parfaite harmonie familiale. J'ai confiance en ma pleine capacité à me rappeler les détails de ma propre vie ; cependant, il s'agit aussi de la vie de ma mère, de celle de mon père, de Ted, de Rachelle et chacun d'entre nous raconterait sans doute une histoire différente. Ce qu'il y a de sûr, c'est que nous nous retrouverions tous sur l'essentiel : il y avait toujours le chant dans notre vie. Chez nous, la musique était une langue vivante. Elle était l'air que l'on respirait. Quelqu'un jouait du piano ; quelqu'un d'autre abaissait l'aiguille du tourne-disque pour nous faire écouter les airs de Mahler qu'aimait mon père. Il y avait la pratique, l'enseignement, les répétitions, mais il y avait aussi de la spontanéité, du dilettantisme, de l'inconscience, aussi pénétrants que la chaleur qui se propageait tout au long des canalisations souterraines pour repousser le froid des hivers new-yorkais.

Quand ma vie dans la musique a-t-elle vraiment débuté ? Avec mon premier rappel au Metropolitan ? Avec mon premier disque d'Elton John ? Ou bien lorsque mes parents se sont rencontrés à l'Indiana University, en Pennsylvanie ? Un jour qu'ils lisaient un tableau d'affichage dans les couloirs de l'école en se tenant par la main, un vieux professeur qui passait par là sépara brusquement leurs mains. « Arrêtez ça ! » leur dit-il, menaçant. Mais ils ne l'écoutèrent pas. Ils se marièrent alors qu'ils étudiaient encore pour devenir professeurs de musique. Et tous les trois nous avons réussi ensemble l'examen, ma mère tenant son diplôme à la main et me portant dans ses bras pour que je fasse un beau sourire sur la photo, eux deux vêtus des habits traditionnels de cérémonie, la robe et la toque. Ma mère était destinée à devenir une star de l'opéra, ou même une star de cinéma – tout le monde disait qu'elle y allait tout droit – mais la surprise d'un bébé mit un terme à tout ça.

J'ai passé ma petite enfance dans un parc pour bébé près du piano d'où ma mère donnait ses leçons de chant à la maison, pendant que mon père enseignait la musique dans un établissement du voisinage. Je me souviens des élèves de ma mère gazouillant pendant les leçons. Il y avait une fille qui portait une ceinture orthopédique et chantait « When Love Is Kind », une chanson que plus personne n'écoute, mais qui se trouve bien ancrée dans ma mémoire, liée au souvenir de la frêle voix de moineau que faisait entendre cette fille qui, l'après-midi, se tenait artificiellement redressée en face de ma mère.

J'aimerais bien savoir une chose. Qu'est-ce qui serait le plus favorable à l'éclosion d'un bébé chanteur d'opéra ? La musique elle-même ou la répétition incessante qu'implique une pratique rigoureuse ? Ma vie aurait emprunté un cours tout à fait différent si j'étais née fille d'ouvreuse à l'Opéra, avançant en âge tout en assistant aux premières des productions les plus somptueuses et les plus éclatantes, de celles qui peuvent bourrer une tête d'enfant des idées les plus sublimes. Je m'estime très heureuse d'avoir eu à conformer mes débuts aux éléments par lesquels la musique elle-même commence : les notes, les gammes, la recherche constante de la justesse. Si j'ai absorbé quelque enseignement lors des premiers mois et des premières années de ma vie, je suis certaine qu'il ne peut s'agir que du travail au moyen duquel advient le beau son.

Ma mère dit que je tardai à parler et commençai tôt à chanter, qu'elle pouvait faire entendre un enchaînement de sons et que j'étais capable, dès ma première année, de le reproduire comme un perroquet, ce qui est tout de même assez remarquable pour un bébé qui n'avait pas encore les moyens de réclamer un jus de pomme. Avant d'avoir trois ans, je me dressais déjà sur la banquette arrière de la voiture (puisque je suis née dans ces âges obscurs où l'on ne connaissait pas encore les sièges pour enfant), et prenais appui sur le siège avant entre mes parents pendant que mon père conduisait. À trois nous chantions « Frère Jacques » et « White Coral Bells » en canon. Je me plantais solidement entre ces deux merveilleux professeurs, apprenant ma partie.

Comment se fait-il qu'alors je ne songeais pourtant en aucune manière à devenir chanteuse ? J'aurais dû m'en rendre compte au moins à l'époque de mes trois ans, lorsque j'interprétai pour la première fois Suzy Snowflake. J'étais pratiquement née pour ce métier, et pourtant il ne m'était pas encore venu à l'idée de l'embrasser. Ce que je désirais le plus, c'était des torrents de reconnaissance et d'amour, et donc de me montrer à la hauteur. J'étais un chouchou notoire, une première de la classe. Plaire au professeur de musique impliquait de bien chanter, tout comme plaire au professeur d'anglais impliquait de lui remettre des copies écrites avec soin. Puisque mes professeurs de musique étaient mes propres parents, je chantais et chantais sans cesse.

Comme famille, pour ce qui est de chanter à la moindre occasion, nous les Fleming, nous pouvions rivaliser avec les Trapp. Ted, Rachelle et moi chantions en trio dans différentes églises. Nous chantions dans la cuisine, dans la voiture, dans des écoles, dans des cliniques ou dans des orphelinats. Ma mère eut même l'idée de nous emmener en tournée, mais mon père y opposa son idéal de vie « normale ».

Chez un enfant, le désir de plaire peut lui faire mettre de côté toute autre espèce de considération. J'étais naturellement timide – n'est-il pas vrai que tout acteur, danseur ou musicien revendique une enfance paralysée par la timidité ? – mais si on me disait de monter sur scène, alors j'y allais. Toutefois, livrée à moi-même, j'aurais toujours trouvé un livre à lire. Je pouvais lire au lieu de dormir, en marchant, à table, en voiture. Au bout d'un moment, cela rendait fou mon père, surtout lorsque nous passions de longues vacances en famille, que des paysages spectaculaires défilaient devant ma fenêtre et que je ne décollais pas les yeux de mon exemplaire de *Black Beauty*[1]. « Regarde ! », disait-il alors, m'observant dans la glace du rétroviseur tout en conduisant. « Arrête de lire pour au moins cinq minutes et regarde un peu ! De toute façon, je ne comprends pas comment tu peux passer tant de temps à lire des romans. Ils ne t'apprennent rien de réel. » C'était un partisan convaincu du « faites-le-vous-mêmes », qui avait l'air de toujours porter un mode d'emploi à la main.

Pour cinq minutes, je levais donc les yeux de mon livre pour regarder, et en effet le monde était bien tel que mon père l'avait promis : beau, vert, colossal. Mais les romans m'apprenaient aussi quelque chose de la réalité : le monde que je voulais considérer se trouvait dans ces pages ainsi que dans ma tête. Je pouvais m'imaginer à califourchon sur Black Beauty, galopant sous la pluie au milieu de la campagne anglaise. La capacité à se projeter dans la peau d'une autre personne, dans une autre époque et dans des circonstances complètement différentes constitue à l'évidence un élément décisif du métier d'acteur. Personne ne pensait que je perdais mon temps en lisant, mais seulement que ma personnalité prenait un tour tout à fait singulier et instable.

---

1. Roman d'Anna Sewell, où un cheval raconte sa vie.

Mon triomphe sur scène dans le rôle de Suzy Snowflake demeura unique, jusqu'à ce que Rachelle et moi revînmes comme dans *Sister Act*, dans notre école maternelle, avec *The Ugly Duckling*. Au collège, je fus choisie pour interpréter le rôle de la Mère Abbesse dans *La Mélodie du bonheur*. C'était tout de même un peu exagéré que de me faire jouer une vieille nonne à treize ans, surtout qu'on ne manqua pas par la suite de m'affubler du sobriquet de « Mère Abbesse ». Mais j'étais la seule à pouvoir chanter « Climb ev'ry Mountain ».

Toujours est-il que ce surnom me changeait un peu de celui qu'on m'avait donné un peu plus tôt : « Mademoiselle Perfection. » À l'école, je portais tous les jours un large bandeau élastique rose sur le front, et c'était là tout le terrain que je consentais à abandonner à la mode. J'aurais voulu être une rebelle, qui fume des cigarettes aux toilettes et sèche les cours après le déjeuner, mais je n'en eus jamais le courage. Au lieu de cela, je continuais de récolter les meilleures notes. Je m'inscrivis même à un concours qui consistait à écrire une nouvelle chanson pour l'école. Je remportai le concours avec les vers inspirés que voici :

Oh, Collège Gates Chili, le plus grand de tous,
Et tous nous te louons afin de rester forts et grands.
Nous t'aimons, alma mater, pour nous avoir montré la voie
La Gloire est pour toi, nous t'aimons chaque jour davantage.

Sans doute une élève si désespérément sérieuse mérite-t-elle d'être raillée et ridiculisée, mais je mourais à petit feu chaque jour que j'entendais la petite peste de l'école entonner ma chanson et la chanter toujours et encore, avec sa voix de fausset, dans le bus qui nous ramenait à la maison. Je n'étais qu'une fille aux chaussures orthopédiques, qui se tenait mal et qui désirait secrètement être quelque chose de complètement différent, quelque chose d'éblouissant.

J'eus ma chance lors de la représentation scolaire suivante, une production à grande échelle de *My Fair Lady*. À douze ans j'interprétai Eliza Doolittle et chantai le rôle jusqu'à la dernière note. Ralph Jurgens, un homme grand aux épaules larges (il ressemblait davantage à un policier qu'à un professeur d'anglais), rassembla huit élèves qui avaient vaguement quelque talent musical et leur donna l'accent britannique nécessaire à l'interprétation. Maintenant, pour la première fois de ma vie, j'apprenais vraiment un rôle. Ou plutôt, c'est ce que je pensais – jusqu'au jour où ma mère, une semaine avant la première, vint assister à une répétition. Elle attendit jusqu'à la fin puis, tandis que nous étions bien à l'abri dans la voiture, elle déclara qu'il fallait rentrer immédiatement à la maison parce qu'il y avait du travail. Beaucoup de travail.

On ne saurait sous-estimer le rôle qu'a eu ma mère en tant que professeur dans ma vie. C'est elle qui la première me fit comprendre l'idée de l'interprétation totale, m'apprenant que chanter ne pouvait se réduire simplement à rester plantée comme un piquet quelque part sous une lumière, fermer les yeux et ouvrir la bouche. Elle m'expliqua que les paroles « Just you wait, Henry Higgins » ne devaient pas être dites comme si on les avait tirées du bottin. Elle m'apprit à me mouvoir sur la scène, à quel moment regarder le public et à quel moment regarder ailleurs. Elle dansa ma partie et je dansai avec elle en me tenant derrière elle. Bonne élève, j'avais toujours pris soin de bien apprendre mon texte, mais sous sa direction je fus amenée à comprendre que mémorisation et interprétation étaient deux choses différentes.

« Souris ! » me dit-elle. « Essaie d'avoir l'air de t'amuser. »

Ma mère était une interprète incroyablement douée et rigoureuse. À cette époque, le Rochester Opera Theater était florissant et avait élu résidence au Eastman Theater, un vieil auditorium magnifique de plus de trois mille places. Le chandelier gigantesque qui pendait au-dessus du public comme un astre étincelant me fascinait. Là, les soirs où ma mère chantait, mon père, mon frère, ma sœur et moi prenions place au premier rang; nous étions éblouis par sa voix, par sa beauté et cette manière si intense de captiver le public. Lorsque ma mère était petite fille et qu'elle chantait à l'église pour les offices religieux, son grand-père s'asseyait au dernier rang et lui promettait un dollar si elle parvenait à se faire entendre jusque-là. Une manière assez intelligente d'enseigner la projection. Était-ce vraiment la même femme qui nous préparait le petit déjeuner ? Son maquillage de scène était visible du fond de la salle, une ligne noire au-dessus des yeux, une autre en dessous, un filet de blanc sur les contours extérieurs et une pointe de rouge dans les coins, ses faux cils balayant ses joues comme des pinceaux. Son costume de scène traînait derrière elle sur la scène en ondulant de ses grands plis.

Pouvait-il y avoir quelque chose de plus enchanteur que de voir sa propre mère parée d'un tel maquillage et vêtue de robes de velours ? Rachelle et moi possédions la plus exotique des collections de costumes de scène qu'aucune autre fille de la région n'aurait osé posséder même en rêve.

Maman chantait Marcellina dans *Les Noces de Figaro* et Fiordiligi dans *Così fan tutte* de Mozart. Dans le rôle-titre de *Suor Angelica*, de Puccini, elle était sur scène en habit de religieuse, pleurant son enfant mort, et moi je songeai : « Elle pleure pour moi ! » Alors je me mettais à pleurer pour elle. Bien entendu, j'avais honte de cet étalage et en pleurant j'étais sûre de me faire implacablement brocarder en famille. Toutefois, secrètement, j'aimais m'abandonner à cet étalage d'émotions, tout comme j'aimais être la fille d'une star. J'étais certaine que tous les enfants qui se trouvaient dans la salle rêvaient de l'avoir pour mère.

Mais autant j'adorais la voir sur scène, autant j'ignorais toute espèce de révérence à l'égard du son de sa voix. « Tu as chanté trop bas dans la première partie du 3e acte », étais-je capable de lui dire à l'âge de dix ans. Alors qu'elle-même avait toujours la délicatesse de me prendre à l'écart, bien loin de mes amis, avant de critiquer mon travail, je partageais mes commentaires avec toute personne se trouvant dans les parages. Elle avait assez de sagesse pour ne pas trop me prendre au sérieux et semblait même ravie de me voir développer un sens de la musique si précoce. J'en ai pris conscience surtout à l'époque où mes propres filles ont commencé de me critiquer alors qu'elles avaient environ huit ans. Même si elles se contentaient de me faire remarquer que le rouge à lèvres que je portais n'était pas exactement à mon avantage, c'était une manière de me signifier qu'elles me regardaient et savaient voir ou entendre une erreur. Comme moi à leur âge, elles n'avaient aucunement l'intention de laisser leur mère se défiler de quelque façon que ce fût.

À force de vivre dans les livres, je finis par penser que pour être heureuse il me fallait un cheval. Comme ma mère aimait aussi depuis toujours les chevaux, mes parents, quoique simples enseignants au salaire modeste, décidèrent que je devais en posséder un. Elle s'appelait Windy et vécut quelques semaines dans le garage, jusqu'à ce qu'elle s'aventure un jour dans la cuisine, ayant apparemment décidé qu'elle méritait une place plus intime dans le cercle familial. Finalement, un membre du conseil municipal vint nous voir et nous expliqua que les cuisines, les garages et toute autre partie de notre pavillon ne pouvaient nullement être considérés comme zone habitable pour les chevaux et que par conséquent Windy devait s'en aller.

Ma mère et moi nous tombâmes aussi amoureuses d'un singe du nom de Jethro qui avait élu résidence dans le rayon animaux domestiques du magasin Sibley. Il arriva chez nous pour mon douzième anniversaire — fort heureusement pour un essai de trois jours. Nous nous aperçûmes très vite que nous n'avions pas les capacités pour accueillir un tel animal dans notre petite ville de banlieue. Ni Windy ni Jethro n'avaient pu rester auprès de nous dans notre maison à deux étages sur Valencia Drive, et pourtant je tirai de l'expérience une leçon estimable : on pouvait réaliser tous ses rêves, aucun n'était trop grand ou trop exotique.

Si ma mère m'offrait avant tout une direction précise quant au dessin de la note ou le maintien du poignet et donnait elle-même l'exemple grâce à son énergie inépuisable, à son ambition et à son éthique du travail, tout ce que mon père pouvait m'apprendre sur le chant venait toujours empaqueté dans un enseignement beaucoup plus vaste. Il me dispensait des leçons de vie. Nous avions déménagé dans une maison de Churchville, dans l'État de New York, afin de disposer d'un espace plus favorable aux animaux. À la fin, nous possédions sur notre terre de trois hectares, trois chevaux, quatre autres en pension et trois chiens. C'était exactement ce dont j'avais rêvé, mais mon père me fit clairement comprendre qu'avec la réalisation des rêves venaient aussi les responsabilités. « Les chevaux ne peuvent se nourrir eux-mêmes », me disait-il alors, et je me retrouvais donc dehors avant l'école et dans le froid mordant du petit matin, avec pour tâche de remplir d'eau au sous-sol des seaux de quarante litres, en ayant préalablement pris soin de briser la glace qui s'y trouvait auparavant, pour finalement les rapporter à la grange après les avoir péniblement traînés dans les escaliers. Régulièrement, après avoir récuré les boxes, je traînais aussi des sacs de grains de quarante kilos de la voiture jusqu'à la sellerie. C'était un travail dur, physique, mais c'était là le prix à payer pour avoir des chevaux, et je voulais en avoir. Je compris qu'il fallait travailler pour obtenir ce que l'on veut, pour mériter ce que l'on aime. Ayant observé les filles qui chantaient sous la direction de ma mère tandis qu'elle se tenait au piano, je savais que la beauté pouvait certes advenir naturellement, mais qu'elle était plus vraisemblablement le résultat d'une discipline ; je récurais, brossais et examinais donc des sabots. Personne ne louait mes efforts ; le travail était simplement ce que l'on attendait de moi. Même quand nous partions faire du camping, ma mère, qui était plutôt accoutumée aux talons hauts et aux bas nylon, n'oubliait pas de charger d'un aspirateur et d'un matelas double le petit bateau à moteur que nous remorquions. Lorsque nous dressions le camp pour la nuit, après avoir navigué pour atteindre une île, avec le matelas à bord auquel nous nous agrippions tous, ma mère se débrouillait pour dénicher une prise de courant, y brancher une rallonge électrique, puis passer l'aspirateur sur le sol à l'emplacement de la tente. À compter de ce jour, mon père en avait fini avec les excursions au grand air.

Je me souviens que ma mère pouvait enseigner toute la journée, puis inviter toute sa famille pour un repas immense. Alors il fallait se mettre aux fourneaux, faire mijoter, hacher et frire pendant des heures, puis nous servions et débarrassions, lavions et rangions la vaisselle, nettoyions à fond chaque centimètre de la cuisine et lorsque finalement je m'effondrais dans mon lit épuisée et à moitié aveuglée par la fatigue, ma tante s'approchait de ma mère en secouant tristement la tête : « Renée est un peu paresseuse, non ? »

Dans ma famille, les femmes ont souvent fort mal usé du mot « paresse », tout simplement parce qu'elles n'en comprenaient pas le concept. Je peux faire remonter cette manière de voir très loin en arrière jusque mon arrière-grand-mère qui, adolescente et voulant échapper aux avances d'un soldat allemand, de Prague s'en était venue toute seule en Amérique. Être une jeune fille seule, dans un pays inconnu et sans en parler la langue, voilà qui constituerait le récit impressionnant d'une vie courageuse pour beaucoup de familles, mais dans la mienne ce n'était là que l'occasion de remonter ses manches et faire ce qu'il fallait faire. Cette arrière-grand-mère de Prague fabriqua une fille dotée d'une belle voix et qui jouait du piano. Ses amis l'appelaient « the Girl of the Golden West », en parodiant le titre de l'opéra de Puccini (*La Fanciulla del West*). Ma grand-mère avait autrefois désiré être professeur de musique et donc elle poussa ma mère à embrasser ce métier. Ma mère, quant à elle, voulait devenir chanteuse d'opéra. Nous étions tous si entrelacés qu'il était parfois difficile de dire si on ne vivait pas les rêves de l'autre.

S'il est possible qu'une certaine éthique du travail et un certain talent pour la musique soient transmis par quelque code génétique, alors j'ai hérité de mes parents. Les membres de la famille de mon père étaient les gens les plus infatigables que j'aie jamais rencontrés, ils savaient tout faire. Besoin d'une maison ? Nous en construirons une ! On ignore tout de l'art des fondations, de la plomberie, de l'électricité ? On arrivera bien à comprendre comment ça marche ! On aurait dit que chacun d'entre eux était capable de démonter et remonter une machine, consolider un toit, réparer un réfrigérateur. Mon grand-père paternel était mineur dans les collines de Pennsylvanie et mon oncle Lysle passa cinq ans dans l'armée en Nouvelle-Guinée, survivant en se nourrissant des serpents et des insectes qu'il parvenait à attraper. Les récits où il racontait comment il sauvait des infirmières des griffes de chasseurs de tête et comment il se débrouillait pour que ses soldats éclaireurs restent en vie, et tout ça grâce à l'entraînement qu'il avait reçu auprès de mon grand-père dans les collines de Pennsylvanie, me fascinaient. Même au sein de cette famille de gens si terriblement habiles et courageux au travail, mon père sut se distinguer. Enfant, il apprit à jouer de la trompette, et ce fut la trompette qui, avec son amour de la musique et ses heures de pratique minutieuse, lui permit d'être le premier membre de sa famille à entrer à l'université. Il réussit même, avec ses revenus de professeur, à posséder avec trois de ses amis un petit avion – un Piper Club –, et, petite, je croyais que tous les enfants, après le déjeuner dominical passaient leurs après-midi à voler

Devant tant de travail accompli, il était difficile de ne pas se sentir en dessous de tout. Je commençai à participer à des concours hippiques et à des courses d'obstacles, mais comme pour bien d'autres choses que je rêvais de faire, l'esprit de compétition ne me venait pas naturellement. La seule personne contre qui je sais me battre, c'est moi-même. Je sais me confronter à mes propres limites, mais je suis un cas désespéré dès qu'il s'agit de me battre contre quelqu'un d'autre. Ces concours hippiques de mon enfance ont bien failli me briser. Chez moi, la peur se manifeste par un état proche de la catatonie. Plus la panique m'envahit, plus mes yeux sont moribonds. Le calme qui s'empare de moi est si absolu que je pourrais prendre racine et porter bientôt des feuilles. Alors que la plupart des animaux savent d'instinct qu'il faut fuir ou combattre lorsqu'ils perçoivent un danger qui s'approche d'eux, je suis moi toujours tombée dans la catégorie des « évanouissantes ». Pour mon bizutage à l'université, j'étais supposée concourir au concours hippique de l'État. J'avais déjà participé à d'autres épreuves, mais c'étaient des événements moins importants. Je regardai la foule tout autour de moi, les filles souriantes et pleines d'assurance avec leur queue de cheval ; je m'appuyai contre le box, muette, immobile, toute à ma peur et à ma nausée. Mon père, qui voyait comme j'hésitais à grimper sur mon cheval, crut que j'étais distraite. Il avait pris cette panique glaciale pour de l'indifférence, de la mauvaise volonté.

« Je n'ai pas dépensé tout cet argent et tout ce temps pour que tu restes plantée là », me dit-il abruptement. « Je veux au moins te voir essayer. »

Il est amusant de penser que ma première épreuve du trac ne me vint pas sur scène, mais dans un corral tout poussiéreux, entourée de chevaux et de gens portant des bottes de cow-boy. Mais mon père avait raison de me contraindre et c'est avec une certaine sagesse qu'il ne me permettait pas de m'abandonner à mes peurs. Je me retirai derrière quelques bottes de foin, je vomis mon épouvante, replaçai proprement ma chemise dans mon jean, remontai sur mon cheval et concourus. Surtout je donnai le meilleur de moi-même, c'est-à-dire ce que mon père attendait de moi, et bien que ce jour-là mon meilleur ne fût pas vraiment bon. Cette qualité de mon père, sa sage détermination, insinua en moi le désir de toujours dépasser mes limites. J'avais la chance d'avoir à mes côtés quelqu'un qui, au lieu de cajoler mes peurs, ne perdait jamais une occasion de me mettre sous pression.

Je n'étais pas la seule que mon père refusait de choyer. Les choristes qu'il dirigeait à l'église subissaient exactement le même traitement. Il choisissait toujours une musique très difficile pour eux, des pièces comme les *Chichester Psalms* de Leonard Bernstein ou bien la très longue et très compliquée cantate de Bach « Christ lag in Todesbanden ». Lorsqu'ils se plaignaient, mon père leur disait simplement : « Nous allons le faire, nous allons apprendre à le faire, cela n'ira pas sans difficulté, mais vous y arriverez. » S'ils faisaient mine de refuser et le pressaient de choisir une autre musique, il leur répondait calmement qu'il leur faudrait alors choisir un autre chef de chœur. Ce qu'il exigeait des autres, il l'exigeait de lui-même : se lancer, essayer. Jamais il ne regardait quelqu'un – pas davantage ses élèves que ses enfants – en se disant : toi, tu ne peux pas y arriver. Sa très grande exigence nous tirait tous vers le haut.

* *
*

Laissons de côté une question : la scène me faisait-elle peur, y trouvais-je du plaisir, ou même avais-je quelque don pour m'y produire ? Une chose était sûre : je continuai de le faire. Au lycée, on me choisit pour une autre production de *My Fair Lady*, mais cette fois c'était l'initiative du professeur de musique, Rob Goodling. Rétrospectivement, ce n'est pas sans étonnement que je pense aux talentueux professeurs avec qui j'ai eu la chance de travailler si tôt dans ma vie, d'autant plus que nous ne nous trouvions pas exactement au cœur d'une métropole en plein essor. Rob était un homme aux idées ambitieuses qui par la suite organisa des tournées en Europe avec ses étudiants les plus doués. Comme il avait eu l'idée astucieuse de recruter pour ses comédies musicales de beaux joueurs de basket et les meilleurs athlètes, nos répétitions du soir étaient très prisées. Soudain, on vit monter sur scène les élèves les plus populaires; et moi, grâce à ma voix, je devins plus populaire encore. (Je suis certaine que je dois à Rob le fait d'avoir été choisie plus tard comme reine de la promotion.)

Je souhaiterais tellement que tout les enfants puissent recevoir l'éducation artistique que j'ai moi-même reçue. Dans les écoles de centre ville par exemple, quand les difficultés financières sont bien réelles, implacables, les cours de musique sont beaucoup plus rares, et difficiles d'accès. Au contraire, au Texas, l'éducation musicale a une grande importance, comparable à celle de l'éducation physique. Dans l'État de New York, de nombreuses écoles publiques offrent une solide formation musicale, et certains lui accordent une telle importance qu'elle finit par rivaliser avec les sujets académiques plus traditionnels. On ne peut pas faire de généralités sur l'état de l'enseignement de la musique, mais, incontestablement, il y a un lien entre les moyens financiers disponibles et l'existence d'école de musique.

Lorsque j'étais enfant, on se pressait dans le bus qui nous amenait à l'école avec nos étuis à violon, des flûtes et des trombones, et nous jouions

« Twinkle, twinkle, Little Star » ainsi que des nocturnes de Chopin, et cela tout aussi sérieusement que nous répétions nos tables de multiplication ou apprenions par cœur l'orthographe de certains mots. Nous savions parfaitement que nous n'allions pas tous devenir musiciens, mais les enseignants considéraient que la discipline de la musique constitue, sans même parler de la joie qu'elle peut apporter quand on peut la comprendre, un approfondissement et un élargissement de l'expérience bénéfique à toute existence. Enseigner la créativité aux enfants est tout aussi important que d'enseigner n'importe quelle autre matière scolaire, puisqu'elle nourrit l'âme. Une dose quotidienne de créativité aide les enfants à imaginer puis finalement créer un monde meilleur.

À cette époque, j'avais été acceptée pour faire partie d'un programme hebdomadaire de composition proposé à une poignée d'étudiants de Rochester. J'écrivais déjà des chansons et des poèmes depuis le collège et « Stargazer », ma première composition, un véritable succès parmi mes amis et dans ma famille, devint un tube qu'on aimait à interpréter pour les concours de chant amateur et lors des réunions de vacances. Je continuai de composer plusieurs pièces au piano et à la guitare jusqu'à ma seconde année d'université, où j'appris vraiment à m'exprimer oralement. Il est certain que la composition m'offrait toute l'ouverture expressive dont j'avais besoin pour compenser cette timidité dans laquelle je me trouvais enfermée. J'ai commencé à savoir quelle personne j'étais en écrivant de la musique plutôt qu'en l'interprétant. Par la composition, je cherchais l'expression et non le plaisir. Personne ne sera donc étonné d'apprendre que mon héroïne était à cette époque Joni Mitchell, que j'écoutais au-delà de toute mesure. Je pensais avoir personnellement découvert *The Hissing of Summer Lawns* et *Hejira*. Sa poésie, sa voix, sa musicalité uniques exprimaient si parfaitement le monde que je désirais habiter…

William Harper, doctorant à Eastman, était responsable de la classe de composition et c'est lui qui élargit mes idées sur la composition. Je n'oublierai jamais cette première séance au cours de laquelle il nous fit entendre *Threnody for the Victims of Hiroshima,* de Penderecki. Je ne pouvais croire que ces idées existent et je n'en avais jamais eu aucune connaissance. Je demeurai assise, transportée, silencieuse. Je me souviens de chaque détail de ce moment, la petite salle de classe où nous étions, la lumière du soir qui tombait par les fenêtres et William Harper assis à son bureau, écoutant les yeux fermés, le menton baissé. Pour un instant, le monde s'était figé et il me semblait que j'écoutais de la musique pour la première fois. Tout l'intérêt que j'ai pu trouver au cours de ma vie dans la musique contemporaine remonte probablement à ce moment-là, à l'écoute de ce disque-là.

M. Harper m'encourageait beaucoup et pourtant il était encore évident pour tout le monde à cette époque que les femmes ne pouvaient devenir de vrais compositeurs. Le mieux que nous pouvions espérer, c'était de parvenir à composer des chansons, non des symphonies, et donc je me mis à écrire des chansons d'art. Cependant, cette année-là, M. Harper me présenta une femme qui allait exercer dans les années à venir une profonde influence sur mon rapport à la musique : la mezzo-soprano Jan DeGaetani. Je fus extrêmement impressionnée par le nombre de partitions sur lesquelles elle travaillait. Il ne s'agissait pas de ces partitions intactes qui reposaient sur la banquette du piano à la maison, mais de feuillets de musique contemporaine, difformes, partant dans tous les sens et couvertes d'annotations manuscrites. C'était presque comme si l'on pouvait entendre la musique qui s'y trouvait étalée rien qu'en y jetant un coup d'œil. Il n'y avait rien d'immobile dans le travail que j'entamai avec elle; tout était totalement, activement en évolution. Lorsque je chantais pour elle, elle m'écoutait avec le plus grand sérieux. « Ne perds pas tout le naturel de ta voix », me disait-elle. Le simple fait qu'elle prenne tout ce temps pour me conseiller faisait que je me sentais vraiment importante.

Lorsque vint le moment d'entrer à l'université, je me présentai à diverses auditions. À l'époque, j'étais épouvantablement mauvaise dans cet exercice et je m'avançais toujours dans la salle avec l'air coupable de celui qui fait perdre du temps aux membres du jury. J'étais nerveuse et embarrassée (des traits de caractère que j'aurais dû pourtant expulser de ma personnalité en chantant dans des comédies musicales à l'école). Ma mère avait vraiment l'espoir de me voir acceptée à Oberlin, dans l'Ohio, et j'y parvins; mais malheureusement l'aide financière qu'on m'accordait n'était pas suffisante. Elle était si désespérée pour moi qu'elle pleura dans la voiture pendant tout le chemin du retour. Lorsque j'étais enfant, ma famille avait derrière elle tout un passé de luttes. Mon père chassait le daim et pêchait pour compléter les provisions que son salaire annuel de professeur d'école lui permettait d'acquérir. J'ai grandi en mangeant du gibier et pourtant en ce temps-là je considérais que nous étions riches, ce qui constitue certainement une preuve de l'attitude positive de mes parents. Il se trouve que nous étions devenus, au moment où je sortais du collège, un exemple du paradoxe classique de la classe moyenne : nous n'avions pas assez d'argent pour m'assurer une place dans les meilleurs conservatoires, et pourtant nous n'étions pas assez pauvres pour pouvoir prétendre aux aides accordées aux plus démunis – et c'est ainsi j'atterris à la Crane School of Music de la State University of New York, à Potsdam. Cela devait s'avérer la première grande rupture de ma carrière.

Chapitre II

L'éducation

Il y a tant de choses qui entrent en jeu dans la formation d'un chanteur – pas seulement le talent et l'ardeur au travail, mais aussi la ténacité, l'endurance et la chance. Pendant ma première année d'études à la Crane School of Music, j'ai commencé à travailler avec Patricia Misslin. Si d'une manière ou d'une autre j'avais pu trouver l'argent nécessaire pour entrer dans un de ces conservatoires réputés dont j'avais rêvé, je n'aurais probablement pas reçu plus d'une leçon particulière par semaine. Comme étudiante, je n'aurais certainement pas pu monter sur scène à moins que ce ne fût pour chanter dans un chœur. Mais à Potsdam, je ne reçus pas seulement toute l'attention d'un professeur de chant talentueux et dévoué; vers la fin de mon premier mois de présence à l'école on me choisit même comme soprano soliste pour chanter la *Messe en si* de Bach. Et je n'étais qu'en première année ! Nul ne fut plus surpris que moi à l'issue de ce casting renversant.

Quoique ayant bénéficié comme chanteuse de beaucoup d'attention au lycée et étudiant maintenant la musique dans une école supérieure, je m'étais pourtant retrouvée à Crane pour la seule raison que c'était le chemin le plus facile. Le désir de chanter ne brûlait pas au fond de mes entrailles ; aucune illumination ne m'avait désigné ce destin particulier. Je ne pense pas que mes parents aient jamais vraiment cultivé en moi l'esprit d'indépendance. Le problème n'était jamais de savoir ce que je voulais être, faire ou porter, mais bien plutôt « ce que je *devais* être, faire, manger ou porter ». J'étais simplement trop heureuse de me soumettre et, jusqu'à mes dernières années à l'Université, il ne m'arriva jamais de m'interroger sur les pourquoi et comment de ma carrière. Mais à l'époque dont je parle, ma voix était un véritable terrain miné par les problèmes : je ne pouvais pas chanter *piano*, j'étais physiquement tendue et je ne possédais pas de registre aigu. Tout le monde sait qu'une soprano sans aigu n'ira pas bien loin dans le monde. Toujours est-il que Pat avait reconnu en moi une musicalité innée, un véritable sens musical ainsi qu'un authentique et ardent désir d'apprendre et de travailler.

Pat avait des cheveux bruns, fins, bouclés et les portait courts ; elle se tenait toujours *à la Mary Poppins* les pieds parfaitement en canard. Tandis qu'elle enseignait, elle me regardait par-dessus ses lunettes, le menton quasiment posé sur la poitrine, les joues et les sourcils relevés, m'accompagnant au piano tout en fredonnant. C'était une musicienne hors pair qui pouvait tout jouer. Elle portait des pull-overs ras du cou et des jupes écossaises. L'attitude raisonnable et sérieuse qui émanait d'elle, façon Nouvelle-Angleterre, m'inspirait confiance. D'une manière ou d'une autre, elle se débrouillait toujours pour être chaleureuse et m'accepter en tant que personne tout en conservant une oreille extrêmement critique dès que nous en venions au travail, ce qui veut dire que lorsqu'elle me démolissait je savais parfaitement que ce n'était que pour mieux me rebâtir. Je considérais que la journée était bonne si nous parvenions à parcourir une page de musique en une heure. À peine avais-je ouvert la bouche, que déjà elle devait m'arrêter pour me dire : « Attendez. Recommençons. » C'était un travail incroyablement minutieux et j'en absorbais avidement chaque minute. Jamais je ne me suis opposée à elle et je ne lui ai jamais dit : « Non, je pense que ma solution est meilleure. » Ce n'est pas seulement que c'eût été faux; de toute façon, à ce moment-là, je ne voulais pas avoir à penser par moi-même. Je voulais qu'elle me dise comment former chaque note et que faire avec chaque nuance.

Pat insistait énormément sur certains aspects, mettant particulièrement l'accent sur la résonance, la concentration et le placement de la voix. Ces concepts n'étaient certes pas nouveaux pour moi, mais elle travaillait sur des détails si minuscules que j'étais forcée d'affiner chaque note individuellement. Comprendre le concept de la projection mentale du son, apprendre à placer la voix « dans le masque », cela constituait en soi une tâche immense. Le masque, j'allais rapidement le comprendre, désignait le nez et les pommettes – c'est-à-dire les cavités nasales et les sinus où le son résonne. La maîtrise de cette résonance faciale, qui s'oppose à la tendance naturelle à parler au moyen de la résonance buccale et de la poitrine, est un point crucial pour le développement de tout jeune chanteur. C'est la seule manière de projeter la voix, sans forcer, jusqu'au fond d'une salle de concert. Ce sont les « buzz » et les « hum », ou bien les *squillo*, qui façonnent la voix jusqu'à ce que la forme balbutiante d'un son s'épanouisse en un véritable son d'opéra.

Pat expliquait plus avant, en termes simples, que la résonance était fonction de la direction du souffle. Lorsqu'on chante, l'esprit dirige le souffle sur certaines parties du corps : vers la tête, c'est-à-dire vers les multiples cavités des sinus qui se trouvent derrière les yeux; ou vers la bouche, qui crée un son différent; ou vers le masque; ou encore vers la poitrine, qui délivre le son le plus grave. Il suffit d'observer le fonctionnement de n'importe quel instrument pour comprendre ce qu'est la résonance. Il faut imaginer que le son produit par les cordes vocales est le même que celui qui sort de l'embouchoir d'une trompette : en lui-même, il n'est rien d'autre qu'un « buzz » — c'est la résonance qui crée le son. Ce qui fait d'une voix ce qu'elle est, c'est le son produit par les plis vocaux auquel vient s'adjoindre le phénomène de la résonance.

Si j'envoie de l'air dans les cavités de résonance les plus élevées, j'obtiens un son très clair, un son d'enfant : c'est la voix de tête. C'est là tout ce que possèdent les chanteurs qui débutent, une voix qui n'a pas de corps. Nous associons tout naturellement la voix de tête aux filles excentriques comme Glinda la Gentille Sorcière, chantonnant avec sa voix haut perchée sur les vertus des chaussons couleur rubis. Dirigé vers le masque, le son se fait plus nasal. Il est facile d'identifier les voix nasales : pensez à Roseanne Barr. Un son de poitrine est très grave. Sarah Vaughan avait une belle voix de poitrine, très profonde et comme imprégnée de fumée de cigarette. Dans ses dernières années, pour quelqu'un qui l'aurait écoutée sans la connaître, il eût été difficile de savoir si c'était un homme ou une femme qui chantait. Idéalement, un chanteur d'opéra concentrera le plus d'air possible sur le masque, mais tout en se servant des autres zones de résonance. Il faut que tout cela circule entre le haut et le bas, que les différentes résonances se mêlent. Je me suis toujours figuré la voix comme une tapisserie. À un fil qui passe dessus s'entrelacent d'autres fils qui passent dessous. À mesure que l'on avance, lorsqu'on reprend l'ouvrage par le bas, ces mêmes fils passent à l'arrière-plan, tandis que d'autres paraissent à l'avant du tissage. Le résultat, c'est l'homogénéité de la tapisserie sur toute sa surface. L'image change, les couleurs changent, mais la qualité et la texture de la tapisserie demeurent.

« Quelle image mentale t'apparaît ? » demandait Pat. « En quel lieu projettes-tu la voix ? » Je l'ignorais, mais je travaillais dur pour le découvrir. J'apprenais à penser par images ; elles finiraient par affecter inconsciemment mes muscles et mon corps jusqu'à ce que se libère un son puissant et homogène. « Un sourire intérieur ! » disait-elle. « Redresse-moi ces joues ! » « Respire avec le nez pour monter. » « Concentre-toi davantage ! » « Respire ! » De la même manière, elle exigeait de la précision rythmique, un dessin complexe du phrasé et enfin un apprentissage constant des langues étrangères – en bref, il s'agissait d'un travail musical pluridisciplinaire bien plus avancé que n'en était capable une fille de dix-huit ans. Je me sentais infiniment stimulée par tous ces défis.

Debout près du piano, je faisais de mon mieux pour la suivre, m'efforçant non seulement de chanter mais aussi de répondre à ses instructions avec le corps et la voix. De quelle partie de mon anatomie étais-je supposée me servir pour former le son de manière à ce qu'il gagne en projection tout en laissant paraître le moins de tension possible ? L'isolement des muscles et la coordination sont les fondements. Il faut des années de travail pour y parvenir pleinement. Je quittais la salle en ayant vraiment l'impression que ma tête résonnait des bourdonnements d'une colonie d'abeilles, chacune s'efforçant de me dire quelque chose qu'il me fallait absolument savoir. Chaque fois que j'allais la voir, c'était comme si elle ouvrait grand une nouvelle fenêtre en m'apprenant comment chanter avec le plus d'attention possible. Elle me donnait les premières véritables fondations à partir desquelles je pourrais penser ma voix, l'alphabet à partir duquel je pourrais commencer à me bâtir une technique. Elle instilla en moi un sens de la santé vocale, très clair, mettant particulièrement l'accent sur les voyelles fermées. Alors qu'un autre élève eût sans doute été débordé par sa précision critique, Pat et moi formions l'équipe parfaite.

Étudier le chant ou un autre instrument, cela revient à peu près au même, si ce n'est que peut-être les exercices sont différents. Un des exercices d'échauffement que Pat proposait consistait en une longue série de gammes ondoyantes qui finissait par une série d'arpèges descendants en une seule respiration : « wa-MA-LOOO-see, wa-MA-LOOO-see. » Allez savoir d'où cela lui était venu. En tout cas, cela marchait pour la voix aussi bien que le fait de jouer des gammes aide à relâcher les mains, les épaules et les bras d'un pianiste. Un jeune étudiant peut se présenter avec juste un petit noyau de sons intéressants – peut-être une octave ou même seulement une quinte prometteuse – et c'est le travail du professeur que de s'emparer de ce noyau, de le développer, d'en étirer la tessiture pour obtenir quelque chose de large et profond à la fois, et enfin de l'emplir de texture et de lumière. Au début, les leçons commencent toujours par des directives telles que : « Baisse tes épaules », « Respire doucement » ou « Ce n'est pas le menton qui donne la justesse ». Les jeunes chanteurs doivent apprendre à respirer, à empêcher les veines de gonfler et la mâchoire de trembler, éviter les fausses notes, se garder de trop forcer pour produire les notes les plus aiguës, se prémunir contre l'incapacité à chanter colorature ou à mettre la voix en action sans que le corps tout entier bouge. J'étais incapable de rouler les *r*. Pour résoudre le problème, nous envisageâmes même de me faire couper l'étroite membrane de peau qui, placée sous la langue, la maintient attachée à la base de la bouche, une perspective qui ne me disait rien. Finalement, après plusieurs années d'entraînement, je parvins à rouler les meilleurs *r* du monde.

Je n'avais que dix-huit ans lorsque je commençai mon travail avec Pat, et pourtant je n'étais pas vraiment intacte. Même sur une île déserte, on ne pourrait découvrir une voix qui n'ait été corrompue ne serait-ce que par le désir d'imiter une mouette qui passe. Ma voix ne faisait pas exception à la règle. Je l'avais déjà tellement exercée, j'avais pendant si longtemps singé les sons pleins de maturité de mes parents et d'autres adultes, que j'avais fini par développer un certain nombre de mauvaises habitudes tout au long du chemin. Pat dut extirper mon penchant à chanter de manière trop sombre et trop mûre ; à mesure qu'elle débarrassait ma voix de certaines choses, elle les remplaçait par d'autres, comme par exemple un usage plus rigoureux et précis de la résonance ; elle corrigeait aussi certains de mes défauts vocaux en s'appuyant sur la musique elle-même.

Arriver à ce stade de la formation d'un jeune chanteur, cela nécessite déjà une terminologie, un langage qui permette au professeur et à l'élève de communiquer facilement. L'essentiel réside dans l'entente. Chanter sollicite tellement la vulnérabilité de l'élève qu'il doit sentir qu'on s'intéresse à lui. Après tout, la voix n'est-elle pas le seul instrument inaliénable ? Personne ne peut dire : « Je n'aime vraiment pas cette voix-là, je vais donc l'échanger contre un Stradivarius. » En fait, c'est le seul instrument qu'on ne peut retourner, échanger, vendre, remiser au placard l'espace d'une folle nuit ou bien – heureusement pour moi – oublier dans le coffre d'un taxi. C'est pourquoi il est important que les professeurs puissent naviguer dans la psychologie de leurs élèves. À partir du moment où l'on est soi-même l'instrument examiné, la critique peut être reçue très personnellement.

Dans la plupart des cas, bâtir une relation personnelle susceptible d'offrir les fondations nécessaires à la mise en route d'un travail à deux prend au moins six mois, mais Pat et moi devions aller beaucoup plus vite puisque je devais apprendre la *Messe en si.* Après qu'on m'eut choisie, la première chose qu'elle me dit fut : « Pour que tu réussisses à bien chanter, il faudra que cela nous tue toutes les deux. » Les deux parties de sa déclaration se vérifièrent à la fin : je chantai bien et cela nous tua quasiment. Pour le jour de la représentation, après des journées entières de répétition avec Pat, j'étais parfaitement au point, entièrement préparée – et je souffrais d'une mauvaise laryngite. Pat vint me voir dans ma petite chambre avec du bouillon de poulet; mes nouveaux amis et mes camarades de chambre me remontèrent le moral, me disant que je pouvais y arriver, qu'il ne fallait pas m'inquiéter. Pendant ce temps, je passai deux heures dans les vapeurs d'une douche. Tout le monde vint à la rescousse et l'agitation générale fit que je me sentis pour un moment autre chose que le motif de tapisserie que je croyais être. Toute cette attention me ravit, je m'accrochai et chantai le moment venu sans le moindre enrouement.

Mais ce que cette journée marqua surtout, ce fut le début de mon rituel de scène. Certains chanteurs ont un pied de lapin, certains autres dépendent d'un sous-vêtement porte-bonheur. Luciano Pavarotti doit absolument trouver sur scène un ongle tordu avant de chanter, et le ciel vient en aide au chanteur qui porte du violet en sa présence. Avant de paraître sur scène, Renata Tebaldi devait toujours embrasser un portrait de sa mère Giuseppina que sa domestique Tina portait à la main en l'accompagnant dans les coulisses. Cette dernière devait aussi porter un tout petit ours en peluche dont Renata devait pincer le nez. Lily Pons avait *toujours* mal à l'estomac avant une représentation. Birgit Nilsson aimait boire une tasse de café noir lorsqu'elle entrait dans sa loge et une bouteille de bière Tuborg à la fin du concert. Plusieurs chanteurs dépendent de l'alcool. Les superstitions sexuelles aussi sont nombreuses. On raconte qu'on demanda un jour à la femme d'un chef d'orchestre : « Comment est-ce d'être mariée à un célèbre chef d'orchestre ? », ce à quoi elle répondit : « La veille, il ne peut pas, le jour même il est trop occupé, et le lendemain trop fatigué – et il donne trois concerts par semaine ! » Personne ne sera surpris d'apprendre que les rituels alimentaires sont les plus répandus, mais il serait trop long d'en dresser la liste. Pour ma part, il se trouve que j'ai besoin d'être entourée par des gens pris de panique et dont je suis très proche ; sincèrement, cela me soulage du poids de l'anxiété qu'autrement je devrais porter seule. C'est un peu comme s'il fallait qu'une certaine dose d'inquiétude se manifestât avant chaque concert, soit que je la porte moi-même, soit que j'en partage le fardeau avec d'autres. Pendant des années, ma sœur Rachelle a été mon porte-angoisse désigné. Avant le concert, je l'éreintais tellement avec ma panique, en disant des choses comme « Je n'y arriverai pas ! Je suis terrifiée ! » qu'elle était bientôt prise de terreur elle-même. Toutefois, il y a quelques années, elle s'est finalement retirée du rôle, disant qu'elle en avait assez de cette anxiété. À cette époque, elle savait que tout allait bien se passer pour moi et elle voulait pouvoir s'asseoir au milieu du public comme n'importe qui d'autre pour assister à un de mes concerts, sans avoir l'estomac noué à force de s'inquiéter sur mon aptitude à atteindre l'aigu sans m'étrangler. En fait, j'ai obtenu avec elle de tels résultats que je n'ai pu jusqu'à présent trouver personne pour lui succéder dans cette tâche, et du coup le rôle de la détresse dans mon entourage a repris ses droits dans la préparation des concerts. Heureusement, je me contente de conserver ce rituel particulier pour les productions les plus prestigieuses et, au fond, je suis aujourd'hui capable d'apprécier pleinement les autres.

De toutes les leçons que j'ai reçues pendant mes années d'étude à Potsdam, une des choses qui m'a procuré le plus de plaisir, ce fut d'apprendre comment travailler. Enfant, j'apprenais toujours ma partie à l'avance et j'assistais religieusement à chaque répétition. Mais l'exercice même était quand même quelque chose que j'associais plutôt aux instruments de musique – dans mon cas le piano, le violon et l'alto. Dieu sait que, les jours où je devais me rendre au cours, je tirais mes instruments de dessous mon lit et en essuyais la poussière pour effacer toute trace de ma paresse – comme si le professeur était incapable de s'en apercevoir de lui-même. Maintenant que j'étudiais la musique à fond, je commençais à comprendre qu'il me faudrait consacrer à ma voix autant de temps que je l'aurais fait pour le piano si j'avais entrepris d'étudier cet instrument. Jour après jour, je me rendais en classe, les pneus fatigués de George, mon vélo adoré, faisant crisser la neige. J'ai toujours aimé marcher dans ce petit espace dépouillé. Lorsque je m'avançais dans le hall, je pouvais entendre des gens chanter, jouer du violon ou de quelque autre instrument, et pourtant je considérais la salle de classe comme étant vraiment ma salle. Je commençais par faire des vocalises pendant vingt ou trente minutes en suivant la liste d'exercices que j'avais consciencieusement recopiée, puis je travaillais sur une chanson ou un air qu'on m'avait donné, m'efforçant d'exercer mon oreille à repérer mes propres erreurs. La *pratique*, comme son nom l'indique bien, implique aussi bien l'exercice que l'expérience, et plus je travaillais, plus je m'en apercevais. C'est là que j'ai réellement commencé à développer ma passion du chant, mon avidité à explorer chaque recoin de cet instrument énigmatique qu'est la voix. Comme le mystère de la coordination de muscles involontaires peut sembler un écheveau impossible à débrouiller, je pense toujours que le fait d'apprendre à bien chanter est un miracle. C'est une belle chose que de chanter devant un public, mais chanter pour soi-même comme je le faisais dans ma chambre, décomposant les phrases note par note, mot par mot, est d'une certaine manière encore plus satisfaisant, et c'est ainsi que j'ai commencé à apprendre.

L'autre grande influence que Pat exerça sur moi concernait le répertoire. Les montagnes de musique qu'elle possédait représentaient un terrain inexploré pour un aventurier de la musique, tout comme autrefois le cabinet de musique de ma mère recelait à mes yeux des trésors similaires. Pat me mit à l'épreuve avec des chansons de Petrassi, un cantique de Britten que j'adorais, de la musique de chambre, des airs allemands de Haydn et de Haendel. Une fois qu'elle se fut aperçue que j'étais une bonne musicienne capable d'apprendre vite, elle m'orienta sur d'obscures chansons italiennes, modernes et contemporaines. Un jour, elle me tendit une feuille de musique, de facture et d'apparence très ancienne. Le titre était « Hymne à la lune » de Dvořák, que j'appris en anglais. Nous ne savions pas alors l'importance qu'aurait cet air dans ma carrière. J'étais comme un puits ouvert à même le sol, attendant de pouvoir engloutir tout ce qui pourrait venir à moi. Pat ne se contentait pas d'exercer ma voix, elle me façonnait aussi musicalement.

À chaque fois qu'elle voulait mettre en évidence un point important concernant le chant, elle pouvait renforcer ses explications en piochant dans sa collection de disques. Elle m'encourageait d'ailleurs constamment à les écouter. Je m'asseyais le soir chez elle et enregistrais des piles de cassettes à écouter : Janet Baker dans Haendel; Elly Ameling, Pilar Lorengar, Victoria de los Angeles. Je me souviens encore que j'assistai à ma première retransmission télévisée en direct du Met – il s'agissait d'une représentation de *Don Giovanni* – recroquevillée sur son canapé.

Comme Ameling était venue à Potsdam pour donner quelques concerts, cette grande artiste hollandaise était devenue ma chanteuse favorite. J'écoutais ses enregistrements avec tant de ferveur que son influence pouvait s'entendre dans ma manière de chanter. Mais ce fut aussi auprès d'Ameling que j'appris, quelques années plus tard, l'importance des visites en coulisse; alors que j'étais encore une étudiante qui laissait tout transparaître de ses sentiments, j'essayai de lui dire d'une phrase unique et brève que son chant était tout pour moi ; elle, toutefois, totalement indifférente, regarda par-dessus moi vers la personne qui me suivait dans la file. Bien sûr, il ne serait pas juste d'attendre d'un artiste qu'il réponde à toutes les sollicitations de ses admirateurs. Toujours est-il que cet épisode me poussa plutôt à prendre exemple sur Jan DeGaetani, qui faisait en sorte que chaque personne de la file eût l'impression que c'était *elle* qui avait donné de sa personne pendant la soirée, méritant par conséquent de recevoir de la considération en retour. Jan disait par exemple : « Oh, j'ai adoré la recette que vous m'avez envoyée ! » ou bien « Comme j'aime votre collier ! Où l'avez-vous trouvé ? ». Enchantés, nous balbutiions alors quelques mots en réponse, incapables de comprendre comment elle pouvait parler d'autre chose que du merveilleux concert qu'elle venait de nous offrir.

À cette époque de ma vie, la musique me passionnait tellement qu'à me voir on aurait pu la croire inventée la semaine précédente. Il y avait deux pièces qui m'obsédaient au plus haut point. L'une était l'air d'Anne Trulove, « No word from Tom », dans le *Rake's Progress* de Stravinsky. Chaque soir, je m'asseyais dans ma chambre d'étudiante pour l'écouter avant de me coucher et cela en vint même au point qu'il me fallait l'écouter trois ou quatre fois de suite. Mais c'était un peu comme de boire trois ou quatre tasses de café : l'énergie que dégageait cet air et sa construction m'empêchaient de dormir. Sa ligne vocale irrégulière et son usage particulier de l'anglais, avec des accents syllabiques erronés, étaient si originaux qu'on en éprouvait une impression quasiment électrique dans l'interprétation de Judith Raskin. J'appris cet air et le chantai à de nombreuses auditions, mais cela ne me réussit jamais vraiment. Les gens n'étaient pas familiarisés avec cette pièce à l'époque; elle semblait trop longue et je ne la chantais pas assez bien. Il était alors difficile pour moi de faire la part des choses entre ce que j'aimais éperdument et ce qui convenait à ma voix. J'avais le tort de penser que seul un air difficile pour moi me permettrait de faire impression lors d'une audition, au lieu de comprendre que si une pièce me paraissait facile, c'était peut-être parce qu'elle me convenait. Quoi qu'il en soit, cet effort constant s'avéra profitable et me permit de développer la technique solide dont j'allais avoir besoin pour affronter les authentiques rigueurs d'une carrière de chanteuse. L'autre pièce qui s'était insinuée dans mon esprit était l'interprétation par Jan DeGaetani des *Ancient Voices of Children* de George Crumb. J'étais à ce point attirée par le mystère qui se dégageait de cette musique et de son écriture vocale que la partie « Todas las tardes en Granada » – avec son trémolo de marimba et les sonorités exotiques de son piano miniature, la voix de DeGaetani résonnant directement dans le piano, murmurée puis, l'instant d'après, rugissante – devint pour un temps mon refrain favori. Des années après, quand j'eus la chance d'étudier avec Jan et d'apprendre à mieux la connaître, cela ne fit que m'attacher davantage aussi bien à l'artiste qu'à ce cycle de chansons.

À cette époque, je ne m'intéressais pas exclusivement à la musique classique. C'est à Potsdam que je suis tombée amoureuse du jazz, d'un amour dont je pensais alors qu'il serait toute ma vie. Quand j'eus la possibilité, en deuxième année d'université, d'auditionner pour être chanteuse dans un big band, je n'hésitai pas. Ma mère avait enseigné avec Esther Satterfield, la soliste de Chuck Mangione à l'époque où son Rochester-Based band était extrêmement populaire. Esther chantait « The Land of Make Believe », et cette chanson, avec toute la douceur euphorique qu'elle dégage, m'a toujours accompagnée. Ce fut avec cet air que j'auditionnai. Je me voyais en Billie Holiday, un gardénia accroché derrière l'oreille, un micro argenté à l'ancienne mode au creux de la main. J'avais usé jusqu'à la corde mon exemplaire de l'album *Lady Sings the Blues*, que j'écoutais tout en apprenant chaque chanson à partir de la partition pour piano et voix. On me choisit pour chanter dans le big band, ce qui déboucha bientôt sur un autre engagement, hebdomadaire, avec un trio de jazz. Pendant deux ans et demi nous avons donné un concert à l'Alger's Pub chaque dimanche soir, avec un succès incroyable, remplissant le club semaine après semaine.

Chanter dans cet ensemble était une excellente manière de me détendre après une semaine studieuse passée à travailler ma respiration et la résonance de ma voix. De surcroît, cette musique m'apprenait à interpréter. Comme chacun sait, le jazz est une musique très interactive, et à chaque fois qu'on joue tel ou tel morceau, l'interprétation est différente. Nous donnions au public plus qu'il n'en demandait, et nous ne savions jamais où nous allions nous arrêter. Chanter du jazz était un excellent moyen de me défaire de mes peurs : de toute façon la musique allait retentir et de toute façon il me faudrait décider à chaque instant quelle direction je lui ferais prendre. Cela m'apprit aussi à être plus instinctive, surtout entre les chansons. Je découvris rapidement que c'était à moi non seulement de chanter mais aussi de bavarder un peu avec le public entre les morceaux. Je pouvais certes me débrouiller avec les notes les plus vertigineusement aiguës et les mélodies improvisées sans fin, mais des phrases aussi simples que : « Est-ce que tout le monde va bien ce soir ? » s'avéraient au-dessus de mes moyens. Pat O'Leary, le bassiste, se penchait alors vers moi pour me tapoter l'épaule. « Dis quelque *chose* ! » soufflait-il. « Blague un peu ! »

Blaguer ? L'offre d'emploi ne mentionnait rien de tel. Le pire de tout, c'est qu'il fallait raconter une blague différente à chaque concert, un drôle de changement pour mon genre de conversation unilatéral (« Un peu froid dehors, hein, Potsdam ? »). Je pouvais accepter sans difficulté de chanter les mêmes chansons semaine après semaine, mais mes monologues improvisés expiraient le soir même après usage. J'affrontais le public comme un rendez-vous arrangé avec un inconnu timide qui s'attend à ce que vous preniez en charge toute la conversation; ce à quoi je m'employais puisque je n'avais pas le choix, mais sans aucun talent. Il y a bien des manières d'apprendre à ravir le cœur du public, mais apprendre à lui parler n'était pas le pire des commencements.

Le jazz représentait aussi une excellente occasion de faire des expériences vocales. Pat vint me voir à plusieurs reprises. Pendant les pauses, elle me disait : « Tu sais que tu viens de chanter un contre-*ré*, au-dessus d'un contre-*ut* ? » Pat avait l'oreille absolue, et donc elle savait exactement ce que j'étais en train de faire même quand je ne le savais pas moi-même. Je pouvais atteindre ces notes élevées comme une chanteuse de jazz, principalement parce qu'à ce moment-là je n'avais aucune idée de leur hauteur. Je me contentais d'improviser. Ce qui me préoccupait, c'était de ne pouvoir encore chanter les notes élevées dont j'avais besoin pour mon répertoire de soprano. Tout ce qui se trouvait au-dessus de la portée, du *sol* au *do*, était pour moi, au mieux, difficile, et je chantais ces notes de façon stridente et perçante.

Parfois nous partions en tournée. Les garçons du groupe étaient un peu plus vieux que moi, un peu plus mûrs. Larry Ham m'apprit comment préparer une omelette. Eddie Ornowski m'emmena dans sa bonne vieille Cadillac à l'intérieur tapissé de cuir rouge, passant des quatuors de Schubert au milieu de la campagne. J'adorais ces moments.

Le moment décisif, ce fut lorsque Illinois Jacquet, le saxophoniste légendaire, qui était venu donner une master class, me sollicita pour l'accompagner en tournée. Il avait été bouleversé en m'entendant chanter « You've Changed », une de ces chansons d'amour malheureux qui ont toujours été mon fort. Cette proposition me poussa à choisir entre une carrière de chanteuse d'opéra et une carrière de chanteuse de jazz. Je savais au fond de moi que j'étais trop jeune et trop peureuse pour déménager à New York, ce qu'il aurait fallu faire si je m'étais déterminée pour le jazz. Je n'avais pas été élevée pour penser par moi-même. J'étais même incapable de choisir ce que j'allais cuisiner si personne n'était là pour me guider. Le jazz est la musique du libre arbitre, or je préférais quand même rester dans le rang. Je décidai donc de m'en tenir au connu, c'est-à-dire à la vie d'étudiante.

Après *la Messe en si* de Bach, je chantai des rôles comme celui de Laurie dans *The Tender Land*, l'unique opéra d'Aaron Copland, puis le rôle principal dans *The Wandering Scholar*, un opéra de chambre de Gustav Holst, et aussi Elsie Maynard dans une grande production de *Yeomen of the Guard*, de Gilbert et Sullivan. Ces rôles, à côté de mes concerts de jazz, impliquaient que je chante devant un véritable public et non pas seulement pour mes professeurs ou mes camarades de classe. Les cours d'art dramatique et de danse que je suivais à Potsdam m'aidaient aussi considérablement. Si j'avais été acceptée par Eastman ou par Juilliard pour y faire mes études, je n'aurais pas pu suivre des cours d'art dramatique parce qu'à l'époque il n'existait pas de ponts entre les différents conservatoires. Cela changea par la suite quand la nécessité se fit sentir de former des artistes complets, des chanteurs capables de jouer vraiment la comédie ; mais quand cela advint, mes années d'études étaient derrière moi.

Ma matière principale à Potsdam était l'éducation musicale. Mes parents, éternellement pragmatiques, insistaient pour que je sorte de l'université avec un diplôme et un savoir-faire qui m'assureraient un travail. Ils avaient confiance en mes qualités de chanteuse, mais ils avaient eux aussi fréquenté le milieu musical suffisamment longtemps pour savoir que les rues étaient jonchées de sopranos talentueuses n'ayant pas réussi à construire une carrière professionnelle. Je devais être capable de subvenir à mes besoins pour le cas, on ne peut plus envisageable, où mes plus grands rêves ne se réalisent jamais. Tout ce que je peux dire, c'est que j'ai été bien heureuse de réussir comme chanteuse, puisque, pendant le semestre que je passai comme enseignante-étudiante dans une école secondaire publique, je ne fus que trop instruite de ce qu'il me faudrait peut-être affronter plus tard. Sept élèves aux voix infernales et aux hormones affolées représentent encore aujourd'hui l'un des plus grands défis auxquels j'ai été confrontée dans ma vie. J'avais toujours respecté ce que mes parents faisaient pour gagner leur vie, et je pensais même comprendre de quoi il s'agissait, mais ce ne fut qu'en passant un peu de temps moi-même dans la salle de classe que j'en vins à reconnaître le courage qu'il fallait pour enseigner dans les écoles publiques. Quand mon frère Ted reprit plus tard le flambeau de la tradition familiale et devint enseignant, je lui vouai toute mon admiration.

Lorsque le temps fut venu d'obtenir mon diplôme à Potsdam, j'hésitais énormément à l'idée de quitter Pat, mais elle me poussa fermement, quoique avec douceur, hors du nid. « Va-t'en apprendre de nouvelles choses auprès de gens différents », me recommanda-t-elle vivement. J'aimais Pat, je reconnaissais tout ce qu'elle avait fait pour moi et je me fis donc fort de lui rappeler que beaucoup de chanteurs avaient passé toute leur vie professionnelle accompagnés par un seul professeur.

Mais elle insista. Pour elle, il était temps que je m'en aille. Portée par ses encouragements, je partis donc pour Eastman préparer une maîtrise de musique.

Pour ma première audition à Eastman, je décrochai le rôle de Zerlina dans *Don Giovanni.* Encore une fois, c'était arrivé contre toute attente, tout le monde était surpris et moi la première. C'était ma première expérience d'un opéra joué dans son intégralité; j'étais transportée à l'idée de monter sur la scène du Eastman Theater après y avoir passé tant de temps quand j'étais enfant. Il s'agissait d'une production très importante et ambitieuse, et comme le baryton devait me soulever pendant une scène de danse, il nous fallut travailler très dur tous les deux dans le YMCA qui se trouvait de l'autre côté de la rue. Durant ma carrière, j'ai chanté les trois rôles de *Don Giovanni*, et Zerlina est certainement celui par lequel il faut commencer – son « Vedrai carino » est le joyau de cet opéra. Donna Anna est le rôle le plus difficile à chanter, avec ses deux magnifiques airs et l'un des plus grands récitatifs accompagnés jamais composés. Da Ponte et Mozart ont peint l'ambivalence de ses sentiments à l'égard de Don Ottavio, puis nous ont subtilement permis de supposer que l'agression de Don Giovanni avait pu déclencher en elle une passion réprimée. Le personnage de Donna Elvira, avec qui j'ai fait des débuts peu prometteurs à la Scala de Milan, a un tempérament farouche et moins ambigu. Mozart fut la pierre angulaire de mon répertoire d'opéra pendant les dix années qui suivirent. À ce jour, j'ai interprété neuf de ses personnages dans bien des productions différentes. Avec la Comtesse dans *Les Noces de Figaro*, j'ai fait mes débuts à l'Aspen Music Festival, qui se tenait alors à Houston, et alors que j'étais encore étudiante; puis j'ai repris le rôle au Met, à Paris, au Teatro Colón de Buenos Aires, à San Francisco, aux deux festivals de Spolète, à Hamilton au Canada, puis encore à Glyndebourne, à Genève et à Chicago. Si d'aventure quelqu'un avait besoin d'une Comtesse, j'étais là. J'ai même eu la chance de tenir une place d'honneur lors de la commémoration du bicentenaire de la mort de Mozart, en 1991. Franchement, si cela n'avait tenu qu'à moi, j'aurais plutôt choisi Berio, Puccini, Berlioz ou Stravinsky – tout sauf Mozart – pour faire mon entrée sur les scènes du monde entier. J'aurais préféré éviter de répondre à ces exigences de perfection cristalline et dépouillée; mais rétrospectivement, je suis reconnaissante à ce répertoire, car il m'a aidée à protéger ma voix. Je n'avais pas le choix, il fallait que je chante bien et avec précaution pendant cette première décennie de ma carrière, conservant ainsi à ma voix toute sa qualité et tout son poids juvénile, alors que les exigences d'autres compositeurs – une grande voix lyrique au-dessus d'une orchestration puissante – auraient à ce jour achevé de m'user la voix et j'entendrais aujourd'hui certainement quelques producteurs d'opéra me dire : « Merci beaucoup, mais votre voix tremble et votre meilleur niveau n'est plus ce qu'il était. » C'est encore une fois la chance qui m'a jetée dans les bras exigeants mais protecteurs de Mozart.

Richard Pearlman dirigeait à l'époque le département opéra à Eastman, et je n'oublierai jamais le jour où il fit entendre un enregistrement de Maria Callas pendant un cours qui lui était consacré. Il l'avait connue, et il aimait raconter comment il lui avait offert une tasse de chocolat pendant une répétition à Dallas. Elle l'avait refusée en disant : « Non merci chéri, le chocolat me donne des boutons. » Cette anecdote fit une grande impression sur moi, non pas tant cette réponse que l'admiration que cet homme avait pour elle. Pendant toutes les années qui suivirent, on pouvait observer le pouvoir qu'elle exerçait encore sur lui. Toutes les sopranos de la classe songeaient : « Comment cela doit-il être ? » Lorsque nous l'écoutions chanter, il nous disait que sa voix était belle, comme si c'était là un fait objectif plutôt qu'une opinion.

La première fois que j'ai écouté un enregistrement de Callas – et pour la même raison un autre d'Elisabeth Schwarzkopf –, je n'ai pas compris pourquoi on en faisait des icônes alors qu'à mes oreilles, elles ne paraissaient même pas être des chanteuses particulièrement accomplies. La voix de Callas, avec cette intonation trop frappée de métal et cet ample vibrato dans le registre supérieur, ne me semblait pas séduisante; celle de Schwarzkopf, bien qu'elle me parût fort belle, me frappait par son irrégularité et son côté excentrique. Mais comme toujours lorsqu'il s'agit de choses inhabituelles et dont on n'est pas familier, le goût se développe. On en vient à aimer une voix pour ses faiblesses, ses bizarreries et, ce qui est le plus important, pour le fait qu'on peut quasiment la reconnaître à la première note. J'écoutai ces deux sopranos avec assez d'attention et mon cœur, tout comme celui de millions d'autres admirateurs, finit par leur appartenir à toutes les deux. J'étais sans doute à ce moment-là particulièrement attentive aux défauts, puisque j'essayais aussi de faire disparaître les miens à toute force. Arleen Augér fit un jour remarquer à John Maloy, un de mes professeurs à Eastman, que je pourrais être vraiment quelqu'un si seulement je parvenais à rassembler ma technique. J'avais le talent et la rigueur, mais j'étais toujours en train d'apprendre à chanter, ce qui signifiait que j'avais plein de problèmes à résoudre si je voulais faire carrière comme chanteuse. Et si je récoltais quelque succès à Eastman, j'avais aussi mon triste lot d'échecs – dont le pire fut certainement ma première audition pour le Met National Council Auditions, un programme conçu pour aider de jeunes chanteurs dans le développement de leurs carrières.

Mon accompagnateur était Richard Bado, un ami qui étudiait aussi à Eastman. J'étudiais encore avec beaucoup de facilité à l'époque et cette qualité ne faisait qu'accentuer mon penchant pour la procrastination. Je mémorisai l'air de Pamina « Ach, ich fühl's », de *La Flûte enchantée* de Mozart, la semaine précédant l'audition. Mes parents se trouvaient dans le public avec plusieurs de mes amis ; tous les membres du jury, qui avaient déferlé dans la salle pour représenter le Met, étaient placés juste en face de moi. Peignée, maquillée et habillée, je brillais comme un sou neuf. Après avoir jeté un œil sur les gens qui m'aimaient, sur ceux qui désiraient que je fisse bien et sur ceux qui étaient tout disposés à me donner ma chance, je m'effondrai complètement. C'est d'une vraie panique que je parle. Tout ce que je pouvais faire, c'était imaginer que je m'évanouissais ou bien que je disparaissais par quelque trou de la scène. Il y a tant de chanteurs anxieux qui rêvent qu'ils s'échappent ainsi de la scène en disparaissant dans des trous inexistants, que je me demande comment il se peut faire qu'aucune salle de concert dans le monde n'ait pris les devants en en découpant quelques-uns dans leurs planchers. « Ach, ich fühl's » est un air où l'on s'expose beaucoup et que l'on doit chanter *piano* presque tout du long. C'est bien là ce qui m'a toujours effrayée le plus : tout ce qui expose. Les feux d'artifice, fioritures, sauts et écarts, les trilles, les sons de poitrine, tout cela, je peux le faire en me limant les ongles. Ce qui me terrifie, c'est cette attaque délicate dans le médium de la voix. Ça me donne des sueurs froides. C'était la première fois que je chantais quelque chose d'aussi exposé, et c'est à se demander à quoi je pouvais bien penser au moment de choisir cet air pour une audition si importante. Ma gorge se rétrécit complètement. Je ne respirai plus, et il y avait dans le son de ma voix des palpitations d'une telle amplitude qu'on aurait pu y faire passer un camion. Je vois encore blêmir les visages de ma famille, je vois encore se propager dans la salle un embarras grandissant. Richard Bado me dit plus tard qu'il avait eu envie de se lever au milieu de l'audition pour dire : « On va s'arrêter maintenant. Elle peut faire tellement mieux, et je pense que nous devrions réessayer une autre année. »

Lorsque ce fut enfin fini, après tout ce temps, qui avait paru durer vingt ans, à rester debout la gorge prise en étau, je connus ma première vraie crise existentielle. J'allai voir, pour la première fois, le psychothérapeute attitré de l'école pour discuter de mon désarroi grandissant : je ne comprenais même pas ce que je faisais en préparant ce diplôme. Tout ce que j'avais toujours su faire dans ma vie, c'était plaire aux autres et faire le nécessaire pour que se réfléchisse dans leurs yeux une image positive de moi-même. J'étais si imprégnée de mon rôle de fille parfaite que le jour où je manquai une répétition d'opéra pour assister à un concert de Bonnie Raitt, je fus incapable d'en profiter tellement j'étais prise de nausée. J'avais toujours été le parfait caméléon, devenant ce que la personne à qui je m'adressais voulait que je fusse. Et je ne parle pas seulement de mes parents ou de mes professeurs, puisque je me comportais ainsi avec les plus parfaits inconnus. D'une certaine manière, le désastre de mon audition ruina aussi dans mon esprit tout cet édifice. Il en résulta que je commençai à retrouver en moi un authentique sens de ce que j'étais et de ce que je voulais. C'est là que la musique devint mienne pour la première fois, au moment où je commençais à prendre mes responsabilités au sujet de ce que je voulais réellement accomplir. Ce n'était pas un bouleversement exceptionnel, bien d'autres jeunes chanteurs en font l'expérience, mais il marqua le début de mon véritable essor. John Maloy me soutint beaucoup pendant cette période. Il me disait que tout allait bien se passer, et je le croyais.

Tandis que je luttais contre mes peurs, il ne me vint jamais à l'esprit, pas même une fois, d'abandonner. Mes parents avaient imprimé en moi la marque « ne-jamais-abandonner ». Dans ma famille, on n'admettait pas la défaite, on n'acceptait pas que l'on change simplement d'idée pour aller voir ailleurs. Le noyau de la philosophie de ma mère disait : que l'on joue dans une pièce de théâtre, que l'on prenne une leçon de piano ou que l'on possède un cheval, tout est possible, mais il est hors de question d'abandonner.

Lorsque j'y repense aujourd'hui, je vois bien que cette crise était inévitable. S'il n'y avait pas eu cette audition du Met, il y aurait eu autre chose. La passivité due à mon désir de plaire m'empêchait de passer à l'étape suivante de mon développement. J'avais besoin de soulever toute cette poussière et de commencer à poser certaines questions afin de continuer d'avancer. Ce que je découvris finalement, c'est que j'aimais véritablement la musique et surtout chanter, que j'aimais apprendre des choses sur l'art du chant. Il était temps que je cesse de me préoccuper de ce que pensaient les autres. Une idée très simple, mais qui m'était totalement étrangère.

Mes parents avaient divorcé en 1981 et, l'hiver de 1983, ma mère et son nouveau mari, George Alexander, eurent un bébé, mon frère Geordie. J'étais présente à l'hôpital en attendant qu'elle parte pour la salle de travail et, au dernier moment, je fus invitée pour un événement prestigieux. Ma mère, à quarante-cinq ans, s'apprêtait à accoucher de son quatrième enfant ! C'est là que je sus que j'aurais un jour des enfants moi aussi. Ce petit ange bouclé, ce bébé aux cheveux fins et blonds a maintenant la carrure de Bryn Terfel et étudie le chant. Il m'a suivie comme une ombre l'été dernier à Londres, pour voir si le style de vie d'un chanteur d'opéra pouvait lui convenir. Le talent est là, mais seul le temps et le désir auront le dernier mot.

Cette année-là, je partis pour la première fois étudier et chanter à l'Aspen Music Festival ; je devais y passer par la suite de nombreux autres étés.

Ce fut une époque très douce de mon existence, avec ses ciels bleus, ses musiciens sérieux et ses possibilités infinies. Je m'y rendais à vélo, parcourant quatorze miles jusqu'à Maroon Bells puis quatorze autres au retour. Où que je regarde s'étalait devant moi un paysage sublime. Après un hiver passé à Rochester, un été passé à Aspen est une récompense presque inimaginable, et chaque année, j'attendais avec impatience le moment où je commencerais de préparer vélo et valises pour y retourner. Je m'étais portée candidate auprès de beaucoup d'autres festivals d'été, mais seuls les festivals d'Aspen et de Spolète m'avaient acceptée. Je pourrais faire si je le voulais le noble récit de mes déconvenues auprès de différentes institutions et raconter comment j'ai découvert que celles qui finalement consentaient à me recevoir étaient en fait celles qui convenaient le plus.

Pour deux de ces étés passés à Aspen, j'eus comme professeur Jan DeGaetani. Cette femme était un immense modèle pour moi, comme musicienne surtout. Son amour de la musique et la reconnaissance qu'elle vouait à son art lui faisaient monter les larmes aux yeux quasiment à chaque master class. Nous autres étudiants avions l'impression d'avoir été admis dans un club clandestin et très select; nous nous retrouvions en nombre dans son salon, chantant les uns pour les autres, discutant à mi-voix des subtilités d'un texte, de l'usage de la dynamique et de la résonance. Je fis aussi la connaissance d'Ed Berkeley, qui me dirigea dans ce qui reste à ce jour l'une de mes plus grandes expériences théâtrales. Il s'agissait de *Transformations*, un opéra de Conrad Susa, une mise en musique de la poésie d'Anne Sexton dans laquelle je jouais Sexton. Nous passâmes des journées entières à seulement lire et analyser ses poèmes. L'été suivant, on m'offrit le rôle de la Comtesse dans *Le Noces de Figaro* et Jorge Mester, alors directeur du festival, m'entendit chanter à cette occasion. C'est lui qui suggéra que j'entre à Juilliard pour mon troisième cycle universitaire, l'étape suivante de ma formation. L'une des raisons qui rend mon métier toujours et encore si excitant, c'est qu'on ne sait jamais qui va se trouver dans le public ou dans la fosse d'orchestre, tenant votre destin en main.

Chapitre III

L'apprentissage

La directrice du département opéra de Juilliard était Erica Gastelli, une Italienne d'une très grande élégance, toujours mise d'une manière qui semblait à la fois impeccable et naturelle. Quand je pense à elle, je revois toujours le beau collier qu'elle portait, fait d'énormes morceaux d'ambre opaque et doré. La première chose que je fis lorsque je gagnai quelque argent comme chanteuse, ce fut d'aller m'acheter moi aussi un collier d'ambre. Nous composons souvent ainsi nos existences, ajoutant à notre propre tempérament les qualités les plus remarquables des gens que nous rencontrons. Qu'il s'agisse du style d'Erica Gastelli ou du don pour les langues d'Elisabeth Schwarzkopf, ou encore de la capacité qu'avait Beverly Sills de s'attirer les faveurs du public, j'ai toujours étudié avec soin les qualités que j'admirais et fait mon possible pour m'en imprégner. Les autres étudiants et moi-même avions pris l'habitude d'imiter l'accent italien très prononcé d'Erica, singeant sa façon de critiquer notre coiffure ou nos vêtements, d'agiter le doigt en disant : « Oh, Renée... », puis : « Pourquoi faut-il que vous portiez une robe aussi *afreuuuse* ? »

C'est Erica qui, juste après mon retour d'Aspen, m'avait appelée chez mes parents pour annoncer la nouvelle : « Vous avez été admise par le programme Juilliard. Nous voudrions que vous chantiez Musetta dans *La Bohème*. » Elle parlait doucement et d'une manière très cérémonieuse, avec ce genre de voix qui vous fait vous redresser et tenir droit même si vous êtes simplement au téléphone, et à laquelle il est tout naturel de répondre avec la plus grande dignité. Mais en de telles circonstances, je ne fus en mesure d'en conserver aucune. Je me sentis propulsée comme un boulet de canon, laissai tomber le téléphone, et me mis à hurler dans tous les sens, « Juilliard ! Juilliard ! », et à pleurer. Ma mère était à la maison, ainsi que Ted et Rachelle, et leurs cris se joignirent aux miens. C'était l'affolement. J'ai connu trois ou quatre autres fois dans ma vie ces moments provoqués par ce type de coups de téléphone décisifs. Quand je me fus finalement aperçue de ce que j'avais fait, je me traînai dans la cuisine pour reprendre le téléphone qui gisait au sol, certaine que si mon interlocutrice était restée en ligne, c'était pour m'annoncer que, tout bien considéré, Juilliard revenait sur sa décision. Cela ne l'avait pas amusée le moins du monde; mais, comme je devais l'apprendre par la suite, rien ne l'amusait.

Juilliard proposait un troisième cycle qu'on appelait alors l'American Opera Center. C'était une véritable aubaine que d'être acceptée dans ce programme, et ce pour bien des raisons, dont la moindre n'était pas la gratuité. Pendant deux ans et demi je pus assister à tous les cours de langue que je voulais tout en continuant à travailler ma voix ; je pris part à des productions d'opéra et je bénéficiai aussi de cours particuliers de musique et de diction. Le loyer de ma chambre et ma pension étaient les seules dépenses qu'il me fallait assumer. Sans cela, je n'aurais jamais eu les moyens de vivre à New York et de me payer tous ces cours. J'aurais peut-être réussi à prendre quelques leçons de chant par-ci par-là, et peut-être aussi quelques cours particuliers, mais je n'aurais jamais pu apprendre tant de choses ; et le chemin à parcourir était encore très long.

Après avoir été témoin de ma défaillance lors de l'audition du Met, de l'immense chagrin qui en résulta et de la période tumultueuse de maturation qui s'ensuivit, mon père ne voulait pas que je déménage à New York. « Tu finiras par sauter du haut d'un pont », m'assura-t-il. Il craignait que la vie en ville me submerge ; au lieu de quoi j'adorai cette vie. Je trouvai un petit travail de secrétaire au Rockfeller Plaza, dans un cabinet d'avocats qui était alors aux prises avec une énorme affaire d'amiante – une affaire dont mon grand-père devait bénéficier au bout du compte. Nous étions tout un groupe de chanteurs d'opéra et notre employeur avait trouvé en nous des gens bien élevés, dignes de confiance, d'honnêtes travailleurs, et nous avions en échange des horaires très souples. J'avais développé, à force de petits travaux intérimaires, de bonnes compétences de secrétaire, une grande habileté à taper à la machine, ce qui était sans doute dû à la bonne coordination entre l'œil et la main que m'avaient apportée mes années de piano. J'eus bien de la chance de trouver ce travail qui me permit de profiter de tout ce que Juilliard pouvait offrir. Je complétai mon salaire en chantant dans des églises de New York qui faisaient appel à des étudiants pour renforcer les rangs de leurs chorales d'amateurs.

Jorge Mester avait été désigné à la tête d'une production de *La Bohème* à laquelle je devais participer, et Graziella Sciutti, qui ne s'était elle-même retirée de la scène que très peu de temps auparavant, devait la diriger. Musetta était un rôle taillé à sa mesure, ce qui était loin d'être vrai pour moi. Mes grandes inhibitions m'empêchaient d'incarner cette séductrice de Musetta, qui ondule avec effronterie. Finalement, Sciutti leva les bras et dit : « Je ne peux rien faire de cette fille ! » C'est là qu'intervint Ubaldo Gardini, mon professeur favori. Nous travaillâmes pendant des heures et des heures. « Pourquoi tiens-tu à écraser cette note ? », gémissait-il en m'entendant glapir le *la* aigu dans « Dove sono », le vidant de toute vie. Il me donna aussi un conseil que j'ai suivi jusqu'à ce jour : « Chante devant le miroir. Si ça paraît drôle, c'est que c'est mauvais. » Il était aussi désespéré que Sciutti par ma Musetta, et finalement, il m'ordonna de simplement traverser la scène en ondulant des hanches. Même cela, je ne pouvais pas. Musetta, comme chacun sait, est une coquette légendaire, et moi j'étais célèbre pour ma timidité et je débarquais du nord de l'État. Même si je pouvais apprendre à parler la langue de Musetta, il m'était impossible d'adopter sa démarche. Toutefois, je ne perdis pas confiance, car j'étais persuadée que tout irait pour le mieux à partir du moment où j'aurais revêtu le costume. Pour moi, je ne pouvais être Musetta que si j'en avais l'apparence. J'avais besoin d'être physiquement transformée pour incarner un personnage sur scène. Fort heureusement, je n'en suis plus là. Apprendre rapidement à se fondre dans un personnage et à en assumer le rôle est un aspect important du métier. Lors de mes répétitions, il est courant que le meurtre, le viol, les sanglots et la vengeance fassent suite à une pause café. Il faut être capable d'avaler sa gorgée juste avant de faire le grand plongeon en embrassant le langage émotif et dramatique de l'opéra.

Balancer des hanches et battre des cils pour interpréter Musetta n'était rien comparé à ce qui m'attendait dans la production qui suivait et à laquelle je devais participer pour Juilliard. Il s'agissait de *Tamu-Tamu*, de Gian Carlo Menotti. Là, la question était de savoir si oui ou non je monterais sur scène les seins nus. *Tamu-Tamu* s'ouvre sur la vision d'une famille de la classe moyenne en train de lire le journal, discutant des malheurs qui s'abattent sur un petit pays du tiers monde dont ils n'ont jamais entendu parler. Quelqu'un frappe à la porte et, tout à coup, les gens dont ils étaient en train de lire les malheurs se trouvent devant eux, vêtus de jupes tressées d'herbe et tout ce qui va avec. J'interprétais le rôle de la mère banlieusarde, et à un certain moment, je devais échanger mon costume avec celui de l'une des filles Tamu-Tamu. Mais alors qu'elle était, elle, suffisamment couverte par des colliers et ses longs cheveux, je me retrouvais moi, sur scène, les seins nus. Ce fut un grand scandale. Mon professeur de chant fit irruption dans le bureau du nouveau président de Juilliard, Joseph Polisi, et lui dit : « Il n'est pas question qu'une de mes élèves soit forcée de jouer les seins nus. Il doit y avoir une autre solution ! » Finalement, je fus habillée d'une combinaison de danse sur laquelle on avait peint des faux seins aux couleurs criardes. Qui pouvait se douter que de vrais seins n'auraient pas même été identifiés par la salle, alors que les faux paraissaient plus vrais que nature ?

Mes souvenirs de Juilliard se divisent en deux catégories : d'un côté, l'école, les productions auxquelles je participais, les amis que je me suis faits et mes chers professeurs de diction, Tom Grubb, Corradina Caporello et Kathryn LaBouff ; de l'autre, Beverley Johnson. Je dois certainement remercier Juilliard de nous avoir donné les moyens de travailler ensemble. Mais Beverley devint si essentielle à ma vie, bien plus que n'aurait pu l'être aucune école, que, lorsque je pense à elle, je n'y pense pas comme à une partie de Juilliard mais comme à une partie de ma vie.

Tous les étudiants de Juilliard étaient censés trouver un professeur de chant et, à cette époque, on ne pouvait étudier qu'avec quelqu'un de l'école. Comme Beverley enseignait aussi bien là qu'à Aspen, j'allai la consulter. Au bout de cinq minutes de ce premier entretien, je me retrouvai au sol en train de faire des mouvements de gymnastique, pendant qu'elle corrigeait différents problèmes de voix. Et voilà : nous nous étions trouvées. J'étais à la recherche du genre d'enseignement minutieux dont j'avais bénéficié auprès de Pat Misslin, et je l'avais trouvé là, étendue sur le tapis du salon de Beverley.

Elle avait un physique très frappant, avec un menton très allongé qu'elle s'efforçait de dissimuler, ainsi que je l'ai vue faire tout au long des années. Peu de temps après notre rencontre, elle décida d'ailleurs qu'on ne la photographierait plus jamais. C'était une femme très mince au port si impeccable qu'en la voyant de dos on aurait pu penser qu'elle n'avait que vingt-cinq ans et non les quatre-vingts qu'elle devait avoir. Si elle avait quelques difficultés à cacher son menton, elle savait en revanche très bien le faire avec son âge.

Beverley n'était pas un professeur très prisé lorsque je commençai de travailler avec elle. Le prestige des professeurs va et vient tout au long des années, et Beverley était passée trois ou quatre fois de la position de l'enseignant que tout le monde se dispute à celle du bas de la liste, pour finalement revenir à la mode. J'avais mis la main sur elle à un moment où elle n'était pas à la mode, ce qui était tout à mon avantage puisqu'elle avait plus de temps à me consacrer.

En plus du chant, elle avait reçu une formation de pianiste. Son mari, Hardesty Johnson, était chanteur, et c'est lui qui le premier avait été engagé pour enseigner à Juilliard. Elle ne l'avait finalement rejoint à la faculté qu'en 1964. Sa formation d'instrumentiste lui donnait une vision intellectuelle de la voix, l'étudiant de beaucoup plus près que ne l'eût fait une chanteuse. Au bout du compte, cela avait fait d'elle une solide technicienne.

J'avais encore des problèmes techniques à résoudre et Beverley était tellement fixée sur la technique et concentrée sur la physiologie que nous avons immédiatement trouvé un terrain d'entente.

Les étirements et exercices de respiration, notre manière de communiquer, tout était comme travailler à l'oreille sur la combinaison d'un coffre-fort en parvenant à déchiffrer le code. J'ai finalement étudié seize ans auprès de Beverley, et je pense pouvoir dire sans me tromper qu'elle a fait beaucoup plus pour ma voix que n'importe qui.

Bien sûr, elle n'était pas le seul professeur de chant à demander à ses étudiants de faire des choses apparemment si étranges. Lors d'une master class, je dus chanter en public couchée par terre. Un autre professeur me fit adosser contre un mur, puis pencher sur un piano, puis chanter pliée en deux, les mains touchant le sol. Les professeurs font toutes sortes de choses pour encourager le corps à évacuer la tension qu'il renferme par endroits tout en maintenant ailleurs force et énergie. Ce travail de coordination, techniquement complexe et difficile à mener aussi bien physiquement que psychologiquement, exige que l'on mobilise toutes les ressources disponibles. Beverley avait l'habitude de dire qu'une tension sur la lèvre supérieure pouvait être cause d'un effondrement de la voix pour la journée entière, connexion à laquelle, même rétrospectivement, on n'aurait pas pensé. Elle me disait alors de poser un doigt sur ma lèvre supérieure et d'appuyer dessus tout en chantant ; et soudain, le son se dégageait. Cela paraissait impossible, et pourtant je pouvais entendre la différence dans ma propre voix. Il y a tant de muscles différents qui peuvent affecter l'exercice de la voix qu'il est quasiment impossible de les garder tous à l'esprit, et encore plus impossible de les contrôler puisqu'ils sont en grande partie involontaires.

Beverley possédait un exemplaire délabré du *Gray's Anatomy* qu'elle gardait près de son piano parmi les piles de partitions. Elle s'en saisissait constamment afin d'expliquer tel ou tel aspect du mécanisme de la voix. « Vous voyez ça ? » disait-elle en tapotant sur la page. Elle me montrait alors un dessin du pharynx ou du larynx, l'épiglotte ferme, le palais dur et le palais mou, les cavités respiratoires et le diaphragme.

L'un des premiers objectifs que nous nous fixâmes fut de régler précisément ma compréhension des principes de la respiration. Pour comprendre ce mécanisme, je devais le diviser en trois parties. Tout d'abord, je devais apprendre la meilleure manière d'inspirer et aussi me servir efficacement de tout l'espace disponible dans les poumons et le corps ; ensuite, la meilleure manière de contrôler l'expiration ; en dernier lieu, soutenir le son par le souffle. Libérer le corps pour prendre le plus d'air possible est un travail à la fois d'expansion et de relâchement de la tension. Demandez à quelqu'un qui n'est pas chanteur de respirer fort et il haussera certainement les épaules, gonflera la poitrine et contractera les muscles abdominaux, après quoi vous verrez son visage rougir et se raidir les muscles de son cou – une posture qui n'est certainement pas favorable au beau chant. Tout au contraire, un chanteur apprend à relâcher sa paroi abdominale et à tendre les muscles vers l'extérieur, sans forcer, autant qu'il est humainement possible de le faire, permettant ainsi au diaphragme de se relâcher de lui-même et aux poumons de se dilater au maximum. Le relâchement des muscles intercostaux est un point crucial de ce mécanisme : il permet à la cage thoracique de se dilater et de s'étendre légèrement. La poitrine se soulève alors, tandis que les épaules et le cou demeurent relâchés. Cette séquence entière doit être conduite avec le moins de tension possible. Relâcher, dilater, se figurer son torse comme un tonneau, imaginer que l'on commence à respirer doucement, relâchant la nuque, se ménageant de l'espace dans la bouche et le nez, sans inspirer pour autant, sans créer de tension non plus dans la bouche et le nez – grâce à ce type d'instructions, je commençai à développer ma capacité respiratoire.

En second lieu, le contrôle de la respiration permet un usage efficace et précis de la quantité d'air requise pour chaque phrase donnée, qu'il s'agisse d'une ligne longue et prolongée ou d'une explosion brève et puissante. Contrairement à ce que l'on pourrait penser, il faut plus d'air pour produire des sons graves que des sons aigus. Il y a d'avantage d'air qui court le long des cordes vocales au moment des vibrations plus lentes d'une phrase basse que pour les oscillations plus rapides d'un contre-*ut*. Pensez aux différentes hauteurs que l'on peut atteindre en sifflant, ou même aux sons que l'on peut produire en soufflant dans des bouteilles de taille différente. L'afflux d'air est plus concentré dans le cas d'un son plus aigu. Il faut à un chanteur du temps et une certaine maturité physique pour parvenir à développer la respiration profonde et prolongée d'un nageur. Négocier un long passage d'une musique de Richard Strauss, c'est un peu comme se maintenir sous l'eau.

La troisième exigence, le soutien de la voix dans la production du souffle, est à la fois la partie la plus complexe et la plus controversée de la technique respiratoire d'un chanteur. Ce fut l'une des pièces les plus importantes du puzzle que je reçus de Beverley. La meilleure manière de soutenir la voix est un sujet de disputes, mais c'est pourtant ce soutien qui permet à un chanteur de dispenser trois heures durant, sans douleur et sans danger pour lui, ce long « cri civilisé » qu'est le chant. Lorsqu'un chanteur se sert de son corps et respire correctement pour soutenir sa voix, il parvient à libérer totalement sa gorge de toute tension. David Slavit, mon ORL, s'émerveille de voir que nous pouvons chanter pendant des heures, une prouesse où l'on devrait laisser sa peau, au lieu de quoi nos cordes vocales le lendemain sont aussi fraîches que celles d'un bébé, intactes, ne montrant aucune trace de rougeur, d'inflammation ou de tension. Les supporters, après avoir hurlé au stade, sont généralement enroués ou même aphones. Les acteurs de théâtre doivent apprendre à soutenir leur voix tout aussi bien que nous, faute de quoi ils ne pourraient jamais assumer un rythme de huit représentations par semaine, même si la présence grandissante d'amplificateurs au théâtre réduit la nécessité de ce genre de techniques. Toujours est-il que les chanteurs doivent se reposer entre les concerts ; car la force herculéenne qu'il faut pour « soulever le poids de la voix » nécessite bien un jour de repos. De la même manière, soulever des poids et haltères nécessite un tout autre entraînement que de faire de la course à pied. Il est assez intéressant de noter que plus la voix est massive, plus il faut se reposer. Une voix lyrique comme la mienne, qui s'aventure peu dans le « chant extrême » et dont l'objectif fondamental est la souplesse, gagne à être exercée régulièrement et quotidiennement.

Il est relativement facile d'expliquer comment soutenir sa respiration, mais c'est en fait quelque chose de très difficile à mettre en œuvre. Une fois que j'ai pris ma respiration de façon optimale et que ma paroi abdominale est ouverte et dilatée, en même temps que la plus grande partie possible de mon torse, je résiste pour empêcher ces muscles de s'affaisser à nouveau. « Résister » est le mot clé : si je continue à forcer, je vais perdre le lien avec la respiration et créer une tension dans ma gorge ; si je laisse tout retomber trop vite, ma voix sera voilée et je n'aurai pas assez d'air pour chanter même une phrase brève. Un autre aspect important de cette recette est de garder également les muscles intercostaux ouverts et d'empêcher la poitrine de s'effondrer. J'ai appris cette technique particulière en observant les autres chanteurs, et ce n'est pas sans raison que l'on caricature souvent les chanteurs d'opéra en les représentant avec une poitrine de pigeon. Lorsque je chante avec confort et que ma voix est bien soutenue, je peux en fait imaginer que je n'ai pas de cou, que mon menton repose quasiment sur ma poitrine. Cela indique que mon torse et ma respiration font tout le travail, tandis que ma gorge est, elle, complètement relâchée. Des années de pratique m'ont permis d'atteindre cette combinaison optimale, qui me permet de chanter dans des tessitures très élevées, avec lesquelles je ne suis pourtant pas naturellement à l'aise.

Pendant que je m'efforçais de comprendre le fonctionnement de mon propre corps, il me fallait aussi penser à la musique et saisir l'idée générale de l'interprétation artistique, à laquelle il me faudrait bien me frotter. Pour moi, comme pour la plupart des chanteurs, cela requiert une quantité considérable de temps, d'énergie et de pratique. Bien sûr, il y a toujours de temps à autre quelqu'un qui apparaît et met tout cela en œuvre tout naturellement – un garçon ou une fille de vingt-cinq ans qui ouvre simplement la bouche et, par une espèce de miracle, tout est là. Mais même le talent le plus grand du monde a besoin d'apprendre comment soutenir sa voix. À cet égard, la voix est comme un héritage : si grand soit-il, il faut le faire durer. Tout est voué inexorablement à la chute, et si vous ne savez pas comment redresser la barre, vous tomberez simplement sur le bas-côté.

J'ai finalement accepté l'idée qu'il fallait dix minutes pour expliquer comment chanter et dix ans pour y parvenir. C'était là tout le travail que j'avais entamé dès le lycée. Chaque professeur me faisait avancer avec différentes explications du même concept. Souvent, je comprenais grâce à mes propres expériences, mais le hasard seul m'y conduisait aussi parfois. L'apprentissage du chant ne se développe presque jamais le long d'une ligne droite ; avant d'avoir parcouru la totalité du chemin, il est rare qu'on y voie plus clair qu'en plein brouillard.

La plupart des chanteurs sont comme moi : ils construisent la moindre note, la moindre nuance, comme si la voix était une mosaïque que l'on compose en ajoutant chaque petit éclat de couleur à la fois comme dans un puzzle. Parce que je n'étais pas un pur talent, il me fallait acquérir une compréhension très élaborée du fonctionnement de mon instrument, une aptitude à discerner lucidement ses points forts aussi bien que ses points faibles. Je devais me bâtir une technique sur laquelle m'appuyer quelle que fût mon humeur. Quelqu'un a dit un jour qu'il y avait probablement sept jours par an favorables au chant, et que ces jours-là sont précisément ceux où vous êtes libre de tout engagement. Ce que vous apprenez, c'est comment chanter les autres jours.

Au commencement de ma seconde année à Juilliard, j'avais un choix à faire : je pouvais rester là où j'étais, poursuivre mon travail avec Beverley et, l'année suivante, interpréter le rôle principal dans *Mireille* de Gounod ; ou bien accepter la bourse Fulbright et partir étudier à Francfort, en Allemagne. J'avais toujours beaucoup cru aux auditions. J'en savais assez pour comprendre que la plupart de mes candidatures échoueraient, et j'estimais que le mieux était d'aller de l'avant, de me jeter sur tout ce qui se présentait et de décider ensuite, si je réussissais. C'est ainsi que je travaillais : s'il y avait quelque part une bourse, un concours, une allocation, je tentais ma chance. Pour moi, cela faisait partie des « il faudrait ». « Il faudrait » faire ça. « Il faudrait » essayer ça. J'ai suivi ce régime des « il faudrait » toute ma vie.

John Maloy, mon professeur à Eastman, était membre cette année-là du comité Fulbright, et il m'encouragea vivement à accepter la bourse. Beverley était tout aussi catégorique et disait que je devais rester auprès d'elle pour poursuivre mes études, soutenant que ni ma voix ni moi n'étions prêtes à affronter le vaste monde. Il est très difficile pour un chanteur d'obtenir la bourse Fulbright. J'aurais préféré partir pour la France ou l'Italie, mais c'était l'Allemagne qui accueillait le plus grand nombre de chanteurs. En Allemagne, je pourrais aussi étudier avec Arleen Augér que j'avais tant appréciée lorsque je l'avais rencontrée à Aspen et qui avait fortuitement accepté de me prendre comme étudiante.

Afin de m'aider à prendre une décision, je commençai à mener campagne autour de moi (ce qui est encore une de mes habitudes). Impliquer les autres dans mes décisions, c'est un peu comme solliciter leur inquiétude juste avant un concert. Jan DeGaetani me dit que je serais stupide de ne pas partir, que c'était une trop belle occasion. « Je regrette tant de n'avoir pas appris de langue étrangère », me confia-t-elle. Je discutai de l'affaire avec mes parents, mes amis et mon petit ami. Après avoir fait le compte des opinions de chacun, je pris ma décision. Finalement, même si tout le monde m'avait dit de rester, je serais quand même partie. Bizarrement, je suis en fait assez déterminée et, malgré ce besoin pressant de solliciter l'avis de tout le monde, je sais toujours prêter l'oreille à ma voix intérieure là où ma carrière est en jeu. Cette intuition, avec ma détermination, a constitué un point d'ancrage fondamental dans ma vie professionnelle.

J'embrassai tout le monde et montai dans l'avion, certaine d'avoir fait le bon choix ; mais au moment même où nous décollions, j'étais terrifiée. Qu'avais-je fait ? Est-ce que j'étais folle ? J'étais timide, je détestais la solitude et je ne parlais pas l'allemand. C'est une bonne chose que les avions ne fassent pas demi-tour, parce qu'à ce moment, j'étais persuadée que ce dont j'avais vraiment besoin, c'était de rentrer à Churchville et trouver un travail de secrétaire.

En arrivant à Francfort, la première chose que je fis fut d'aller trouver Arleen. « C'est bien que vous soyez là, mais je n'ai vraiment pas de temps pour travailler avec vous. Ma carrière est justement en train de décoller. » Elle venait de chanter au mariage du prince Andrew et de Sarah Ferguson, et était soudain devenue une grande star aux États-Unis. Néanmoins, elle promit : « Je serai là peut-être six fois cette année, et alors nous pourrons travailler. » Comme je me trouvais heureuse dès qu'on m'accordait quelque attention, je lui dis que cette solution me convenait.

Dans ses leçons, elle comparait la voix aux étages d'un hôtel, chaque son occupant son propre étage. C'était mon travail que de trouver l'espace, la place et la position optimale pour chacun d'entre eux. Elle savait de quoi elle parlait. Techniquement parlant, si je m'en tenais à ma propre expérience, Arleen chantait mieux que quiconque. Elle a enregistré cent cinquante disques dans sa vie, et ils sont tous techniquement parfaits; son interprétation de Konstanze dans *L'Enlèvement au sérail* est une vraie merveille.

Son analogie des étages m'a aidée à trouver ma tessiture avec beaucoup d'acuité, en la recherchant pendant des soirées entières. Une des premières choses à accomplir pour un chanteur qui cherche à développer un registre d'opéra, c'est d'apprendre à adoucir les passages. Une rupture est une transition pour la voix, dont la meilleure illustration est l'espèce de tyrolienne qui fit de Hank Williams Sr. une légende. Les chanteurs tyroliens vont de l'aigu au grave en procédant par des transitions tout à fait audibles; mais ce qui est charmant pour des pâtres ou des icônes de la musique country peut tout simplement couler un chanteur d'opéra en plein milieu d'un air. Les nôtres ne sont peut-être pas si audibles, mais cela ne veut pas dire pour autant qu'il n'y en a pas. Ce qu'un professeur doit faire, c'est étendre le registre d'un chanteur en lui permettant de former un son homogène sur toute son étendue, du plus haut au plus bas. Nous nous servons du terme *passaggio*, l'italien correspondant au mot « passage », pour décrire les divers points de transition correspondant à chaque registre ; il faut savoir manœuvrer dans cette zone où la voix doit basculer dans le registre voisin. Un chanteur doit s'assurer que ce passage se fait en douceur. À l'intérieur d'une tessiture donnée, qu'elle soit d'une octave et demie ou de trois octaves, un chanteur classique, contrairement à un chanteur de variété, doit produire un son homogène de part en part, sans qu'aucune rupture puisse être entendue par le public. Il faut également que le son soit beau : autre fardeau que la plupart des chanteurs de variété ignorent. Dans la musique d'opéra, on doit avoir l'impression que l'émission vocale est aisée et sans effort, tout l'enjeu est là.

Je pense à ma voix comme à un sablier. Sa base est ample, large et la couleur y est plus profonde et plus sombre. À mesure que je m'élève vers le *passaggio*, qui en ce qui me concerne correspond aux notes situées entre le *mi* bémol et le *fa* dièse du haut de la portée, cela devient très étroit comme la taille du sablier. Le *passaggio* est mince et dense, et il ne peut supporter aucune pression ; de la même façon qu'il ne vous viendrait pas à l'idée de peser sur un conduit de verre si délicat. Tandis que la voix continue de s'élever jusqu'au sommet du sablier, le son peut s'ouvrir et s'épanouir. Il gagne à nouveau en ampleur, sa couleur est plus chaleureuse. Chaque voix est différente, et si beaucoup de chanteurs peuvent penser à leur voix comme à une colonne égale sur toute sa hauteur, pour moi la bonne image est celle de la courbe, le *passaggio*.

C'est dans les dangereux détroits du *passaggio* que beaucoup de chanteurs sont à la peine. Ils essaient d'y porter tout le poids de leur voix de médium, s'efforçant de l'élever ainsi jusqu'au sommet ; ou bien ils portent leur voix de tête vers le bas, ce qui provoque fatigue et faiblesse à la base. Certains se contentent de miser sur toute leur jeunesse, leur courage et leur enthousiasme, pour découvrir dix ans plus tard que ce qui n'était au départ qu'un petit problème a fini par mettre un terme à leur carrière. Plus bas, les passages entre la voix de poitrine et le médium sont problématiques pour les femmes, surtout pour les mezzo-sopranos. Lorsqu'on dit de certains chanteurs qu'ils possèdent deux ou trois voix, c'est qu'ils ont laissé ces transitions se transformer en de véritables et abrupts changements de vitesse, ce qui peut certes servir à souligner l'expression dramatique, mais constitue un régime déconseillé aux musiciens classiques.

J'avais vraiment beaucoup d'admiration pour Arleen, non seulement comme chanteuse mais en tant que personne. Elle avait des principes très exigeants et sa position était toujours très claire. Dès le début de nos séances, elle me dit : « Je vais vous apprendre tout ce dont je suis capable, mais je ne vous aiderai pas professionnellement, parce que vraiment, vous les jeunes chanteurs, vous me fatiguez ! Vous êtes seule pour votre carrière, sachez-le. »

Venant de n'importe qui, cette déclaration aurait été pour le moins rebutante, mais Arleen présentait cela simplement, comme un fait, disant clairement comment elle pouvait et comment elle ne pouvait pas aider. J'appréciai cette franchise : elle impliquait que nos séances se limitaient aux pures nécessités de l'enseignement et à celles de l'art ; et que, quand j'étais avec elle, le business restait à la porte. En réalité, Arleen m'a aidée professionnellement, pas seulement en faisant progresser ma voix mais aussi par le simple fait que je pouvais la citer comme un de mes professeurs principaux.

Au cours de cette année en Allemagne, j'eus une expérience totalement différente avec Edith Wiens, une soprano canadienne auprès de qui je n'avais jamais étudié auparavant et que je n'avais même jamais rencontrée. Elle menait une grande carrière en Allemagne, et j'eus la chance de la rencontrer lors d'une répétition du *War Requiem* de Britten, où elle tenait la partie de soprano solo. J'avais pris un siège au premier rang, dans une salle presque vide, et j'ai tellement aimé le spectacle que je restai assise en admiration pendant toute la répétition. Lorsque ce fut fini, elle vint vers moi et me demanda qui j'étais. Je me présentai et elle me dit : « J'aime votre visage. J'ai aimé ce que vous m'avez donné pendant la répétition. Comment puis-je vous aider ? » Elle s'assit près de moi, qui n'étais qu'une étrangère pour elle, et écrivit sur un papier les noms de tous les agents importants en Allemagne. Elle m'accorda quelques heures et m'apprit des choses que j'aurais pu tout aussi bien apprendre dans une école de commerce, me disant tout ce qu'il fallait faire pour démarrer dans la carrière et comment devenir chanteuse. Curieusement j'eus donc la chance de trouver chez deux personnes si différentes, mais qui se complétaient à mon avantage, ce dont j'avais besoin.

J'étais partie pour l'Allemagne armée seulement du français que j'avais appris à l'école qui, bien sûr, n'était pas très utile. Je pris un mois de cours intensifs au Goethe Institut sur le Rhin avant que les cours ne commencent. Après avoir bravé le train depuis l'aéroport, seule, et avec deux valises qui contenaient tous mes biens pour un an, je me débrouillai pour arriver jusqu'à la chambre que j'avais louée chez un aimable couple de retraités. Je sortis me promener dans le village et, immédiatement, un habitant quelque peu effronté qui savait un peu d'anglais vit que j'étais américaine et m'invita à boire un verre. Je m'étranglai presque à ma première gorgée d'eau gazeuse et, après le départ de l'homme, tandis que j'approchai la main d'un Brötchen, la serveuse me la frappa presque. Je me sentis comme Dorothy[1], affamée sur le chemin de brique jaune, essayant de cueillir une pomme et ne récoltant que réprimandes de la part du pommier furibond. Je ne pouvais pas savoir que, contrairement aux usages de mon pays, le pain n'était pas gratuit, il est inutile de le dire. Je me sauvai, retournai à ma chambre et ne la quittai plus jusqu'à ce que, deux jours plus tard, les cours commencent, ce qui était une manière comme une autre de perdre du poids.

1. Personnage principal du très populaire livre pour enfants, *Le Magicien d'Oz*, de L. Frank Baum, adapté au cinéma par Victor Fleming *(N.d.T.)*.

Je fus finalement très satisfaite de mes cours intensifs de langue, aussi bien des cours mêmes que de la stimulation que cela représentait. Un jour avant la remise du diplôme, j'eus la surprise de voir notre professeur me prendre à part pour me dire que je pourrais, si ma carrière de chanteuse échouait, mener celle de linguiste. Je pouvais donc me croire douée pour la langue allemande et, ainsi rassurée sur mes capacités, on me trouva une place dans une famille de Francfort pour qu'y séjourner un mois avant le début de mes études. Je me souviens de m'être dit, à la fin de ma première après-midi là-bas : « Voilà, c'est un cauchemar. » Je ne parvenais pas à comprendre un mot de ce qu'on me disait – pas un seul. De plus, la famille Schulz ne faisait aucune concession, aucun effort pour parler lentement ou simplement. Ils vivaient leurs vies – m'apprenant à tricoter ou à ramasser des champignons ou encore à allumer de vraies bougies sur un arbre de Noël, discutant d'art et de technologie – tout cela en parlant comme si je pouvais les suivre – ce à quoi je parvins finalement. À la fin de cette année d'immersion totale, j'avais appris à parler couramment un assez bon allemand et qui n'a cessé de se renforcer avec le temps. Lorsqu'il m'arrive de retourner en Allemagne, les gens me disent : « Je n'arrive pas à croire à quel point votre allemand a progressé ! » Pour ma part, je pense qu'une fois les bases établies, les neurones continuent simplement de mitrailler. Ma connaissance des langues n'a cessé de progresser au fil des ans, que je m'en serve ou pas ; il en va de même avec la musique. Les rôles que j'ai appris s'approfondissent et gagnent en épaisseur entre les concerts sans que j'aie à les étudier ou à les chanter, sans que j'aie même à y *penser* avant la représentation. Le fait que la musique soit tout autant une langue que l'allemand ou le français est un aspect de l'apprentissage qui me fascine.

Après avoir quitté les Schulz, je déménageai dans une résidence d'étudiants, un *Studenheim* perché dans une tour, où j'habitais une petite chambre et partageais salle de bain et cuisine avec d'autres étudiants. À la Hochschule für Musik, je me liai avec Helen Yorke, une Britannique qui étudiait le piano. Nous étions toutes les deux tellement soulagées d'avoir pu trouver quelqu'un à qui parler dès le premier jour ! Helen et moi nous riions beaucoup ensemble. Nous allions à des concerts ou au café, discutant interminablement de musique, de notre pays ou de notre avenir, nous amusant de l'accent de l'autre. Helen a joué pour moi par la suite dans beaucoup de récitals.

Je voulais intégrer le département d'opéra de la Hochschule, mais ma candidature ne fut pas retenue. Comme cela s'est vérifié tant de fois dans ma vie, le fait d'être rejeté s'avéra un coup de chance. Les bonnes formations à l'opéra étaient nombreuses chez moi. Ce que j'obtins en échange était plus essentiel et beaucoup plus rare : une année entière à étudier exclusivement le lied allemand avec Hartmut Höll. C'était un génie de la musique. Il éclairait pour nous ses interprétations si peu conventionnelles des lieder de Wolf, Webern et Schubert, et c'est un grand honneur pour moi de pouvoir aujourd'hui partager la scène avec lui. Helen et moi profitions de son enseignement autant qu'il le permettait. Même si son style ne pouvait convenir à tous, il avait une façon que j'adorais de disséquer chaque note. Confrontés à sa méthode, beaucoup d'étudiants se dérobaient : « Je ne veux pas faire les choses comme ça. J'ai une idée différente de cette phrase. Donnez-moi juste un cadre pour que je puisse développer ma propre interprétation. » J'utilisais, moi, ses interprétations pour forger les miennes, des années plus tard.

On eût dit que partout où je passais en Allemagne m'attendait une autre merveilleuse occasion. Cette année-là, j'étudiai aussi le lied auprès de Rainer Hoffmann, fouillant ce vaste répertoire à la recherche de joyaux inconnus. Quelque temps après, il dirigea mon attention sur « Viola », une pièce qui devint par la suite la pierre d'angle du disque que je consacrai à Schubert, ainsi que de mon premier récital à Salzbourg. Figurez-vous une année entière passée à assouvir la soif de découvertes que Pat Misslin m'avait insufflée. Avec ma *Studentenausweis* (ma carte d'étudiant), j'allais aussi trois fois par semaine à l'Opéra pour trois ou quatre dollars ; j'absorbais de nouvelles pièces du répertoire, épuisais chaque recoin de culture que je pouvais saisir. Le Frankfurt Opera, que dirigeait alors le chef d'orchestre Michael Gielen, faisait un travail théâtral d'avant-garde. Les mises en scène de Ruth Berghaus étaient célèbres, tout particulièrement son *Aida*, où le rôle-titre était une *Puzfrau*, une femme de ménage, qui travaille dans un musée d'art ancien. À la fin des représentations, les spectateurs hurlaient, huaient, se battaient même – tout cela pendant l'opéra ! C'était terriblement excitant. *Capriccio*, de Richard Strauss, était mon opéra favori. Je prenais place pour écouter l'œuvre en entier, et même si je pouvais à peine comprendre ne fût-ce qu'une phrase, je voulais quand même pouvoir entendre la scène finale. Le goût, sans lequel on ne peut rien accomplir dans le spectacle d'opéra, se développa chez moi cette année-là. Je m'aperçus que je voulais croire pleinement aux personnages et à l'histoire, et que je voulais être émue. Tout ce qui m'empêchait d'oublier l'*interprète* me dérangeait, qu'il s'agisse des défauts vocaux ou d'une interprétation de « diva » de Mimi ou de la Comtesse. Lorsque le spectacle était fini, je remontais sur mon vélo et pédalais jusqu'à chez moi en chantant certaines phrases de l'opéra, rêvant au jour où je partagerais la scène avec les merveilleux artistes que je venais d'entendre.

Professionnellement, je progressais rapidement, mais sur le plan personnel, j'étais quelquefois malheureuse. Cela me prit six mois avant de me sentir assez à l'aise dans la langue pour communiquer avec les autres étudiants et ainsi commencer de m'intégrer. Peu après mon arrivée, Arleen m'avait aimablement fait asseoir pour me dire : « Tout ici repose sur l'art de faire mieux que les autres. Et si vous admettez cela, personne ne vous en voudra, personne ne se fâchera, personne ne vous en tiendra rigueur. Tout le monde respecte la confiance en soi. » Cela avait le mérite de me donner un cadre pour comprendre ce dont je faisais l'expérience jour après jour. Je connus mon triomphe le plus éclatant à la fin de l'année devant un distributeur automatique lorsque, à un homme qui venait juste de passer devant moi dans la file, je rétorquai en reprenant ma place : « J'étais là avant vous. » Accomplir cela dans une langue étrangère était doublement difficile. Mais si les situations pouvaient souvent paraître agressives, rien n'était à prendre personnellement, et c'est là une grande leçon que j'ai reçue de l'Allemagne. Une fois que je compris qu'il n'y avait aucune émotion derrière l'attitude, tout devint très différent dans ma vie. De la même manière, j'appris à me montrer reconnaissante envers la franchise de mes camarades. Si j'étais dans un jour sans, ils n'hésitaient pas à me dire : « Tu as vraiment mal chanté aujourd'hui. » À Juilliard, personne n'aurait jamais osé, même en rêve, donner si brutalement son avis, il l'aurait chuchoté dans les couloirs après mon départ. Il est assez rassurant de toujours savoir où l'on en est, et en Allemagne je le savais à chaque minute, à chaque note.

Je n'ai jamais vraiment su si la sensibilité était un fardeau ou un cadeau. Cette part de moi-même qu'une musique émeut aux larmes est la même qui sait délivrer en retour cette émotion lorsque je chante. D'un autre côté, la mort de toute une portée de bébés lapins dont je m'occupais quand j'étais enfant m'avait bouleversée au-delà du raisonnable et le jour où, lors d'une fête du collège, un garçon me souffla à la figure la fumée de sa cigarette, je crus qu'il me faudrait évacuer les lieux sur une civière. Il y a plusieurs choses qui m'ont fait flancher en Allemagne. L'une d'elles fut cette affiche de protestation politique iranienne accrochée dans un couloir de la résidence universitaire, où l'on voyait la photographie d'un homme qu'on démembrait. Je fis une expérience similaire des années plus tard en regardant le film *Le Cuisinier, le voleur, sa femme et son amant*. Je pensais bien qu'une émotion extrême était une manière raisonnable de répondre à l'extrême cruauté, mais je savais aussi qu'il fallait trouver un moyen de rester vulnérable en face de certaines choses, tout en m'endurcissant pour mieux traverser l'existence. J'avais mes émotions à fleur de peau et je devais apprendre à les dominer. Pour moi, cela participait du travail physique tout autant que d'apprendre à maîtriser les passages entre les registres de la voix.

* *
*

Bien sûr, il y a de ces circonstances face auxquelles la majorité des gens tremble comme un pot de gelée.

Si l'on m'avait demandé ce que je pensais d'Elisabeth Schwarzkopf avant d'assister à ses master classes, j'aurais répondu qu'une semaine de travail avec elle méritait bien de séjourner un an en Allemagne. Je la vénérais, et cela ne fit que se renforcer dès le tout premier jour, quand je la vis entrer dans la salle et s'adresser en trois langues différentes à trois étudiants en à peine deux minutes et sans sourciller. La première impression fut vraiment très forte. Par sa seule entrée, elle incarnait tout ce que je voulais être : belle, intelligente, glamour et en pleine possession de ses moyens. Elle était le genre de personne qui suscitait l'attention silencieuse de toute une salle simplement en y entrant. Tout le monde voulait lui plaire.

Durant une semaine, nous eûmes chaque jour deux longues séances de travail avec elle. Comme ils sont ouverts au public, ce qui contribue à l'animation, les master classes ont quelque chose de très divertissant et une dynamique bien particulière.

Schwarzkopf avait choisi de divertir son public, mais c'était souvent aux dépens des étudiants. Un jour j'étais une perle et le suivant une incapable. Je chantais deux notes et d'un seul geste de sa main tranchante elle m'interrompait : « *Nein, das ist es nicht* » (Non, ce n'est pas cela).

Je tentais de chanter ces deux notes à nouveau et elle secouait la tête, presque furieuse : « *Haben Sie nicht verstanden ? Nochmals !* » (Vous n'avez pas compris ? Recommencez !)

Je pouvais sentir ma tête rentrer dans mes épaules et mon souffle se faire court. Les autres étudiants détournaient le regard, soulagés pour un instant de n'être pas l'objet de son attention. J'essayais à nouveau, et cette fois elle avait raison : je chantais affreusement.

J'étais jeune, probablement trop jeune, et certainement pas une chanteuse accomplie. Je suis certaine qu'elle travaillait bien mieux avec ceux qui étaient prêts pour son enseignement, plus sûrs d'eux-mêmes et de ce qu'ils faisaient. Je voulais absolument lui plaire. J'aurais chanté en équilibre sur le nez si elle me l'avait demandé. Pourtant, même aux pires moments, lorsqu'elle m'interrompait pour chanter elle-même une note ou une phrase, je me disais : « Oh, Mon Dieu, c'est elle ! C'est sa voix ! C'est cette voix en or ! »

Fort heureusement, elle nous apportait beaucoup. Ses explications sur l'interprétation étaient brillantes et c'est à partir d'elles que je commençai à comprendre comment il faut se servir du langage pour interpréter des lieder. Je m'étais toujours efforcée de délivrer un son généreux, mais elle fut la première personne à me dire : « Vous êtes responsable du son que vous produisez, de sa qualité et de sa beauté. » Venant d'elle, cette déclaration revêtait une importance considérable, puisque sa propre voix était elle-même si étrangement fabriquée, ce qui lui donnait cette qualité pour laquelle mon goût n'a cessé de se développer tout au long des années. C'est elle qui m'encouragea à rechercher le beau son. Jusqu'alors le mien avait souvent été critiqué comme étant trop clair, voire strident.

Au bout du compte, un des concepts vocaux qu'elle me transmit s'avéra une autre pièce importante du puzzle de ma voix : celui de *couverture*. Presque tous les ténors et barytons couvrent la voix pour pouvoir bien s'en sortir dans l'aigu. Ce n'est pas obligatoire chez les femmes. En couvrant la voix, lorsque je m'avance dans le *passaggio* supérieur, la zone de transition, la direction du flux de l'air se trouve modifiée. Le son qui était placé en avant, ce qui faisait qu'il était clair et entièrement ouvert, est transformé par un usage différent de la résonance et, dirigé maintenant vers le palais mou, occupe alors une position en *oh* ou même en *ooh*. La direction élémentaire du son vers l'avant n'est jamais abandonnée pour autant, mais une sorte de « dôme » est ajouté juste au-dessus du *passaggio*. Cela donne à la sonorité un aspect couvert, un peu comme si le chanteur avait posé un couvercle sur un son clair. Au lieu d'être perçants, les sons aigus peuvent alors s'épanouir sans être comprimés.

Bien que j'eusse à l'époque le sentiment de faire une mauvaise expérience, lorsque j'y repense aujourd'hui, je peux apprécier à leur juste valeur les leçons que je reçus de Schwarzkopf. À compter de ce jour, j'entrepris un travail technique qui devait durer deux ans et que je complétai par six autres mois à Juilliard passés à perfectionner son enseignement. Sans ce travail, j'ignore comment j'aurais pu faire pour consolider mon registre supérieur. Et que serait donc une soprano sans aigu ? En n'accordant plus à l'expression du cantabile toute l'attention pour privilégier l'expression déclamatoire, en insistant sur le texte plutôt que sur la musique, Schwarzkopf a imposé ce que doit être aujourd'hui une interprétation de Strauss, au point qu'il semble que Strauss lui-même ait écrit à ce sujet un opéra.

Cette semaine passée auprès de Schwarzkopf contribua aussi à développer ma propre philosophie sur les buts et les intérêts des master classes. L'étudiant qui y prend part ne s'expose que très brièvement, ce qui donne à la moindre critique et au moindre éloge émis par le professeur, lequel est en outre souvent objet de vénération, une importance d'autant plus grande. Bien qu'un véritable enseignement y soit transmis, aucune suite ne lui est jamais donnée pour examiner s'il a été correctement assimilé. Aujourd'hui, dans mes propres master classes, je m'efforce de délivrer un diagnostic, mais toujours avec le sous-entendu que l'étudiant doit pouvoir discuter mes idées avec son propre professeur. Je fais aussi attention à ne pas blaguer aux dépens des étudiants, en sorte que personne ne se sente tourné en ridicule. J'aime divertir le public, mais je ne fais jamais rien qui puisse miner la confiance encore fragile d'étudiants qui se trouvent aux prises avec un art si difficile.

Il y a plusieurs qualités qui font un grand professeur. Le don du diagnostic est le premier d'entre eux et le plus complexe. Analyser une voix en s'efforçant de discerner pourquoi elle ne fonctionne pas librement, joliment et artistiquement, c'est un peu comme essayer de disséquer un flocon de neige. Chaque voix est différente dans la mesure où l'esprit et le corps qui la produisent sont différents. Comme il s'agit d'un instrument invisible, on ne peut qu'essayer de deviner les défauts latents à travers les signes de tension, en percevant la gradation à l'œuvre dans la sonorité, en abaissant les inhibitions et libérant la créativité de chacun. La seconde grande exigence est l'aptitude à prescrire un remède à chaque problème vocal. Si une chanteuse, par exemple, ne peut exécuter un decrescendo sans secousses, ou bien si elle ne parvient pas du tout à chanter au-dessus de la portée, le professeur doit avoir à sa disposition l'exercice, l'image, l'explication physiologique adéquats. Sans compter que certaines solutions efficaces chez certains chanteurs peuvent n'avoir aucun effet sur d'autres. À l'époque de ma propre formation, une des choses les plus importantes que j'ai apprises pendant mes heures de pratique, fut que si le chemin emprunté pour accomplir une phrase ne donnait toujours rien au bout de plusieurs jours, aussi contraire à l'intuition que cela puisse paraître, c'est qu'il fallait explorer le chemin opposé, et peut-être même tous les chemins intermédiaires.

Je pense parfois qu'il est miraculeux, compte tenu de la complexité de l'instrument, que l'on puisse apprendre comment bien chanter. Il ne faut pas s'étonner de ce que beaucoup de grands chanteurs ne deviennent pas de grands professeurs. Certains vous diront même ouvertement qu'ils n'ont pas les moyens d'expliquer ce qu'ils font ; d'autres pourront l'expliquer, mais en étant incapables de l'appliquer à d'autres voix. Parler une langue et pouvoir la traduire sont deux choses différentes, relevant d'aptitudes différentes. La plus grande barrière qui se dresse entre le professeur et son élève, c'est l'ensemble des muscles involontaires qui produisent la voix ; il faut les amadouer afin qu'ils concourent à produire un son beau et homogène sur toute l'étendue du registre d'un chanteur. Mais la terminologie constitue un autre obstacle à franchir. Six mois peuvent être nécessaires pour trouver un langage commun entre le professeur et l'élève. Que veut-elle dire lorsqu'elle exige de moi une « sonorité plus haute » ? À quoi pense-t-on exactement lorsqu'on demande « plus de soutien » ? Quelqu'un pourra bien vous dire que vous manquez de relâchement, mais se relâcher *où* ? Relâcher *quoi* ? Ah bon, et vous voulez en même temps plus d'énergie ? Mais quand j'ai de l'énergie, je suis aussi tendue. Comment puis-je concilier ces deux choses ?

La troisième exigence concerne les relations personnelles. Un professeur doit pouvoir comprendre son élève. Il doit être capable de savoir qui est sensible et qui a la peau dure, qui va de l'avant et qui est réservé. La nature de son enseignement doit varier en fonction des différentes personnalités et des différents stades de la formation. Il doit aussi sentir finement comment on le perçoit. S'il se montre trop durement négatif envers un jeune étudiant au point que sa confiance se réduit comme peau de chagrin, et qu'il chante de plus en plus mal, alors le professeur devrait comprendre qu'il n'a pas choisi la bonne méthode.

Il faudra qu'il en essaie une autre, qui consistera peut-être tout simplement à se montrer ce jour-là plus encourageant. Certains professeurs sont parvenus à des résultats magnifiques en ne faisant rien de plus que flatter l'ego de leur élève et en lui tenant la main.

Et ne craignez pas que l'élève soit déchargé de toute responsabilité pour autant. Il a aussi des défis à relever. Certains talents parmi les plus grands ont un ego très fragile et sont incapables d'accepter la critique même la plus modérée ; toujours sur la défensive, ils passent leur temps à justifier chacune de leurs erreurs. Inutile de dire que ces chanteurs ne vont pas très loin. Le travail de l'étudiant est de garder l'esprit ouvert et de réprimer ces réflexes de défense que nous avons tous lorsque nous sommes confrontés à la moindre suggestion destinée à nous faire progresser ; il doit aussi rester patient face à un travail souvent long, obscur et difficile. Et en plus il doit pouvoir déceler avec une intuition infaillible si l'enseignement qu'il reçoit répond à ses besoins particuliers. Si ce n'est pas le cas, il doit être capable de risquer l'affrontement et de changer de professeur. Beaucoup de jeunes talents font leur entrée dans une classe pour en ressortir trois ou quatre ans plus tard en chantant moins bien. Une de mes collègues chanteuse, qui avait plus d'énergie que j'ai jamais rêvé d'en avoir, sans même parler de ses immenses capacités vocales et de son intelligence, n'avait aucune intuition de l'enseignement qui lui convenait le mieux. Elle abandonna après dix années de frustration, après avoir essayé plusieurs professeurs, dépensé beaucoup d'argent et nourri beaucoup d'espoir. S'il était facile de chanter, tout cela n'arriverait pas. Peut-être n'est-ce pas l'intuition qui guide l'élève, mais la chance, ou plus vraisemblablement une combinaison des deux. Comment se fait-il que j'ai eu la bonne fortune, dix années durant, de toujours trouver les bonnes clefs pour ouvrir les bonnes portes, tandis que certains de mes collègues ont échoué ? Bien qu'il m'arrive souvent de plaisanter en disant que si j'étais née sans défaut vocal particulier, j'en aurais trouvé un à ma mesure, toujours est-il que j'ai trouvé ma voie. Au bout du compte, c'est l'étudiant qui doit rester seul dans la salle de répétition et chercher, faisant appel à sa créativité et à son imagination pour donner vie aux suggestions de son professeur. En définitive, le chant n'est pas une science, mais un usage hautement raffiné, presque pervers de notre voix naturelle, et qui exige de la persévérance.

Souvent, assise dans ma chambre d'hôtel à deux heures du matin, après un récital et peut-être une séance de dédicace où j'ai vu défiler une centaine de visages frais et jeunes qui patientaient pour me rencontrer, après avoir parcouru au moins cinq fois les 169 chaînes du câble pour me relaxer, je me demande ce qu'il va advenir de ces beaux talents si leurs rêves de monter sur scène ne se réalisent pas. Un directeur de conservatoire m'a récemment raconté l'histoire d'une jeune femme chauffeur de taxi à New York qui, alors qu'il l'avait complimentée sur la musique qu'elle écoutait, et après s'être présenté, avait fondu en larmes : « Je suis diplômée de Juilliard et c'est le seul travail que j'ai pu trouver ! » Il me dit assez justement que cette jeune femme pourrait tirer avantage de son talent et de son excellente formation si seulement on s'efforçait de rendre plus nombreux le public qui, au contraire, allait en diminuant. Au moins pourrait-elle espérer trouver une salle dans laquelle se produire. Une étude importante a montré que, s'il est vrai que nous avons accompli ces dernières années un travail magnifique de formation des musiciens les plus extraordinairement compétents, ils n'ont pas de lieux pour se produire. Sans doute les conservatoires devraient mettre en œuvre une stratégie de l'emploi et du développement des arts. Ma jeune amie chanteuse est finalement partie vivre à Colorado Springs pour y créer sa propre école de musique. Forte de son énergie et de son enthousiasme, elle forme là-bas une nouvelle génération de musiciens et, ce qui est plus important encore, offre un service magnifique à ses concitoyens, peut-être même contribue à former un nouveau public pour l'avenir.

Chapitre IV

Les mentors

À la fin de mon année comme lauréate de la fondation Fulbright, j'essayai de rester en Allemagne et auditionnai pour une production de *La Traviata* au Theater am Gartnerplatz de Munich. Je ne pouvais pas vraiment chanter le rôle de Violetta, mais au moins j'étais dans l'arène. Comme je l'ai toujours fait, je retroussai mes manches et tentai ma chance partout ; mais j'avais beau travailler dur, on ne m'engageait nulle part. Un matin, alors que je m'apprêtais à prendre le train pour auditionner devant une petite compagnie à Berne, on m'appela pour me dire que tout était annulé ; et je restai là, le téléphone dans une main et le billet de train dans l'autre. Lors d'une autre audition pour un petit théâtre tout au nord de l'Allemagne, l'administrateur me dit : « Je suis terriblement désolé, mais votre *sol* ! Votre *sol* n'est pas bon ! Il faut que vous répariez votre *sol*! N'imaginez même pas de faire carrière avant d'avoir résolu ce problème. » Certainement le reproche le plus original qu'on me fit jamais.

Il y a deux façons d'entreprendre une carrière de chanteuse d'opéra : la première est de prendre tout de suite un agent et de commencer à faire le tour des auditions, et la seconde est de chercher à se faire connaître par la voie des concours. Comme les agents ne venaient pas frapper à ma porte, je me décidai à participer à autant de concours que possible. Pendant que je séjournais en Allemagne, deux grandes occasions se présentèrent à moi : d'abord, je fus choisie par Eastman pour représenter les États-Unis lors d'une compétition au Chili. Je partis pour Viña del Mar, non loin de Santiago. J'y séjournai un mois à l'hôtel et n'eus de cesse de faire les expériences les plus extraordinaires. Je fus poursuivie par des Gitans dans un parc et rencontrai peu après un astronome américain qui vivait avec sa femme chilienne au sommet d'une falaise, au-dessus du Pacifique. Les autres compétiteurs, de toutes les nationalités, et moi-même nous retrouvions tous les soirs à mon hôtel pour dîner, et nous nous amusions comme des fous. Nous survécûmes même à un tremblement de terre qui eut lieu pendant l'audition d'un ténor malchanceux, et je me suis souvent demandé si cela l'avait décidé à changer de métier; à moins qu'il soit devenu le Pavarotti de son pays. Quant à moi, je fis de mon mieux et remportai le second prix.

Pour tout dire, j'étais le plus grand second prix de tous les temps. Plus encore que Manon ou la Maréchale, le rôle du perdant a toujours été mon rôle favori. J'adore le confort qu'apporte la deuxième place – assez haut pour se sentir suffisamment estimée mais pas au point que l'air se fasse trop rare. Être deuxième constituait un puissant aiguillon qui m'incitait à travailler et à me battre sans cesse. J'ai tant besoin de poursuivre des buts précis que je me demande ce qu'il serait advenu de ma carrière si j'avais connu le succès si jeune. C'était comme si le jury me disait : « Ayez bon espoir », plutôt que : « Vous êtes prête pour affronter une carrière. »

Peu de temps après, on me demanda de représenter Juilliard en Afrique du Sud. Je ne savais pas trop si je devais me rendre là-bas pendant l'Apartheid, mais je voulais constater les choses par moi-même. Je vécus un mois à Johannesbourg dans une famille Afrikaner et chantai à Pretoria. La crise politique était considérable et le pays au comble de l'agitation, et en même temps je voyais s'étaler devant moi une nature paradisiaque et d'une immense beauté. C'était comme un tableau figurant le meilleur et le pire marchant côte à côte.

En Afrique du Sud, j'eus l'occasion de reprendre mon rôle de perdant, recevant le second prix derrière Marion Moore, une soprano afro-américaine. Sa victoire était tout un symbole et j'étais contente d'assister à son triomphe. C'était un grand moment pour la musique, la culture et l'art.

Bien que je fusse capable de savourer un deuxième prix, je ne méprisais pas la victoire. Je reçus finalement un premier prix lors d'une compétition à Verviers, en Belgique, vers la fin de mon séjour comme lauréate Fulbright. Rodney Gilfry, le merveilleux baryton américain et moi-même séjournions là-bas chez un couple qui ne parlait pas un mot d'anglais, et à nous deux nous nous en sortions avec à peu près trois phrases de français. Rodney était excessivement drôle, et pendant les deux semaines que dura notre séjour, je n'ai pas cessé de rire. J'ai toujours pensé que c'était là la raison de ma victoire. Nous vîmes un des participants tomber presque mort pendant un air interprété par Rodney, et je me demandais si ça le troublerait, comme ce ténor face au tremblement de terre au Chili. Des années plus tard, Rodney et moi avons joué ensemble Stanley et Blanche dans *Un tramway nommé Désir*, d'André Previn. Il me fait rire encore aujourd'hui.

Je continuai de me présenter à divers concours en Allemagne sans jamais aller très loin, ce qui prouve encore une fois que mes plus grandes victoires ont été souvent remportées en perdant : si j'avais obtenu le premier prix de quelque prestigieux concours en Allemagne, j'aurais très probablement continué ma carrière dans ce pays. Rétrospectivement, je suis certaine que ma voix n'aurait pas résisté aux rigueurs d'une *Fest* ou d'un engagement fixe avec la nécessité de chanter beaucoup de rôles différents, parfois même à la suite. Ma technique n'était tout simplement pas assez solide. En Allemagne, le fonctionnement des Opéras était à l'époque fort différent de celui des États-Unis ou même du reste de l'Europe : il était complètement fermé. À moins d'avoir assez de chance pour s'évader du système, il était rare de pouvoir mener une carrière internationale. En échange de quoi on bénéficiait de la sécurité d'un emploi de fonctionnaire, de bons revenus, et de la chance de se trouver dans le seul endroit du monde où l'on pouvait s'entraîner à plein temps et dans la même ville : idéal pour s'épanouir en famille.

Pendant mon année Fulbright, je me présentai au concours de Munich, un grand événement couvert par la télévision, avec contrats à la clef et des prix en argent. Je ne m'en sortis pas trop mal, en allant, si je me souviens bien, jusqu'au troisième tour. J'y retournai l'année suivante et me fis éjecter cette fois dès le premier. Ma pianiste, la seule personne à être aussi déçue que moi, me dit : « Tu sais Renée, mieux vaut partir. Ne fais plus ça, travaille plutôt. »

Je ne m'en suis pas aperçue à l'époque, mais une grande partie de mon problème n'était pas *comment* je chantais mais bien plutôt *ce que* je chantais. Je continuais d'être bien trop ambitieuse dans le choix des airs avec lesquels je concourais. Il n'y avait pas alors de conseiller pour guider les artistes dans leur carrière, et je n'avais donc personne pour me dire dans quelles conditions me présenter. Je pensais impressionner les gens en m'aventurant dans des musiques extrêmement difficiles. Je chantai le lied de Lulu, de Berg, la scène du premier acte de *La Traviata*, les airs de Constance, et d'autres musiques qui étaient tout simplement au-dessus de mes possibilités vocales de l'époque – sans parler d'obscurs lieder de Wolf. Je craignais de passer inaperçue en chantant des pièces simples, et vraiment, on ne pouvait être plus loin de la vérité. Si j'avais choisi de chanter un air de soubrette – disons « Deh, vieni, non tardar » des *Noces de Figaro* –, et montré que je le maîtrisais, me contentant de présenter la sonorité de ma voix, alors je pense que tout se serait mis en place pour moi beaucoup plus tôt. Quoi qu'il en soit, je suis contente de n'avoir pas connu un succès rapide, car je ne pouvais toujours pas compter sur mon registre aigu, et tôt ou tard ceux qui auraient eu l'idée de m'engager s'en seraient aperçus. Il me restait encore quelques années de lutte avant de pouvoir atteindre une note aiguë sans être submergée par un sentiment de panique : vais-je y arriver cette fois, vais-je brailler, ou bien ma voix va-t-elle me lâcher complètement ?

Comme je n'avais plus rien à faire en Allemagne, je rentrai à New York pour achever mon dernier trimestre à Juilliard. J'en étais arrivée à un sentiment de confusion totale. Parmi les souvenirs que je rapportais, il y avait le concept de couverture, une technique à laquelle Beverley ne croyait pas et qu'elle n'enseignait pas. Elle voulait même que je l'abandonne totalement et cela me mit dans tous mes états. Comme je suis quelqu'un qui aime à prendre conseil, je passais mon temps à interroger les gens : « Bon, écoutez, couvrir le son donne ceci, ne pas le couvrir donne cela. Que préférez-vous ? » Je leur chantais deux fois la même phrase et les faisais choisir. Tout était une question de sonorité : Qu'est-ce qui est plus beau ? Qu'est-ce qui est plus efficace ? Finalement, je compris que Beverley ne pensait pas à la couverture en soi mais qu'elle voulait simplement ne pas m'entendre *sur*couvrir. Encore une fois, tout revenait à la façon de communiquer au sujet de la voix entre le professeur et son élève. C'est un peu comme de parler de Dieu : il faut en parler *autour*, parce qu'il n'existe pas de langage pour dire ce qu'il est. Et l'absence de langage adéquat engendrera toujours des malentendus. Alors que je suis parfaitement capable de prendre une décision par moi-même sur bien des sujets, je suis d'autant plus frustrée de ne pouvoir m'ôter les oreilles du corps et les mettre au fond de la salle pour un examen de ma voix. Comme nous avons une perception erronée de ce que nous entendons lorsque nous chantons, nous dépendons toujours de quelqu'un en qui nous avons confiance et qui représente nos « oreilles externes ».

En fait, il était bien vrai que j'exagérais la couverture. La preuve en est qu'en rentrant à New York tout le monde me disait : « Qu'est-il arrivé à ta voix ? »

« Qu'est-il arrivé à ta voix ? » n'est certes pas une question qu'un chanteur a envie d'entendre.

Ce qui était arrivé, c'était que non seulement je travaillais sur un répertoire que je ne pouvais pas maîtriser, mais qu'en plus je m'efforçais de produire des beaux sons qui convenaient davantage au lied qu'au chant d'opéra (c'était bien à cela que j'avais été formée pendant toute une année). Le résultat était que ma voix avait progressivement glissé et fini par tomber dans ma gorge. J'avais maintenant beaucoup de travail à accomplir pour défaire tout le travail que j'avais fait. Une chose me troublait : le son nouveau qui sortait paraissait vraiment très beau à mes propres oreilles, aux oreilles de mon esprit, et je ne comprenais donc pas que Beverley m'incitât à cesser de chanter de cette manière.

À côté de cette confusion, comme je n'étais plus sûre d'aucune des notes que je chantais, je sentis déferler en moi la peur de la scène. À l'automne, je chantai pour une master class à Juilliard et m'effondrai en larmes, disant : « Je n'y arrive pas ! » Fort heureusement, Jan DeGaetani était en ville ce jour-là, et après m'avoir entendue pleurer sur mon sort, elle me dit : « Je n'ai jamais gagné aucune compétition. Personne ne m'a jamais donné quoi que ce soit. » En bref, elle me donna une petite tape sur la tête et m'enjoignit de retourner au travail, ce qui était exactement ce dont j'avais besoin. Elle me fit également remarquer que je semblais avoir une tension au niveau des muscles de la poitrine. Cette seule observation me jeta dans une nouvelle exploration de la tension du corps qui, plus tard, alors que j'essayais de comprendre comment je pourrais survivre à mes activités de chanteuse de chorale, me permit de trouver une autre pièce du puzzle.

En définitive, je vis que ce que j'avais appris n'était pas mauvais, mais que je l'avais toutefois poussé à l'extrême. Mon travail était maintenant de m'imprégner d'un style de chant plus clair, plus vigoureux et plus ouvert. S'emparer d'un vague concept qui appartient à un autre chanteur, c'est un peu comme engloutir toutes ses économies en bourse après avoir obtenu un vague tuyau lors d'un cocktail : même s'il y a une embellie provisoire, il y a des chances que ce ne soit pas ce qui assurera la subsistance de vos vieux jours. C'est le danger qu'on court avec les master classes : une fois « l'idole » repartie dans son avion, il se pourrait bien qu'il ne reste que l'impression d'avoir reçu de la poudre aux yeux. En fait, il faut être capable de rassembler soi-même tous les différents cours, enseignements et entraînements reçus, de sorte que la voix, le corps et la technique produisent un son juste et solide. Cela paraît assez simple, mais ça m'a pris une éternité pour l'accomplir. Mais encore une fois, je n'aurais pas voulu être quelqu'un à qui tout réussit du premier coup, car alors je n'aurais pas appris à corriger moi-même mes faiblesses vocales. J'aurais certainement aimé que les choses adviennent un peu plus facilement, en un peu moins de temps, mais je sais à l'inverse que cela aurait pu être plus long. Après tous ces efforts, je suis certaine à présent de savoir ce que je fais et de posséder les instruments pour pouvoir continuer à le faire.

Même si beaucoup de choses allaient mal dans ma vie à cette époque, je réussissais soudain celle qui était la plus importante : Beverley et moi avions trouvé le mode de communication idéal. Depuis que j'étais revenue d'Allemagne, nous nous rapprochions davantage l'une de l'autre, et notre relation ne cessa de s'enrichir jusqu'à sa mort. On s'aperçut que dans les années qui avaient précédé mon départ, elle avait pris, pour soigner de petits maux, une grande quantité de médicaments que son corps ne supportait pas. Elle avait certainement dû beaucoup souffrir le jour où elle en était venue à jeter toutes les pilules dans les toilettes, et était allée trouver un nouveau médecin, lequel lui dit de ne plus rien prendre désormais, pas même une aspirine. Et c'était exactement ce qu'il lui fallait. À nouveau enthousiaste et pleine d'énergie, elle était une autre personne. À plus de quatre-vingts ans, elle apprenait chaque jour de nouvelles choses. Elle voulait en savoir toujours davantage sur la voix, le chant et la physiologie. Elle adorait les médecins, et je les soupçonne même d'avoir sous bien des aspects remplacé son mari. C'est eux qu'elle admirait. Elle craquait surtout pour son généraliste, un grand ami, et pour le célèbre docteur Wilbur Gould, l'ORL des stars. Elle restait proche d'eux non parce qu'elle était malade – elle ne l'a plus été jusqu'à l'extrême fin de sa vie –, mais parce qu'elle voulait discuter du corps avec eux. Elle ne cessait d'avoir de nouvelles idées et de proposer d'ingénieux exercices. Je lui demandais alors :

« Comment avez-vous pensé à cela ? » et elle me répondait : « Je n'y pense pas. Ça me vient juste comme ça. Ça me traverse. » Ce fut l'époque la plus riche de notre relation, qui pouvait aussi parfois me rappeler celle d'Eliza Doolittle avec Henry Higgins [1]. Elle ne travaillait pas seulement sur ma voix, elle travaillait *sur moi*. Elle m'apprenait comment marcher et comment choisir mes robes pour les auditions, comment me tenir, comment écrire une lettre de remerciement, comment dire non d'une manière qui fût à la fois aimable et ferme. Je songeais alors que si seulement j'avais eu la chance de la connaître quand je chantais dans des clubs de jazz, elle aurait pu m'apprendre tout l'art du bavardage de scène.

Nous étions finalement devenues si proches que je pouvais l'appeler de l'étranger pour lui dire : « Tu sais, j'ai du mal avec cette note. Je peux te la chanter par téléphone ? » Et elle avait toujours la solution. Lorsque je n'avais pas de concerts, elle m'écrivait des notes ou des courriels qui me maintenaient sur la bonne voie.

Mon unique,

Est-ce que tu as une bouillotte ou bien une bouteille d'eau chaude et une grande baignoire que tu peux remplir d'eau chaude ? Pas trop chaude, juste un peu plus que la chaleur du corps. Maintenant va au lit et mets la bouillotte sur ton cou et tes épaules. Et aussi quand tu entres dans un bain, prends une serviette, plonge-la dans l'eau chaude, essore-la puis mets-la autour de ton cou et ensuite reste dans le bain pendant au moins vingt minutes, comptant à

---

1. Dans *My fair Lady (N.d.T)*.

rebours à partir de cent. Ne te frictionne pas, éponge-toi seulement et puis applique-toi un peu de crème hydratante. Ensuite VA AU LIT EN ESSAYANT DE NE PAS TE RÉVEILLER ET VOIS SI TU ES BIEN RELÂCHÉE. JE CROIS QUE LA TENSION MUSCULAIRE RÉPOND À LA TENSION INTERIEURE ET MENTALE.

Place à la relaxation vocale et mentale.

Premièrement, tu SAIS COMMENT CHANTER et te le dire te rappellera combien tu sais et à quel point tu te sers bien de ce savoir. Il n'y a RIEN DANS CET OPÉRA QUE TU NE PUISSES RÉUSSIR. C'est la première chose dont tu dois te souvenir, et il y a aussi autour de toi des gens qui le savent aussi parfaitement!!! Tous ceux qui travaillent avec toi t'aiment et te respectent et tous t'aideront sans jamais connaître les tensions qui t'assaillent. Je crois que tous les gens de ton niveau se crispent lorsqu'ils pensent à leurs responsabilités. Essaie de faire disparaître ces prétendues difficultés d'un claquement de doigts. Elles sont toujours là, mais de difficultés bien plus terribles encore tu es sortie victorieuse et parée de couleurs aériennes.

Je t'aime et je crois tout à fait en toi et maintenant que tu es arrivée si haut, tente d'accepter les choses comme elles sont !

Prières et foi.

Toujours et toujours et toujours,

Beverley

Un des nombreux présents que je reçus de Beverley, en plus d'une grande quantité de bien-être et d'amour, ce fut le haut de mon registre, l'aigu. Elle m'a appris à ouvrir l'arrière de ma bouche. Lorsque je suis venue à elle, je ne laissais pratiquement aucun espace à l'arrière de ma bouche et mes notes ne pouvaient pas se libérer dans l'aigu. Ouvrir la bouche en faisant de la place entre les dents du haut et celles du bas ne suffit pas ; il faut, littéralement, que la mâchoire se démonte. Ce qui marche le mieux avec moi, c'est une disposition carrée entre l'ouverture de la bouche et le fond de la gorge. Chaque chanteur a son propre type d'ouverture. La position longue et étroite de Sam Ramey est certainement très efficace pour lui, mais vu mon ossature, cette manière ne m'aurait jamais permis de me mouvoir dans le registre supérieur. Je l'ai d'ailleurs essayée – j'ai tout essayé dans ce domaine.

J'avais aussi pas mal de tension au niveau de la langue au point de souvent m'étouffer. Je ne parvenais pas à l'empêcher de reculer, ce qui empêchait à son tour mon larynx de fonctionner librement et donc étranglait mes sons aigus, produisant parfois des sortes de gargarismes, parfois coupant net les notes entre elles. Ce n'était pas beau à entendre. Beverley versait alors une goutte de miel sur mes dents, juste devant la langue, afin de mettre fin à ses errances incessantes vers l'arrière et vers le bas ; en effet, pour éviter tout étranglement, l'arrière de la langue s'élève toujours légèrement lorsqu'un corps étranger lui est opposé à l'avant. Il faut ainsi que la langue reste bien relâchée et repose légèrement contre l'arrière des dents du fond. Dans cette position, on ne peut exécuter de gammes que sur la voyelle *a*, car tout autre son risquerait de conduire à l'étranglement. Après cela il me fallut apprendre à hausser mon palais mou. Pour cela, je commençai par des exercices sur les vélaires *k* et *g*, et me pincer le nez tandis que je passais dans le registre supérieur était utile aussi. Chaque fois que j'avais un rhume, je chantais mieux, l'obstruction m'aidant d'une manière ou d'une autre à relâcher le palais en le laissant en place.

Le problème de la couverture revint au premier plan le jour où je choisis de chanter une nouvelle fois l'air de Russalka, « Hymne à la Lune ». Je ne dois pas seulement à cet air une grande part de mon succès d'alors et d'aujourd'hui, il m'a aussi appris à chanter la note en or, le *si* bémol du soprano. Ce fut ce divin *si* bémol, chanté sur la voyelle *e*, qui me permit de trouver la combinaison exacte entre une ouverture carrée à l'arrière de la bouche et l'idée d'une note basse et relaxée. Lorsque je chante bien, deux octaves et demie sont comme cinq notes. On n'a pas du tout le sentiment d'une direction donnée de bas en haut, mais seulement l'impression d'une légère orientation vers l'avant, laquelle est toujours relâchée. Dans le registre supérieur, c'est comme si je ne touchais pas aux sons aigus, et étais toujours, confortablement, en train de chanter dans le médium.

Aucun de ces concepts ne produit en lui-même de bons aigus. Il me fallait donc les faire coexister tous ensemble, sans jamais perdre de vue la projection de mon son vers l'avant. (Si j'avais pris l'habitude de trop reculer dans la résonance, tenir un stylo entre mes dents tout en chantant sur la voyelle *e* aidait à rétablir la bonne position.) Par l'interaction subtile de toutes ces idées et de ces muscles, on peut finalement réussir à produire un son qui soit totalement naturel. Une fois que j'eus compris tout cela, il m'arriva de m'entendre dire que j'avais bien de la chance d'être née avec de telles facilités pour chanter. Au début, quand j'avais affaire à ce type de réflexions, je m'en agaçais, car je voulais que mon dur labeur fût reconnu; mais je m'aperçus bientôt qu'il s'agissait d'un authentique compliment et que je devais l'accueillir comme tel, parce qu'il prouvait simplement que tout fonctionnait parfaitement et que personne ne voyait les coutures.

Je renforçai ma quête de l'aigu en lui adjoignant certaines des conceptions du souffle parmi les plus raffinées que j'eusse travaillées. Je regardai sans compter des cassettes vidéo de chanteurs et appris beaucoup en étudiant la façon dont ils se servaient de leurs bouches, comment ils positionnaient leurs poitrines, comment ils prenaient une respiration. Je compris un aspect important de la respiration en regardant Dietrich Fischer-Dieskau filmé durant une série de concerts à Carnegie Hall; vers la fin de sa carrière, il avait l'air d'un pigeon quand il chantait, la poitrine gonflée à l'extrême. En regardant ces vidéos, j'en vins progressivement à comprendre que tous les grands chanteurs de cette génération chantaient avec une poitrine large et haute. Jusqu'à ce que je m'en aperçoive, je ne pense pas avoir soutenu correctement ma voix. Les enregistrements de la vieille émission des années soixante *Bell Telephone Hour*, ou toute autre compilation de chanteur, devrait obligatoirement, à mon avis, faire partie de la collection de tous les départements de chant de toutes les écoles de musique du pays. J'ai eu la chance de pouvoir regarder Birgit Nilsson, Leontyne Price, Anna Moffo, et tous les merveilleux chanteurs de cette époque. Comme ils ont été filmés en studio, j'ai pu vraiment les observer de près. Il y a tant à gagner en observant les autres chanteurs, ce qu'ils font et ce qu'ils ne font pas, à quoi ils ressemblent quand ils respirent et de quelle manière ils ouvrent la bouche pour les aigus.

Une autre pièce manquante du puzzle de la voix me vint d'une source inattendue. Je travaillais alors dans un cabinet d'avocats, et gagnais aussi un peu d'argent en chantant dans des églises. Le chant choral est épouvantablement difficile pour une soprano, parce que les chefs de chœur (et là je me souviens de mon cher père) nous demandent toujours de fusionner nos voix, ce qui exige de chanter *piano* et très haut dans le *passaggio*. Je désespérais chaque fois que je m'y essayais : je m'étranglais, et je croyais que je ne pourrais jamais soutenir la voix de cette manière. Si le chef de chœur s'intéresse tant au chant *dolce*, pourquoi ne pas tout simplement renoncer ? Pourquoi ne se débarrasse-t-il donc pas de nous, les trois sopranos ? Je trouvais impossible et ridicule de me tenir en retrait. Mais le problème du soutien que j'avais mis tant de temps à étudier à l'université, ce fut à l'église que je finis par le résoudre. Je fis le lien entre l'expansion des muscles intercostaux et la position relativement haute de la poitrine que j'avais observée chez tous les grands chanteurs dont j'avais pu regarder les prestations filmées. Je gardai mes épaules relâchées, aussi bien que le dos, le trapèze et le cou. Je me souvenais aussi de ce que m'avait dit Jan sur la tension, et lorsque je fis l'expérience d'une expansion encore plus importante de la poitrine au moment de prendre ma respiration, j'eus soudain l'impression de ne plus avoir de cou. C'était comme si l'écart entre mon menton et ma poitrine se réduisait peu à peu, que mon cou s'étalait et disparaissait dans mes épaules. Il en résulta que plus jamais je n'eus à hausser le menton pour atteindre une note. L'autre clef était d'être sûre de ne pas chanter avec une quelconque pression dans la voix. Je m'aperçus que j'avais chanté pendant des années avec le larynx en position haute. Chaque fois que je cessais de chanter, je parlais une octave au-dessus, ce qui constitue certainement l'indice d'une tension là où il ne devrait pas y en avoir. Bientôt, je pus chanter sans difficulté dans le *passaggio*, et sur de longues périodes – ce dont j'aurai fort besoin par la suite pour une grande partie du répertoire de Mozart dans lequel je devais me spécialiser, sans même parler de la *Daphné* de Strauss, où le chant extrême est poussé à son maximum d'intensité. Il est si important pour un jeune chanteur – à vrai dire pour n'importe qui et à n'importe quel stade d'une carrière – de conserver son ouverture d'esprit, car vraiment, on ne sait jamais où l'on va prendre ses meilleures leçons.

Une fois que j'eus pris goût au chant *dolce*, je n'eus de cesse d'apprendre à chanter *pianissimo*. J'admirais beaucoup Monserrat Caballé, alors célèbre pour ses *pianissimi*. Elle semblait pouvoir les manier à sa guise, quand elle voulait, où elle voulait et dans n'importe quelle œuvre. Et c'était un son d'une beauté exceptionnelle. Certains y entendaient de l'affectation et la critiquaient pour cette raison, mais je ne l'en aimais pas moins. Avec l'aide de Beverley, je commençai à trouver l'espace nécessaire pour l'obtenir; cela impliquait deux idées. Tout d'abord, il fallait que j'apprenne à orienter le son pour trouver de la résonance sur les deux petits renfoncements qui se trouvent de chaque côté des narines. Ce qui en résulte n'est pas du tout un son nasal; mais cette technique facilite l'affinement de la résonance et le haussement du palais mou. Je l'utilise toujours, tout particulièrement dans les longs *passaggi* et le chant *pianissimo*. En second lieu, je m'efforce de conduire le son plutôt que de le pousser. Le fait de se figurer ce procédé à l'aide d'images m'était très utile : j'imaginais par exemple que j'offrais à l'auditoire le son sur un plateau, ou que je chantais une phrase un caramel dans la bouche, ou que des spaghetti se déployaient de mon front jusqu'au fond de la salle. (Bien sûr, les images qui concernent la nourriture sont plus efficaces chez les chanteurs.) Pour la mise en œuvre de ces idées, le meilleur des exercices est la *messa di voce* – qui commence très doucement sur une note, puis monte *crescendo* jusqu'à un *forte* aussi puissant que possible tant que le confort le permet, et redescend la gamme jusqu'au *pianissimo* à nouveau – se mouvant de façon homogène vers le haut puis vers le bas en descendant les demi-tons de la gamme chromatique. C'est un travail lent et minutieux, mais il peut apprendre tout ce qu'il est possible d'apprendre pour la maîtrise de la dynamique.

Le puzzle de la voix est formé de beaucoup de pièces, et aucun professeur n'est à même à lui seul de transmettre tout ce qu'il est nécessaire de savoir. Je peux encore faire la généalogie de tout ce qui constitue ma voix : il y eut tout d'abord les fondations posées avec Pat Misslin, puis vinrent les éléments les plus importants acquis auprès de Beverley, en même temps qu'une solide compréhension de la technique, puis la contribution de Schwarzkopf, celle de Jan DeGaetani et enfin celle du chant choral. Mais à côté de ces composants essentiels, il y eut également des dizaines d'apports plus modestes dus à d'autres conseillers et professeurs tout au long du chemin, et je les ai tous rassemblés et combinés à mesure que j'avançais dans ma formation. Je continue encore de découvrir des choses à chaque engagement. Aujourd'hui, il s'agit le plus souvent d'apprendre comment assimiler du nouveau répertoire et comment maintenir la vigueur de ma voix jour après jour. Le stress, la peur, les émotions, les hormones, l'acoustique, les rhumes et autres problèmes de santé, les régimes alimentaires, les relations entre l'équipe d'interprètes et le chef d'orchestre, tout cela peut avoir un effet sur mon chant.

Je regarde en arrière, je me vois à six ans, à seize ans et à vingt-six ans et je remarque à quel point ma personnalité s'est toujours ressentie de mes relations avec mes professeurs. J'ai toujours été bonne élève, car j'aime vraiment apprendre et j'ai toujours eu le souci de plaire. Même après mon départ de Juilliard, alors que j'avais commencé à faire mon chemin dans le monde, je continuais de travailler avec Beverley et gardais toujours un œil sur les gens susceptibles de m'apporter quelque chose. Jeune adulte, je mis la main sur toute une fournée de mentors que je trouvai, aussi inattendu que cela puisse paraître, parmi mes consœurs sopranos.

Un stéréotype pèse sur les épaules des sopranos, un fardeau que seules les contractuelles et les belles-mères supportent aussi : nous sommes, comme groupe, invariablement des divas et des *prima donna*. Pourtant, aucune de ces deux appellations ne revêtait de sens péjoratif à l'origine. Mais il n'y a rien à faire, quoi qu'il arrive nous sommes toujours égoïstes, incroyablement difficiles et nous avons un train de vie important. Nous ne saurions boire, et seulement dans un verre de cristal Lalique, que de l'eau minérale suédoise d'une température de dix-neuf degrés exactement, car à vingt degrés, c'est bien simple, nous ne chantons pas. Assises à l'arrière d'une limousine, nous appelons notre agent pour qu'il appelle notre chauffeur et lui demande d'ajuster l'air conditionné à notre convenance. Nous portons des foulards, Hermès de préférence ou Gucci ou Loro Piana. Nous parlons d'une voix perchée – avec un accent « continental » improbable –, pour ne pas fatiguer nos gorges délicates. Ou alors nous ne parlons absolument pas et nous nous contentons d'écrire quelques mots sur des carnets, sur de petits ordinateurs portables ou, si nous sommes vraiment très modernes, sur des agendas électroniques, lesquels sont parfois en même temps des téléphones cellulaires ou des iPods, des Palm Pilots et autres caméras digitales. Avant les concerts, nous ne mangeons que des hydrates de carbone, évitant les pommes ainsi que tous les légumes qui provoquent des gaz, ou bien nous ne mangeons que des protéines et des pommes pour lutter contre les mucosités. Nous ne prenons jamais de ces sauces à la tomate qui regorgent d'acidité, pas plus que des mets épicés. Même en rêve nous ne dînerions passé sept heures du soir, de crainte de provoquer le reflux tant redouté des chanteurs (rien que d'y penser je me signe dix fois, à l'occidentale aussi bien qu'à la russe). Nous ne buvons que des boissons sans lactose, pauvres en sodium ou à base de soja, du décaféiné toujours. Nous ne buvons pas d'alcool avant un concert, car cela assèche la gorge. Nous donnons instruction à nos secrétaires de bien s'assurer que nos chambres d'hôtel n'ont pas seulement un mais deux humidificateurs en marche au moins vingt-quatre heures avant notre arrivée. Nous n'avons pas touché à nos bagages depuis le temps de nos études, de peur de causer quelque tension au niveau du trapèze. Toujours perchées sur des talons aiguilles, nos cheveux sont bien peignés, lissés, teints (avec au moins trois couleurs) et, pour les répétitions, coupés comme si la vie en dépendait. Certaines d'entre nous se sentiraient nues sans faux cils, d'autres ne permettent à personne dans le théâtre de les regarder. Nous ne sommes pas très solidaires, surtout entre voix du même type, c'est-à-dire surtout pendant les concours. Est-ce que j'oublie quelque chose ? Faites-moi confiance, j'ai tout entendu à ce sujet, même si j'ai vu peu de chose qui y corresponde dans la réalité. Le plus souvent, j'ai eu affaire à des femmes généreuses et heureuses de pouvoir partager leur savoir.

La première que je rencontrai dans ma carrière fut Renata Scotto qui me donna gentiment une leçon particulière dans l'appartement de Beverley, anticipant sur les master classes qu'elle s'apprêtait à donner à Juilliard. Elle posa une partition devant mes yeux et me demanda de lire ce qui était écrit et de ne rien faire d'autre. « Chantez seulement ce que le compositeur a voulu que vous chantiez », me dit-elle. Comme Scotto est célèbre pour ses dons de comédienne, j'avais pensé qu'elle se soucierait des questions dramatiques plutôt que des questions musicales, mais je m'étais trompée. C'était quelqu'un de très intègre et de très intelligent. À la fin de la leçon, tandis que nous bavardions, elle me dit : « Ayez des enfants. » J'étais jeune à l'époque et je n'y avais pas encore pensé. Elle me confia qu'à compter du jour où elle avait eu un enfant, elle avait considéré le chant d'une façon beaucoup plus saine. « Je ne vis pas et ne meurs pas chaque soir sur scène », expliqua-t-elle. « Il y a plus que cela dans ma vie. »

Lorsque je rencontrai Joan Sutherland, j'étais enceinte de mon premier enfant (bonne élève que j'étais, je m'étais empressée de suivre le conseil de Scotto). Je faisais à Genève mes débuts dans *Così fan tutte*. Merle Hubbard, mon agent, me conduisit jusqu'au chalet où Sutherland vivait avec son mari, le chef d'orchestre Richard Bonynge. C'était pour moi, comme pour toute autre personne qui aime l'opéra, un rêve qui se réalisait. Les murs du salon des Bonynge étaient peints en vert sombre et entièrement recouverts de dessins ou de tapisseries. La maison entière était pleine de tapisseries, c'était la passion à laquelle s'adonnait Sutherland entre les concerts, en voyageant ou bien en patientant entre les répétitions. Bonynge était un collectionneur avide, et il possédait des piles et des piles de partitions originales, comme cette obscure première édition des opéras de Massenet qu'il me montra. J'eus la chance de lui poser délicatement quelques questions sur le chant, et ce qui m'intéressait le plus, c'était son aigu : comment y parvenait-elle ? Elle me répondit qu'elle projetait les sons, non pas seulement à partir de l'avant mais aussi à partir de l'arrière de sa tête ; elle pouvait les sentir partir dans les deux directions simultanément. Elle n'aimait plus chanter, me dit-elle. Ses petits-enfants étaient sa plus grande joie. « Absolument, ayez des enfants et ne vous souciez pas de savoir quand. Bien des années après votre dernier concert, un bel enfant sera aimé et votre concert complètement oublié. » Ce fut son conseil le plus exalté.

Marilyn Horne a été une grande amie depuis le jour où nous avons chanté ensemble dans *The Ghosts of Versailles*, de John Corigliano. J'aime son style franc, raisonnable et terre à terre. Elle vous dira toujours ce qu'elle pense. Un jour je la pris à part et lui dis que quelqu'un m'avait demandé de chanter Norma. Elle me regarda droit dans les yeux et dit : « OOOOOH, non tu ne vas pas faire ça ! Ce rôle serait une grave erreur pour toi. » Bien sûr, à cette époque, elle avait parfaitement raison. J'avais interrogé Joan Sutherland à ce sujet également. « Ce n'est pas qu'il y ait quoi que ce soit de si difficile dans la partition », expliqua-t-elle, « mais elle est très longue et cela demande une très grande résistance ». En dépit de mon penchant à trop travailler et à trop disperser mes efforts, j'ai toujours pris garde à ne rien faire qui risque d'endommager ma voix.

Marilyn aussi fut un véritable mentor pour moi, me donnant des conseils sur le répertoire. Elle eut l'idée d'un album que nous ferions toutes les deux et pour lequel nous avons répété, mais après nous sommes tombées malades toutes les deux lors des deux séances d'enregistrement prévues, et la maison de disques a abandonné le projet. Elle s'est montrée très généreuse chaque fois que j'ai fait appel à elle, tout comme Frederica von Stade, qui m'a beaucoup aidée à un moment difficile de ma vie. Les chanteuses ne parlent pas que de musique quand elles se retrouvent.

Parmi toutes les remarquables chanteuses que j'ai rencontrées dans ma vie, c'est Leontyne Price qui m'impressionna le plus. Elle avait dit à un ami commun : « Dites à Renée que je voudrais la rencontrer », et je me rendis donc à Greenwich Village, où elle habitait une maison qui avait appartenu au premier maire de New York.

C'était la première fois que je me rendais chez elle, mais pas ma première rencontre avec madame

Price. Quand j'avais dix ans, ma mère m'avait emmenée au Eastman Theatre pour un de ses récitals. Après le concert, nous nous étions glissées dans la longue file qui se terminait au pied d'un étroit escalier, tous désireux de lui présenter nos hommages. J'écoutai ma mère parler à un autre professeur de musique au sujet de la technique de madame Price, comment son cou demeurait souple et ne montrait aucune trace d'effort pendant qu'elle chantait, et toutes les deux s'accordaient à dire que, vu la puissance de sa voix, cela tenait du miracle. Cette conversation au sujet de sa voix, sérieuse et tout en murmures, s'est gravée à tout jamais dans ma mémoire. J'acquiesçai en silence, comme si j'avais été admise à pénétrer dans quelque chambre secrète. Lorsque nous fûmes assez proches d'elle pour la voir, je l'observai signer les programmes, l'un après l'autre, sans lever les yeux; mais lorsque vint mon tour, elle me fit aussitôt un grand sourire et me prit la main. Je lui dis que je voulais être exactement comme elle, même si je ne comprenais pas à l'époque ce que cela signifiait. Je ne sais même pas si je voulais dire que je désirais chanter comme elle, je souhaitais simplement avoir sa beauté, sa force et sa présence. « À ma chère Renée », écrivit-elle sur mon programme, son nom près du mien, avec un petit dessin. Je redescendis les marches, le pressant contre mon cœur.

Bien sûr, je ne lui racontai rien de cela lorsque je la revis. Je suis moi-même assez âgée pour savoir à quel point les sopranos entendent : « Vous avez été mon modèle depuis que j'ai dix ans. » Aucune d'entre nous n'aime qu'on lui rappelle son appartenance au temps. « *Die Zeit, die ist ein sonderbar*

Ding » (Le temps, c'est une chose étrange), pour citer la Maréchale dans *Le Chevalier à la rose*. Je me contentai de lui serrer la main exactement comme je l'avais fait la première fois, puis lui dis quel honneur c'était de la rencontrer.

Lorsque je franchis la porte, la première chose que je remarquai fut les dix-neuf Grammies posés sur la table de l'entrée. Je ne pus que penser : « Même en travaillant toute ma vie, je ne pourrais rien accomplir de tel. » Madame Price, très belle, parlait en arpentant la pièce. « C'est amusant d'entendre les gens parler de la voix comme s'il s'agissait d'une entité séparée, comme si elle était un être séparé de nous », dit-elle. « Ce n'est pas le cas ! » Toute sa vie, elle avait donné la priorité à sa voix, et tant qu'elle avait pu la conserver, elle était restée en bonne santé. Sa voix était son bien-être, et elle n'avait vécu que pour ce don qu'elle avait reçu.

Elle arrêta de marcher un moment, me regarda d'un air sévère et dit : « J'ai souhaité vous rencontrer parce que je sais ce que vous traversez en ce moment. J'ai pensé que vous pourriez avoir besoin de conseils. Vous êtes en train de faire l'expérience du bruit.

– Du bruit ? demandai-je.

– Le bruit, le battage, les sollicitations qui vous viennent de partout. » Elle me parlait de ces gens qui littéralement me tombaient dessus, voulant ceci, demandant cela.

« Madame Price, lui demandai-je, m'autoriseriez-vous à prendre des notes ? » J'étais à l'école de nouveau, mais elle sermonnait plus qu'elle n'enseignait, tant elle parlait avec passion. Elle hocha la tête et je commençai à écrire.

« Vous devez apprendre à vous isoler de tout ce bruit pour vous concentrer sur une seule chose. »

Je levai les yeux et la regardai ; elle tapota de son index sa gorge : « C'est tout ce qui compte. Car à la minute où ça s'en va, ils disparaîtront si vite que vous ne saurez même pas ce qui se passe. »

Et bien sûr elle avait raison. Ce fut un moment de grande lucidité.

« J'ai l'intuition que vous êtes maintenant à une place où vous avez besoin d'entendre toutes ces choses. Vous avez l'esprit embrouillé et tourmenté par les décisions que votre succès vous force à prendre. La priorité est de rester concentrée à cet endroit. » Elle pointait encore vers sa gorge à nouveau.

Elle dit qu'elle voulait me venir en aide pour les ressemblances qu'elle voyait entre nous. Nous étions toutes deux ce qu'elle appelait des « chanteuses sur trois fronts », ce qui voulait dire que nous ne montions pas sur scène seulement à l'opéra, mais aussi pour des récitals avec piano et des concerts avec orchestre. Elle me parla de la force qu'elle avait développée face au racisme, à ses débuts. La première fois qu'elle était partie en tournée avec le Met, elle ne pouvait pas séjourner dans les mêmes hôtels que les autres chanteurs, et on lui interdisait d'entrer dans les théâtres par les mêmes portes. Maintes et maintes fois, elle fit ses débuts sur des scènes où aucun artiste noir n'avait chanté avant elle. Mais elle avait toujours avancé tête haute et conservé sa dignité.

Elle avait eu une carrière d'une longévité exceptionnelle, chantant et se déplaçant alors qu'elle avait soixante-dix ans, sans pour autant cesser de s'occuper d'elle avec soin. Elle n'allait jamais au concert, elle ne se déplaçait jamais pour écouter d'autres chanteuses, expliquant qu'elle voulait éviter les bouffées d'air conditionné. Elle ne s'intéressait pas au business en dehors de sa propre carrière. Après s'être retirée des scènes d'opéra, elle chantait en récital et créait souvent les œuvres américaines, rendant à la profession, qui l'adorait, ce qu'elle avait reçu d'elle. Ses programmes de récital n'étaient pas spécialement longs ou épuisants, mais une fois achevés, elle revenait sur scène et chantait en rappel six airs difficiles à la suite – une performance dont je ne me sens pas capable même aujourd'hui. À chaque fois qu'on me demande quelles sont mes voix préférées, c'est toujours la sienne qui me vient en premier à l'esprit. J'ai souvent plaisanté en disant que j'espérais avoir son contre-*ut* aigu dans une vie future.

Au moment de partir, je restai à sa porte en lui tenant la main. J'avais l'impression de toucher quasiment une partie sacrée de l'histoire de la musique. Je songeais au jour où je dirais à mes petits enfants : « J'ai une fois tenu la main de Leontyne Price. »

« Je ne sais comment vous remercier pour votre générosité », lui dis-je.

« Je vais vous dire une chose, je peux encore me montrer généreuse avec vous parce je peux encore chanter tous mes rôles. » Elle me regarda durement. « Et je peux encore les chanter dans leur tonalité d'origine ! » En bref, elle voulait que je sache que si l'occasion se présentait pour nous d'être en compétition, elle pourrait me tenir tête, à n'importe quel moment.

Et je ne doutais pas qu'elle gagnerait à chaque fois – contre moi ou n'importe qui d'autre.

Chapitre V

Le succès

Figurez-vous la formation d'une chanteuse d'opéra comme un beau pays – disons l'Angleterre – plein de musées, de salles de concert, de palais et de roseraies, où les gens grandissent et se cultivent. Maintenant, figurez-vous la carrière d'une grande star de l'opéra comme un autre pays – disons la France –, imaginez un pays cultivé, patrie de la haute couture, du champagne, de la tour Eiffel, où la puissance d'une seule voix est adorée et louée. Maintenant, voyez la Manche qui sépare ces deux pays, son eau grise et glacée, ses vagues agitées. Quand j'eus achevé mon séjour à Juilliard en 1987, je me retrouvai en rade du côté anglais, sans bateau, sans avion et sans tunnel sous la Manche, essayant à toute force de trouver un moyen pour traverser.

J'avais adoré mes années d'études : entre la faculté, le troisième cycle universitaire, mes années à Juilliard et la bourse Fulbright en Allemagne, je m'étais accrochée autant qu'il est humainement possible. Je vivais alors dans un monde où les gens me disaient ce qu'ils attendaient de moi, et je travaillais dur pour les satisfaire. Mais quasiment rien de ce que j'avais appris ne semblait pouvoir s'appliquer à cette nouvelle période de ma vie. Je me rendais à des auditions et chantais devant quelques personnes. En retour ils me regardaient, indifférents, et me disaient non. Ils ne m'invitaient pas à recommencer, ni ne me demandaient de chanter quelque chose qui pût davantage révéler mes qualités, ils ne me disaient même pas ce qui n'allait pas. Je n'avais droit qu'à un « merci », puis la soprano suivante quittait le couloir où elle avait patienté avec les autres, et entrait à son tour pour tenter sa chance.

Le casse-tête était qu'il était très difficile de dénicher une audition sans agent, et quasiment impossible de trouver un agent sans s'être auparavant illustré lors d'une audition. Comme à son habitude, Beverley m'ouvrit la voie en me présentant à l'un de ses amis, Merle Hubbard, de la Herbert Breslin Agency. Je chantai pour lui chez Beverley ; il se montra très aimable et encourageant, mais il ne me fit signer aucun contrat. Il promit de garder contact avec moi, et je m'en retournai auditionner pour des stages d'été, pour des concours ou des séances d'enregistrement en studio.

Malgré tous les progrès que j'avais faits, qu'il s'agisse de ma voix, des langues, du style ou du sens musical, j'étais encore loin du compte en ce qui concernait les auditions. Tout allait pour le mieux sur scène une fois qu'on m'avait attribué le rôle et que je pouvais me concentrer sur le travail des nuances; mais dès qu'il s'agissait d'auditionner, je perdais immédiatement confiance, et je n'arrivais pas à me départir de mon air contrit. Je continuais de croire que mon travail était d'impressionner le jury, de l'éblouir avec mes choix audacieux, et je persistais donc à choisir des pièces qui n'étaient pas faites pour ma voix. J'auditionnais avec des airs lyriques et dramatiques colorature que je ne maîtrisais pas assez, comme « Qui la voce » des *Puritains*, au lieu de chanter l'air de Pamina ou bien la Valse de Musetta. Ou alors je choisissais des pièces qui convenaient parfaitement à ma voix mais non à une audition. Par exemple, je refusais toujours de couper l'air d'Anne Trulove « No Word From Tom », qui était tout simplement trop long pour soutenir l'intérêt d'un jury. À l'Aspen Music Festival, alors que j'étais encore étudiante, j'eus l'occasion d'auditionner pour August Everding, le fameux administrateur de Munich. Croyant très bien connaître le fonctionnement des opéras en Allemagne et leur goût pour les musiques nouvelles et difficiles, j'avais dans l'idée que je me démarquerais en choisissant l'air de Stravinsky. Au lieu de quoi, M. Everding se pencha vers la personne qui l'assistait pour l'audition et lui demanda : « Pourquoi diable a-t-elle choisi cette pièce horrible ? » Plus vite vous monterez sur scène et montrerez de quelle étoffe vous êtes fait, plus ils seront satisfaits. S'il est un autre aspect de votre voix qu'ils veulent entendre, ils ne manqueront pas de vous demander de chanter autre chose.

Il est crucial de bien choisir son répertoire. Certains jurés ne veulent entendre que les pièces les plus connues, faute de critère pour vous juger. Certains autres, plus expérimentés, s'empresseront de jeter votre curriculum à la poubelle si vous les forcez à entendre une nouvelle interprétation de la Valse de Juliette. Ils seront au contraire soulagés de vous entendre chanter l'un de ces deux airs brefs de *Thaïs* que personne ne chante jamais. Il est souvent difficile d'aller au-devant des attentes de ceux qui vous jugent, mais pour des auditions comme celles que le Met organise partout dans le pays, le mieux est de s'en tenir à ce qui a déjà fait ses preuves. Pour une grande institution ou un programme en studio, pour lesquels le jury a l'habitude d'auditionner des centaines de chanteurs chaque année, il faut lui rafraîchir l'oreille en sortant des sentiers battus. À tout le moins vous faites preuve de réflexion et de curiosité, vous montrez aussi que vous êtes un musicien sérieux. Comme le plus souvent on vous demande de chanter cinq airs, un mélange de ces deux options est sans doute le choix le plus sûr.

Puisqu'il n'existait pas de *Manuel pour soprano désirant prendre d'assaut le Met*, je n'avais qu'à me relever et continuer à essayer. Un jour, une connaissance m'invita à participer à un concours dans lequel il exerçait des responsabilités. J'étais enthousiaste, tant il était clair que cette personne connaissait mes qualités et allait glisser un petit mot en ma faveur. Le concours comportait trois tours ; après le premier j'avais l'impression d'avoir donné mon maximum et je fus éliminée. C'en était trop. Désespérée, j'allai trouver ma sœur.

« On ne peut pas *inviter* quelqu'un pour concourir et ensuite l'éjecter au premier tour ! Je n'avais même pas prévu de me présenter à cette audition. Ils m'ont inscrite uniquement pour me démolir ! »

– Ils ne peuvent pas te démolir, me dit Rachelle. Peut-être que c'était un jour sans.

– Quand vais-je voir la vérité en face ? Je dois arrêter tout ça. Il faut que je trouve un travail. Je dois faire ma vie. Combien de gens doivent me dire qu'ils ne veulent pas de moi avant que je comprenne ?

– Renée, tu es douée, et tu as travaillé si dur. Tu le sais. »

Mais je sentais que je ne pouvais plus supporter d'être rejetée. J'étais épuisée.

Rachelle me prit dans ses bras, m'emmena faire un tour et boire un café. Pendant une heure, en parlant doucement, elle sut m'éloigner du gouffre au bord duquel je me tenais.

* *
*

Il est des choses que les livres peuvent apprendre, et d'autres que l'on ne comprend qu'en en faisant l'expérience toujours et encore. C'est ainsi que j'ai fini par apprendre à jouer lors de mes auditions. Je ne me sentais toujours pas très à l'aise, mais, en répétant le rôle de Musetta, je n'avais pas non plus réussi à vraiment me prendre pour une coquette. Si j'étais assez bonne comédienne pour feindre la sensualité, je pouvais certainement feindre d'avoir confiance en moi. Comme il m'était difficile, voire impossible, de cesser d'être consciente de moi-même quand j'auditionnais, tant je sentais les regards – ce qui est après tout le principe même de l'audition –, je faisais comme si. J'appris à entrer dans la salle en arborant un sourire chaleureux, à annoncer clairement ce que j'allais chanter, à gommer tout ce que mon corps enfermait de contrition, ses tics nerveux et les pieds qui traînent. Naturellement, le fait d'être à l'aise moi-même mettait à l'aise à son tour le jury. Bien que j'eusse toujours du mal à me persuader qu'ils ne me voulaient pas de mal ni même ne souhaitaient nécessairement me voir échouer, j'appris à ne pas fixer les jurés ou chanter en m'adressant directement à eux : ils n'avaient probablement pas très envie de sentir mes yeux injectés d'adrénaline les clouer au sol. Si j'avais à déclamer un texte qui supposait quelque échange avec le public, je m'adressais à eux; mais s'il s'agissait d'un texte plus intime ou d'un dialogue avec un autre personnage, je choisissais de fixer mon regard à droite, à gauche ou au-dessus de leurs têtes.

Il est toujours important lors d'une audition de dire ce qu'on a à dire et, sans égard pour la peur que l'on ressent, de jouer la scène et de laisser le jeu prendre la place du strict travail de la voix. De rester concentré sur votre texte peut vous éviter le dialogue intérieur suivant :

« Attention à ne pas te crisper pendant que tu conduis cette phrase avec le *si* aigu.

Bon, j'ai complètement arrêté de jouer, j'ai les poings serrés et les jambes qui tremblent, mais c'était quand même un beau phrasé là, non ?

Que pensez-vous de ce *pianissimo* ?

Bon sang ! Pendant que je me félicitais d'avoir mis cette dernière note dans le mille, j'ai perdu mon

Zen et ma concentration du moment et ce long decrescendo s'est terminé en mitraillette.

Oh non ! Je m'inquiétais de cette fin ratée, et je n'ai pas préparé la phrase suraiguë. Et c'est son tour maintenant !

J'essaye de ne pas grimacer mais je ne peux pas m'en empêcher.

La tension supplémentaire provoquée, merci beaucoup, par mes nerfs, m'a tout simplement fait rater le *si* bémol aigu, et au même moment ma vision périphérique m'a fait remarquer que mon bras droit était levé à la manière de Frankenstein, paraissant séparé du reste de mon corps, comme une parfaite illustration de ce parfait foutoir.

Je peux lire la déception sur vos visages.

Vous espériez pouvoir me choisir et ensuite pouvoir baratiner les deux cents autres sopranos qui attendent derrière la porte. »

Une fois, mon accompagnateur se perdit dans la partition au moment de tourner la page et, au lieu de tâtonner un peu pour s'y retrouver, il finit tout simplement par s'arrêter de jouer. Je continuai de chanter malgré tout et m'élevai jusqu'au *mi* bémol, mais à ce stade, et tellement distraite par l'absence du piano, l'extrême aigu – difficile à chanter même dans les meilleures conditions – tourna, purement et simplement, en cri. Les deux jurés se recroquevillèrent, les épaules tremblantes, faisant mine d'écrire dans l'espoir de dissimuler leurs fous rires – je ne pouvais pas leur en vouloir.

Paradoxalement, au moment même où j'atteignais à quelque maîtrise de l'exercice, je n'en avais plus besoin, car on m'engageait désormais sans que j'aie à me soumettre à cette épreuve difficile, parfois humiliante. S'il vous arrive un jour d'auditionner pour quelque rôle ou poste que ce soit, faites en sorte que l'expérience devienne votre alliée plus rapidement que ce ne fut le cas pour moi. J'ai donné suffisamment de master classes maintenant pour savoir que c'est la Personnalité avec un grand P qui distingue véritablement un individu. Le charisme. Il faut me toucher, m'émouvoir, me ravir hors de cette petite salle confinée, avec son éclairage au néon, son plafond qui gondole, son linoléum et son piano droit mal accordé. Je veux pouvoir tenir la main de Rodolfo tandis qu'il me raconte sa vie avec tendresse – euh… je veux dire qu'il la raconte à Mimì. Le genre de conviction et d'attitude qui emporte le jury et, plus tard, le public.

Je sentis que le vent tournait finalement en ma faveur lorsque je recommençai à auditionner avec l'« Hymne à la Lune » de *Rusalka*. Cet air n'était pas encore très connu, mais il convenait parfaitement à mon tempérament et à ma voix. C'est Merle Hubbard, qui avait tenu parole et faisait le point avec moi de temps en temps, qui m'avait suggéré de le chanter. Je l'avais appris en anglais à Potsdam avec Pat, puis étudié en tchèque pendant mon séjour à Eastman. Mon ami Charles Nelson Reilly m'envoya un enregistrement de l'air interprété par Dorothy Maynor, et me raconta son extraordinaire carrière. Maynor était une merveilleuse soprano afro-américaine que les opéras prestigieux n'engageaient jamais et qui, un peu à la manière de Marion Anderson, s'était repliée sur les concerts. Elle rendait un formidable service aux amateurs de musique en enregistrant un répertoire mal connu et obscur, qu'elle chantait avec une douceur incomparable. Reprendre l'air de Dvořák, c'était un peu comme glisser la main dans un gant. Cela coïncidait en plus avec le moment où j'avais enfin, par une attaque appropriée, réussi à attraper le *si* bémol de la fin de cet air, ce qui m'ouvrit la porte du registre aigu. La facilité que j'eus à chanter cette pièce me donna confiance, et cette confiance m'aida à passer à l'étape suivante de ma carrière.

Richard Bado, mon cher ami d'Eastman et accompagnateur lors de ma désastreuse première audition pour le Met, travaillait alors pour le Houston Grand Opera, au Texas. Il me suggéra d'auditionner pour leur programme « jeunes artistes », et me promit de me recommander. Après le premier le tour à New York, on m'envoya à Houston pour les phases finales. David Gockley, qui en est toujours le très apprécié directeur général, Scott Heumann, le directeur artistique et le compositeur Carlisle Floyd formaient le jury, qui sélectionnait un chanteur pour un enregistrement, et je fus reçue. Mais ensuite, ils me prirent à part pour me dire : « Vous êtes au-dessus du niveau du studio. Nous penserons à vous plutôt pour un vrai rôle sur scène. »

Au-dessus du niveau du studio ? Jamais je n'avais été engagée – ni même à deux doigts de l'être – pour le moindre enregistrement en studio, et voilà que maintenant j'étais au-dessus du niveau ! J'étais un peu comme quelqu'un qui, ayant travaillé sans relâche pour intégrer un secrétariat, obtient pour toute récompense le droit de superviser les toilettes des cadres. Je m'en retournai à New York sur un nuage – mais toujours sans travail.

Mais les bonnes nouvelles arrivèrent bientôt. Quelques mois plus tard, je gagnai le concours du

Metropolitan Opera, la même année que Ben Heppner, mon amie Susan Graham, Heidi Grant Murphy et Carolyne James. Une semaine après, je remportai le prix George London. Fort heureusement, des bourses allouées par la Soshana Foundation, la Sullivan Foundation et le Musician Emergency Fund m'avaient soutenue en m'accordant les sommes dont j'avais eu désespérément besoin pour me payer les leçons de chant et tous les autres cours, qui avaient conduit à ce soudain déferlement de victoires. Rien ne réussit mieux que le succès. J'arrivais enfin à maîtriser les airs que je chantais, la confiance était là, et j'avais aussi un agent : Merle Hubbard m'avait finalement fait signer. Trempée, frigorifiée, épuisée et totalement euphorique, je me soulevai hors des eaux de la Manche et j'accostai aux glorieux rivages de France.

Pendant toutes ces années d'études, une funeste voix intérieure me harcelait en jacassant dans mon oreille : « Ne fais pas ci… Ne fais pas ça… C'est affreux… Quel son horrible !… Tu l'agrippes… Tu le retiens… Ton souffle est étriqué… Ta langue recule… Ton palais s'affaisse… Ton extrême aigu se disperse… Relâche tes épaules ! » Je portais en moi un monologue fleuve de récriminations acariâtres qui m'épuisait aussi sûrement que chaque refus à une audition. J'entrepris donc résolument de m'en débarrasser. Je lus des livres comme *Chanter la tête en bas, Le Zen et le tir à l'arc* ou encore *L'Angoisse de la scène*, et j'en arrivai à la conclusion qu'il fallait travailler autant sur mon état d'esprit que sur ma voix. Je commençai à me réciter des mantras, et à emplir mon esprit de pensées positives afin de combattre la spirale négative infinie que nourrissait mon inconscient. Dans le métro qui me transportait de Manhattan, où je vivais, au Queens, je me répétais : « Je *vais* gagner le concours du Met, je *vais* gagner le concours du Met. Non, je *gagne* le concours du Met. » Me donner une liste d'instructions à suivre pendant un concert ou une audition me permettait de me concentrer sur autre chose que le succès ou l'échec. Sans ces résolutions, la peur se serait insinuée à nouveau. J'étais toujours meilleure lorsque mon esprit était occupé, je me disais : « Ce soir, mon travail consiste à garder la nuque ouverte, relâchée et libre. Je trouverai plus d'espace dans le fond de ma bouche pour ne pas forcer sur les aigus et relâcher un peu la pression de ma respiration. Je reverrai le texte comme il faut avant le concert pour qu'il soit plus vif, plus clair et pour en souligner les nuances. Je porterai le regard quelque part sans me laisser distraire par le public. » Pour chaque concert, plutôt que de m'inquiéter, j'essayais de trouver un point positif sur lequel me concentrer. Je me sers encore aujourd'hui de cette technique lorsque je donne plusieurs concerts de la même œuvre, et exactement pour les mêmes raisons.

À moins d'être célébrée dès vingt-trois ans comme le talent du siècle, et qu'il soit évident pour tout le monde que l'on se dirige droit vers les sommets, ce dont un chanteur a le plus besoin pour s'assurer une carrière, c'est d'un impresario courageux qui parie sur lui. Comme c'est précisément le travail des impresarios de découvrir un talent, on peut penser que cela arrive souvent ; et pourtant non. Ce qu'ils recherchent, c'est quelqu'un qui soit à la mode. Être à la mode est essentiel à la carrière d'un jeune chanteur, mais le problème revient toujours à savoir qui va se décider à la lancer. Qui voudra risquer de se tromper ? En ce qui me concerne, ce sont David Gockley et Scott Heumann qui, les premiers et sans ambages, m'ont accordé leur crédit. Se fondant sur mon succès à Houston, Scott m'engagea pour un concert de bel canto à Omaha, dans le Nebraska. Nous eûmes tant de succès avec un duo de *Maria Padilla*, opéra mal connu de Donizetti, qu'on nous engagea pour donner l'œuvre intégralement. Cette expérience renforça mon amour du bel canto et je continuai d'approfondir ce répertoire à New York avec Eve Queler. Nous eûmes la tristesse de perdre Scott Heumann peu après, mort du sida. Speight Jenkins, du Seattle Opera, fut également l'un des premiers impresarios de l'époque à parier sur des inconnus. En s'appuyant en 1990 sur notre victoire aux Metropolitan National Council Auditions, il nous réunit, Susan Graham, Ben Heppner et moi pour une production à Seattle de ma chère *Rusalka*. Si Speight avait misé toutes ses économies sur l'avenir étoilé des trois jeunes chanteurs que nous étions, il aurait probablement pu prendre sa retraite. C'est une joie pour les directeurs de casting, dans les mains desquels reposent notre potentiel, aussi bien que pour le public et les aficionados les plus tonitruants, de découvrir de jeunes talents. Pour nous trois, c'était tout simplement merveilleux de nous retrouver sur scène.

Peu après, le Houston Grand Opera tint parole et me demanda, pour pallier un désistement, de préparer le rôle de la Comtesse dans *Les Noces de Figaro* en deux semaines. C'était le second grand tournant de ma carrière, j'en étais consciente. Je me dépêchai d'apprendre le rôle, passant des heures et des heures sur la prononciation de chaque mot. Le récitatif italien est l'une des choses les plus difficiles dans les opéras de Mozart. Ces passages moitié chantés moitié parlés, accompagnés par le clavecin et le violoncelle seuls qui, entre les airs, font progresser l'action, exigent une compréhension totale de la langue. C'était un travail considérable, mais j'aimais beaucoup ça : j'avais l'impression d'être de nouveau à l'école. En fait, je ne travaillais pas pour le rôle ; je le *possédais*, je pouvais donc m'attacher à le façonner, ce qui était pour moi beaucoup plus confortable.

Cette mise en scène des *Noces* était celle que Jöran Järvefelt avait créée à Drottningholm, en Suède. Parmi toutes celles auxquelles j'ai participé, celle-là reste une de mes préférées. À la différence de la plupart des autres, qui se concentrent sur Figaro et Susanna, celle-ci faisait de la Comtesse l'élément moteur. Pas étonnant que je m'y trouve bien ! Je partageais la scène avec Thomas Allen et Suzanne Mentzer, entre autres, et le niveau de la distribution était si élevé que j'avais l'impression d'être passée, du jour au lendemain, du petit bain au grand large. Tom Allen, tout particulièrement, est un acteur si brillant que j'avais tout bonnement l'impression de prendre feu à chaque fois que j'avais une scène avec lui. On peut étudier éternellement avec un professeur, mais jouer sur scène avec un grand acteur est le meilleur moyen de progresser rapidement. Son interprétation des récitatifs est l'une des plus intelligentes et des plus imaginatives que j'aie entendue. C'est Tom qui me suggéra, afin de conserver toute la vivacité de mon interprétation, d'ajouter à ma liste de choses positives à faire des variations sur le personnage de la Comtesse. Son Comte était un soir un séducteur, le lendemain un pervers. Le simple fait de devoir répondre à son jeu tout en maîtrisant mon texte, et cela sans trébucher, nécessitait tout le savoir et tout le talent dont je disposais.

Christoph Eschenbach, le nouveau directeur musical du Houston Symphony, faisait ses débuts de chef d'opéra avec cette production des *Noces*. Il me prit sous son aile et travailla avec moi chaque jour, ce qui malheureusement se perd aujourd'hui : les chefs d'orchestre ont rarement le temps désormais, ou le désir, de s'occuper des jeunes chanteurs. Ce n'est pas qu'ils ne soient pas généreux – les chefs d'orchestre et les autres musiciens sont même des gens plutôt généreux dans l'ensemble –, mais les jours n'ont simplement pas assez d'heures. Sans compter que la tradition qui voulait qu'ils fissent leurs premières armes comme répétiteurs ou chefs de chant est révolue. Christoph me consacra si volontiers son temps et son talent que cela nous lia durablement. Il me donna beaucoup de courage – ce que les grands chefs donnent aux chanteurs – et je lui accordai toute ma confiance. Il me donna la force de m'élever, de prendre des risques, de chanter et exprimer la musique d'une manière que je n'aurais pas envisagée.

Ce fut particulièrement vrai pour mon interprétation de « Dove sono », la pierre d'angle du rôle de la Comtesse et l'air qui lança véritablement ma carrière. Ce fut à la fois ma signature et la croix qu'il me faudrait porter. Cet air est terrifiant et difficile à chanter : il est très tendu et exposé, et sa tessiture se déploie constamment dans le *passaggio*. De plus, il ne laisse quasiment aucune plage de repos pour les muscles, lesquels finissent par se contracter, ce qui conduit à l'équivalent vocal du syndrome du stress répétitif. Assez bizarrement, je n'ai jamais eu de difficultés avec « Porgi amor », l'autre grand air de la Comtesse qui, bien que très exposé aussi, est plus mouvant. Christoph me faisait chanter « Dove sono » vraiment très lentement, puis la reprise ou le *da capo* très *piano*. Le risque de cette interprétation était de pousser ma voix au point qu'elle s'effondre complètement, d'autant plus qu'elle ne faisait qu'accentuer les aspects de l'air qui m'intimidaient. Mais, pour le chant comme pour beaucoup d'autres choses, seul le risque peut rapporter gros.

Le spectacle fut un grand succès. On me paya environ 12 000 dollars pour l'ensemble des représentations, ce qui constituait une somme considérable, puisque je n'avais jusque-là jamais gagné plus de 300 dollars par semaine. Ma carrière était lancée, j'étais riche et incroyablement heureuse. Je rentrai à New York où j'avais des projets de mariage.

Dans les mois qui avaient suivi mon déménagement à New York pour étudier à Juilliard, j'avais commencé à fréquenter Rick Ross, un jeune acteur qui travaillait dans l'équipe de production comme régisseur de l'orchestre. Mais ce ne fut que l'année suivante, après mon départ pour l'Allemagne, que je tombai vraiment amoureuse de lui. Il m'écrivait chaque jour de belles lettres, pleines d'histoires et de tendresse. Il m'expliquait qu'il m'écrivait si souvent pour que je ne vive pas ce qu'il avait vécu comme militaire en Corée, où il avait reçu très peu de courrier de chez lui.

Rick était merveilleux pour moi à bien des égards, et il me soutenait infailliblement. Je croyais en son talent et il croyait au mien. Certaines femmes sont en conflit avec leurs conjoints, parce qu'ils sont envieux, ou désirent qu'elles travaillent moins et passent davantage de temps à la maison. Ce que Rick m'apportait, c'était une indépendance totale et l'encouragement sans limite à poursuivre mes rêves à toute allure. Traditionnellement, ce sont les hommes qui attendent cela de leurs compagnes, et les femmes qui mènent une carrière ont beaucoup de chance si elles parviennent à trouver ce soutien chez leurs conjoints. Rick n'a jamais essayé d'opposer mon amour pour lui et celui que j'éprouve pour mon travail, mais il était toujours là, à m'encourager. Il comprenait parfaitement que je doive voyager, tout comme je comprenais qu'il doive rester à New York et aller à des auditions. Rick m'a aidée dans les coups durs en m'accordant toute son attention et son affection, et en essayant continuellement de me faire comprendre que je n'avais pas besoin de prendre à cœur chaque échec. Grâce à lui j'appris à mieux réagir, et plus rapidement, aux déceptions ou aux mauvaises critiques. Il m'apprit aussi à regarder la vie de plus haut et à ne pas me laisser autant malmener par mes émotions. C'était aussi, tout simplement, réconfortant de l'avoir auprès de moi. Il est plus facile de voyager à travers le monde lorsqu'on sait que quelqu'un vous attend à la maison. Il fut un ange, et il devait l'être pour survivre à ces années pleines de mon obsession pour le chant. Lors d'une de ces soirées d'août à New York, humide, chaude et pleine de courants d'air, quand, dans notre appartement en enfilade la température dépassait les 40 degrés, je me penchais vers lui, et lui disais : « Chéri, pourrais-tu s'il te plaît éteindre le ventilateur ? Cela m'assèche la gorge. »

En quelques mois donc, j'avais gagné un mari, un agent, et un rôle d'importance dans un Opéra prestigieux. Les années de labeur et de déceptions étaient enfin récompensées.

Avec le succès que j'avais obtenu à Houston, Merle fut en mesure de lancer ma carrière, et nous eûmes ensemble six années de succès. Il croyait très fort en moi, certainement plus que moi-même, et pensait que je devais quitter le niveau régional et directement chanter dans les lieux les plus prestigieux. Moi j'avais toujours dans l'idée qu'en montant une marche après l'autre, j'engrangerais une expérience profitable. Cela n'empêchait pas Merle de me dire : « Allons auditionner à l'Opéra de Paris ! » Et moi de penser : « Oh non, je ne suis pas du tout prête pour ça. » Mais il pensait que j'étais prête pour tout et me poussait donc en ce sens. Comme il était également l'agent de Carol Vaness, je profitais de son sillage. Elle était très demandée et comme elle ne pouvait accepter tous les rôles mozartiens qu'on lui proposait, certains Opéras, voyant que la star qu'ils espéraient n'était pas libre, voulaient bien parfois prendre en considération une débutante. Merle me tint le même discours qu'il avait autrefois tenu à Carol Vaness : « Tu auras la chance de suivre ses pas, tout comme elle a eu la chance de suivre ceux de Mirella Freni en acceptant tous les contrats que celle-ci ne pouvait pas accepter. » Merle pensait que sa responsabilité à l'époque était de faire en sorte que je gagne ma vie en chantant, pour exercer mon talent sur scène, plutôt que dans une salle de répétition en gagnant péniblement ma vie comme intérimaire.

Après une audition pour le Royal Opera de Londres, Merle reçut ce mot : « Nous l'aimons beaucoup parce qu'elle ne ressemble pas à une Américaine. » Mes origines slaves s'avéraient précieuses : mon visage large et ouvert, ainsi que la couleur de ma voix, me distinguaient. Assez étrangement, un professeur d'art dramatique de Potsdam avait fait une remarque semblable lorsque j'étais en première année à l'Université : « Tu seras formidable sur scène parce que tu as un visage large. » Je ne m'étais pas du tout sentie insultée, mais je n'avais pas non plus considéré cette remarque comme un compliment. Si un visage large ne me semblait pas très prometteur pour ma vie amoureuse, je me rends compte aujourd'hui que c'est effectivement un avantage pour être vu de loin, de la même manière que les costumes d'époque vont mieux, sur scène, aux gens un peu plus enveloppés. La réaction du Royal Opera me fit aussi comprendre pour la première fois que ma nationalité pouvait se révéler défavorable à ma carrière. Les Américains qui veulent se produire en Europe affrontent une rude bataille, culturelle et vocale. On nous considère comme de bons élèves, très professionnels et souvent solides techniquement, mais bien que nous soyons très nombreux à pouvoir être choisis, un chanteur européen va presque être toujours le premier choix d'une compagnie européenne – et même souvent d'une compagnie américaine. Cette préférence est compréhensible : les chanteurs qui ont pour langues maternelles celles dans lesquels les opéras ont été composés les chantent plus naturellement. Mais on trouvait les voix américaines fades et peu différenciées. Une fois que j'eus compris cela, je me concentrai davantage sur les langues afin d'en parler couramment le plus possible.

Mon audition suivante était pour Hugues Gall, l'administrateur de l'Opéra de Genève. Le jury demandait de chanter plusieurs airs, et je chantai « Dove sono », l'air de Rusalka, l'air de Micaëla dans *Carmen,* et l'air de Pamina « Ach, ich fühl's » dans *La Flûte enchantée*. Gall et son directeur artistique s'assirent dans le public et chuchotèrent entre eux pendant toute ma prestation, ce qui, inutile de le dire, me mit terriblement mal à l'aise et me fit croire qu'ils ne m'écoutaient pas. « Ils doivent détester chacune de ces notes », pensai-je. À la fin de l'audition, Gall se leva et me demanda, de façon assez cérémonieuse : « Puis-je vous voir dans mon bureau, s'il vous plaît ? » Je pensai alors : « Bon, au moins c'est courtois, il me prend à part pour me remercier d'être venue de si loin et pour me dire en privé qu'il ne m'engage pas. C'est une délicate attention. » Et puis j'entrai dans son bureau, je m'assis et il me proposa cinq rôles. C'était le début de ma carrière européenne.

Hugues Gall et Christoph Eschenbach occupent une place particulière dans mon cœur, parce qu'ils ont tous les deux toujours gardé un œil sur ma carrière. Pour Christoph, c'était le répertoire. J'ai débuté dans Strauss et Mozart avec lui et chanté les *Vier Letzte Lieder* de Strauss pour la première fois sous sa direction. Hugues tenta d'attirer d'autres administrateurs importants vers moi, mais souvent ceux-ci disaient : « Non, elle est peut-être bien pour vous, mais pas pour notre théâtre. » L'une des plus grandes satisfactions que l'on peut éprouver lorsque l'on soutient les jeunes talents, c'est d'avoir la satisfaction de pouvoir dire un jour : « Renée Fleming ? Oh oui, j'ai vu dès le début qu'elle serait quelqu'un. » En retour, ces deux hommes ont ma reconnaissance éternelle.

Parmi les nombreux Opéras où l'on pensait que je n'étais pas encore si intéressante que cela, il y avait le Met. Même après que j'eus remporté le concours du Met, quelqu'un dit à Merle : « Elle a des problèmes de justesse. » C'est un atout important pour un chanteur que d'avoir quelque chose de « spécial ». Une soprano peut avoir une technique parfaite, mais il faut qu'elle ait quelque chose de plus, quelque chose d'éphémère qui rende sa voix inoubliable. Très jeune, j'avais chanté à Chautauqua, et la soprano Frances Yeend et son mari, le maître de chant Jim Benner, m'avaient dit que ma voix était unique. Après ils avaient patiemment expliqué que c'était absolument nécessaire pour réussir. Je suis certaine que cette idée alors me passa complètement au-dessus de la tête. Et tant d'années après, c'était exactement ce dont ma voix avait besoin : quelque chose qui la rendît instantanément reconnaissable. Pour le Lyric Opera de Chicago, j'étais une chanteuse « de second plan », et ce n'était pas assez pour cette maison. Malgré les percées que je faisais alors, je n'étais toujours pas arrivée. Ces refus étaient presque plus décevants que ceux que j'avais connus plus tôt, car maintenant j'avais vraiment l'impression de faire les choses correctement.

Toutefois les raisons de se réjouir ne manquaient pas. Covent Garden me choisit pour interpréter Dircé dans la version française de la *Médée* de Cherubini, et je fis mes débuts à Genève dans le rôle de Fiordiligi du *Così fan tutte*. Le New York City Opera m'engagea pour chanter Mimì dans *La Bohème*, la première des deux seules fois où j'ai interprété ce rôle, pour lequel je reçus d'ailleurs le prix du meilleur espoir, et qui était généreusement sponsorisé par les philanthropes Rita et Herb Gold (les mêmes avaient attribué la bourse de la Shoshana Foudation lors de mon séjour à Juilliard). J'eus aussi quelques contrats régionaux de temps en temps, mais tout n'allait pas toujours au mieux. Je me souviens d'un article cinglant après un concert en Californie, où je m'étais montrée si mauvaise que l'administrateur était venu en coulisse, pendant l'entracte, pour me demander si j'étais en train de « marquer » (ce qui signifie « chanter à moitié » pour économiser sa voix). Ce n'était pas le cas, mais manifestement quelque chose n'allait pas. Peut-être est-ce que je m'écoutais trop chanter, ou bien alors je chantais d'une manière que je croyais plus artistique, mais quelle qu'en ait été la raison, ce soir-là ma voix n'avait aucune projection. Lorsque je racontai l'histoire à Beverley, elle me dit seulement : « Écoute, tu dois être plus généreuse envers toi-même, ce n'est pas parce que tu chantes comme professionnelle que tu n'as plus rien à apprendre. Tu as encore beaucoup de chemin à parcourir et il va falloir que tu le fasses sous le regard scrutateur d'autrui. »

* *
*

Mes débuts à l'Opéra de Paris, dans *Les Noces de Figaro,* eurent lieu le soir de Noël de 1990. L'Opéra Bastille, flambant neuf, avec son dédale de murs blancs, était à nouveau l'occasion de chanter pour une institution qui avait révélé au cours de l'histoire de grands artistes et créé de nombreuses œuvres. Il y avait de quoi s'y sentir humble, ainsi qu'à Paris, une ville que j'adorai et que je considère aujourd'hui comme ma seconde maison. Je répétai la belle mise en scène de Giorgio Strehler, jusqu'à l'arrivée de Lucia Popp qui devait chanter les cinq premières représentations et à laquelle je devais succéder. Sa voix était une de mes préférées – pure, enivrante et semblant se déployer sans effort, et une fois encore je fus le témoin privilégié de la générosité d'une grande artiste. Loin de se comporter en rivale, elle m'invita tout de suite à déjeuner. Elle me parla de choses qu'honnêtement je n'étais pas en mesure de comprendre alors : elle était amoureuse, elle considérait avoir fait son devoir et travaillé assez dur, et que le temps était maintenant venu pour elle de jouir de l'existence et de sa nouvelle relation. Je devais certainement, en l'écoutant, avoir l'air déconcerté, tant je rêvais à cette époque d'être à sa place, d'être comme elle une grande artiste, une star du disque sans cesse sollicitée. Comment pouvait-on souhaiter échapper à tout cela ? Je ne pouvais tout simplement pas l'imaginer. Mais nous ne savions pas alors qu'elle était gravement malade – se doutait-elle elle-même qu'il ne lui restait que quelques petits mois à vivre ?

Finalement, le Metropolitan m'engagea comme doublure pour le rôle de la Comtesse en 1991. Un matin à dix heures, j'appris que Felicity Lott était indisposée et que je devais la remplacer. C'était un de ces coups de téléphone qui me rendaient frénétique, comme celui d'Erica Gastelli le jour où elle m'apprit que j'étais prise à Juilliard. Rick et moi vivions dans un de ces appartements en enfilade, et je me souviens d'en avoir parcouru plusieurs fois toute la longueur en hurlant de joie. En passant quelques coups de téléphone, j'essayai de réunir tous mes amis et ma famille pour qu'ils assistent à la représentation et partagent avec moi ce grand événement.

Le Met reprenait la mise en scène de Jean-Pierre Ponnelle, donnée pour la première fois en 1986, et déjà considérée comme un classique. Je me souviens de mon entrée en scène, j'étais calme, je me sentais prête, et en quelques minutes allaient me rejoindre sur scène Samuel Ramey et Frederica von Stade, deux artistes pour lesquels j'éprouvais une admiration folle, auxquels je n'avais jamais été présentée. Et maintenant j'étais là, avec eux, en train de chanter sur la scène du Met ! Ce fut l'un des nombreux moments de mon existence où j'éprouvai de la reconnaissance pour Mozart.

Je n'avais pas choisi de devenir une spécialiste de Mozart, mais je sentais plutôt que Mozart m'avait choisie. Avant ces représentations, j'avais déjà interprété la Comtesse à l'Opéra de Paris, aux deux festivals de Spolète, et à Houston ; après ce début au Met, je l'interprétai encore à San Francisco, Buenos Aires, Genève, Vienne, Glyndebourne, Chicago et à Hamilton, au Canada. Avec mes débuts, toujours dans Mozart, à La Scala, puis dans Strauss à Bayreuth, au Royal Opera de Londres, à Munich, à Salzbourg et à Tokyo, j'avais posé les premières pierres d'une carrière internationale. C'était assez inhabituel d'y parvenir si vite, et il y a beaucoup d'exemples de grands chanteurs, comme Dietrich Fischer-Dieskau par exemple, qui n'ont jamais paru sur la scène du Met, alors que très peu d'artistes parviennent à chanter dans tous ces lieux, préférant se concentrer sur deux ou trois marchés. J'avais bien de la chance que le rôle de la Comtesse fût si difficile à pourvoir, qu'il exige, outre une voix pure et homogène, une justesse parfaite, du style… et des nerfs d'acier. J'étais assez jeune et ambitieuse pour saisir ma chance avec enthousiasme. Mais si j'avais su à l'avance les difficultés que j'aurais à surmonter en interprétant la Comtesse, j'aurais passé mon tour et aurais été heureuse en chantant Mimì – un rôle plus facile – dans le monde entier. Cependant, la Comtesse m'apprit comment chanter, et je peux bien dire que, sous cet aspect, Mozart m'a maintenue dans le rôle de la bonne élève longtemps après ma sortie de l'école. Au moment où je fis mes débuts au Metropolitan, j'étais aussi à l'aise dans le rôle de la Comtesse que dans ma propre peau.

En 1992, enceinte de notre première fille, Amelia, je quittai New York pour trois mois : je devais chanter à Glyndebourne et au Royal Opera de Londres. Bien que soulagée du tour que prenait ma carrière, j'étais très anxieuse. Je ne voulais pas m'éloigner de Rick pour tant de temps, et appréhendais beaucoup tout le travail qui m'attendait. Quelque part en Europe lors d'un transfert d'avion, je laissai une hôtesse s'occuper de mon bagage à main ; j'étais si triste et distraite que je ne m'en souciai pas. Je fais toujours en sorte de garder avec moi un bagage, et celui-là contenait des choses essentielles, dont le formulaire d'emprunt immobilier (nous espérions acheter une maison en prévision de la venue de l'enfant). Le bagage disparut. Chaque jour j'allais le réclamer auprès de la compagnie aérienne, supplier, crier, mais personne ne le trouvait. Jusqu'à ce qu'après un détour par l'Arabie Saoudite, il fasse miraculeusement sa réapparition en Angleterre et me revienne intact à Glyndebourne.

Avant que mon bagage ne fut retrouvé, et au cinquième mois seulement de ma grossesse, une hémorragie se déclara. J'étais absolument seule dans un appartement, au milieu de nulle part à plus de vingt kilomètres de la ville de Lewes. J'avais toujours pensé que c'était une bonne chose de m'isoler avant les concerts, parce que je pouvais, le soir venu, mieux travailler les partitions et ma voix, ou même m'occuper du courrier en retard, accumulé pendant l'année. Mais je sais maintenant qu'il est possible d'être *trop* isolé.

L'administration du festival de Glyndebourne se chargea de me trouver un médecin qui se déplaçait à domicile, ce qui est encore possible dans l'Angleterre rurale. Il m'ordonna de rester allongée sans bouger, de me tenir les pieds un peu en hauteur, et demeurer ainsi cinq jours, faute de quoi je perdrais le bébé. Il était hors de question de me lever ne fût-ce que pour faire la cuisine ; je pouvais tout juste me déplacer à la salle de bains puis revenir me coucher. Les gens du festival, très aimables, envoyaient chaque jour quelqu'un pour me rendre visite et m'apporter de quoi manger. L'expérience eût été affreuse même à New York, auprès de Nick et dans mon propre lit, mais me retrouver à ce point seule avec toutes mes peurs était insoutenable. Je n'étais pas assez riche pour passer ma journée au téléphone et parler avec ma famille et mes amis ; je n'avais donc qu'à prendre mon mal en patience.

À la fin, nous allions toutes les deux beaucoup mieux, je réussis même à donner des concerts quelques semaines seulement avant la naissance d'Amelia. Ce qu'il y a de magnifique dans le fait de chanter tout en étant enceinte, c'est que le bébé pourvoit en partie au soutien qui, en temps normal, incombe totalement à la sangle abdominale. Comme le diaphragme repose alors contre cette sorte de beau coussin flottant qu'est l'utérus, le chant se déploie à merveille, plus aisément ; et il en va ainsi jusqu'à la toute fin, jusqu'à ce qu'il n'y ait tout simplement plus assez d'espace pour respirer. Ainsi, aussi longtemps que je pus respirer par cet espace intercostal, avec la plus grande ouverture horizontale possible de la cage thoracique, la poitrine et le dos également ouverts, je passais toutes les difficultés, pouvais tout réussir, et n'avais pour cela qu'à respirer un peu plus souvent.

Le vrai défi fut de chanter après la naissance de l'enfant, mais je n'eus pas le loisir de récupérer la capacité abdominale que j'avais perdue, et dont j'avais besoin. Quand Amelia avait un mois, je l'emmenai à Dallas, où je devais chanter pour la première fois Tatiana dans *Eugène Onéguine*. Mémoriser un opéra russe est chose difficile même dans les meilleures circonstances ; mais alors cela paraissait tout bonnement impossible puisque, comme toutes les jeunes mères, je ne dormais plus une nuit entière. C'est l'époque où j'ai découvert que la mémoire et la grossesse étaient deux choses incompatibles, et dans mon cas en plus je n'avais plus la capacité de me concentrer de longs moments, ce qui est un facteur essentiel de la mémorisation. Le chef d'orchestre, russe, et le reste de la distribution, des Russes pour la plupart, se montrèrent compréhensifs, et c'est cet engagement qui a marqué le début de ma vie de mère nomade, avec de jeunes enfants dans mon sillage.

Après un court passage à New York, Amelia, la nouvelle nurse (une jeune chanteuse) et moi volions vers Milan, où je fis mes débuts à La Scala dans *Don Giovanni* en interprétant Donna Elvira. Je commençais tout juste à apprendre comment voyager avec le nécessaire : nourriture pour bébé, lait maternisé, couches, poussette et vêtements. Il faut être vraiment ingénieux pour faire ses bagages quand on part à l'étranger avec un véritable magasin de produits pour bébé. Beverley m'appelait souvent la terre nourricière au noyau d'acier, et je trouve que c'est assez bien trouvé.

Je ne vécus pas spécialement un très bon moment à La Scala, en partie en raison de la tradition de la Sala Gialla, le Salon Jaune. La *Sala* était une salle de conférence où avaient lieu les répétitions. En ce temps-là, La Scala doublait toutes les distributions, et il y avait donc une distribution A et une distribution B. De façon générale, les opéras ont des doublures : s'il arrive qu'un chanteur annule, un autre sera engagé à la dernière minute. Et souvent, lorsqu'une compagnie double la distribution d'un de ses spectacles, tout est organisé bien avant que tout le monde arrive. Mais à la Sala Gialla, Ricardo Muti, le directeur musical, avait coutume de faire répéter les deux distributions à la fois : chacun se levait à son tour, chantait sa partie, et c'était un peu comme auditionner puisque Muti alternait entre les deux formations. Il y avait là les stars et puis nous, qui nous bousculions pour intégrer la distribution A. Malheureusement, j'étais une des plus jeunes, perdante désignée au milieu d'un groupe qui comprenait Tom Allen, Carol Vaness, Cecilia Bartoli, Vinson Cole et Gösta Winbergh, qui nous a quittés depuis. Cela ressemblait fort à un radio-crochet. Malgré toute la nervosité causée par les circonstances, je fus éblouie par le talent de Muti. Incroyablement charismatique, il arrachait à l'orchestre des sons inspirés.

Lors de la dernière répétition, je reçus un appel de l'administrateur artistique qui me dit : « Le Maestro se fait du souci pour vous. Il ne veut pas que vous soyez huée et donc il pense que vous ne devriez pas chanter le soir de la première. » On m'avait pourtant fait savoir que *j'avais* été choisie pour chanter ce soir-là et, mieux encore, j'avais répété jusque-là avec la première distribution. Je réfléchis à toute allure et répondis : « D'accord, très bien, mais je m'en vais alors. Le mieux, c'est que je rentre chez moi à New York. » S'ensuivit toute une série de manœuvres à reculons, et mon interlocuteur protesta en me disant que non, que ce n'était pas du tout ce qu'il avait voulu dire, et il me promit que le Maestro allait m'appeler. Muti m'appela en effet, et me dit la même chose, à quoi de nouveau je rétorquai que c'était très décevant et que je préférais dans ces conditions prendre le prochain avion. J'étais alors assez capable de m'évaluer pour savoir que je ne ferais pas honte à cette maison en chantant Donna Elvira. Je faisais partie d'un ensemble, je connaissais les autres interprètes et je me sentais bien avec eux. Au bout du compte, ils m'accordèrent la soirée d'ouverture et je ne fus pas huée. En revanche, quelques secondes après ma première entrée, je glissai sur scène et je me serais effondrée si Leporello ne m'avait pas rattrapée. Mais j'aurais dû me rendre compte alors du tour qu'allaient prendre les choses. Le public américain adore les perdants. Si j'avais trébuché lors d'une première au Met, on m'aurait probablement engagée à vie simplement parce que j'avais été assez courageuse pour me reprendre et continuer. Mais le public européen est un peu moins tolérant. Si vous glissez en Italie, le public pense : « Cette fille est-elle vraiment ce qu'ils ont trouvé de mieux ? »

En 1993, je chantai le rôle-titre de l'*Armida* de Rossini au Festival Rossini de Pesaro. Quoique j'eusse fait mes débuts dans plusieurs opéras de Mozart en Europe, c'était seulement maintenant que la porte s'ouvrait pour moi. L'engagement était merveilleux. Je vivais dans la magnifique ville où Rossini avait composé de grands opéras, je me nourrissais de poisson frais et chaque jour j'emmenais ma petite chérie à la plage, escortée par les cris de « *Che bella bambina* ! » La mise en scène de Luca Ronconi pour *Armida* était particulièrement originale, les costumes et perruques vraiment frappants. (On ne saurait sous-estimer l'importance d'un bon costume pour l'incarnation d'un personnage.) Mon Armide était conçue comme un croisement de Marilyn Monroe et de Joan Jetson[1], avec une perruque futuriste blond platine à volutes. Ildebrando d'Arcangelo, une jeune basse italienne, nous fit beaucoup rire lorsqu'il mit un masque identique au mien, ainsi

1. Personnage de série télévisée *(N.d.T.)*.

qu'une copie de mon costume, si bien que mon mari ne pouvait nous distinguer sur scène. Je ne sais pas lequel de nous deux était le moins flatté. Le soir de la dernière, le public fit pleuvoir des pétales de roses sur la scène – un couronnement de rêve pour un spectacle parfait. J'aime cette complète immersion dans l'œuvre d'un seul compositeur que permettent les festivals. Que ce soit Rossini à Pesaro, Wagner à Bayreuth ou Mozart à Salzbourg, les festivals s'adressent au musicologue en moi et me donnent le luxe d'un temps passé à inventer une interprétation en profondeur.

Ce que je préfère dans mon travail, c'est toutes les occasions qu'il offre de grandir. Parfois, comme lors du festival Rossini, ce sont les circonstances qui s'y prêtent. D'autres fois, j'apprends des choses sur moi-même en explorant le personnage que je dois interpréter – nous avons toutes quelque chose en nous de la Comtesse. Et bien sûr, il y a toujours à apprendre de la musique elle-même. Mais pour un étudiant né la meilleure éducation se gagne sans doute auprès d'un mentor, et en Georg Solti, je trouvai un merveilleux professeur et un très estimable collègue.

Solti avait choisi une autre soprano pour interpréter Fiordiligi dans *Così fan tutte*, mais le rôle était trop lourd pour elle et, au dernier moment, elle eut la prudence de se retirer. Comme beaucoup d'autres fois dans ma carrière, je tirai avantage du forfait d'une autre chanteuse et aussi de mon aptitude à réagir au quart de tour. Evans Mirageas, l'homme qui s'occupait chez Decca des artistes et du répertoire, m'avait recommandée à Solti parce qu'il avait eu le même problème deux années auparavant et m'avait engagée à la dernière minute pour le rôle d'Ilia dans *Idomeneo* à Tanglewood. Il savait que je travaillais bien sous pression.

Lorsque Solti m'appela, je chantais au Met ma première Desdemona dans *Otello*, sous la direction de Valery Gergiev. Je faisais partie de la seconde distribution et, très généreusement, le Met me libéra avant la fin. Reconnaissante sur le moment, je le fus davantage encore lorsque je compris à quel point ce *Così* allait être important pour moi. Je débarquai à Londres à deux heures du matin, dormis quelques heures, me présentai au studio à huit heures, et chantai tout l'opéra de Mozart – ce n'est pas le genre de choses que font les chanteurs en temps normal, mais il est bon de s'assurer parfois qu'on est capable de se hisser à la hauteur de l'événement. Je fus immédiatement frappée par l'intensité que Solti dégageait – pour ne rien dire des trente-deux Grammies qu'on pouvait voir posés sur le rebord des fenêtres de son studio. Je me sentais inspirée par le simple fait d'être en sa présence.

Nous travaillâmes durement pendant deux heures dans ce studio ensoleillé qui donnait sur le beau jardin de sa maison. La présence imposante et le sens musical de Solti – le café indispensable aussi qu'apportait sa femme Valerie, belle et réconfortante – eurent bientôt fait de mon décalage horaire un lointain souvenir. Et ainsi commença une autre relation essentielle de ma carrière. Je dois en grande partie mon contrat d'enregistrement à l'enthousiasme de Solti pour ma voix, qu'il baptisa à Paris « double crème » quand, avec *Don Giovanni*, nous fîmes la réouverture du Palais Garnier qui sortait d'une longue période de rénovation. Et ce surnom m'est resté jusqu'aujourd'hui.

Chapitre VI

Le défi

En 1995, j'accumulais les nouveaux rôles à un rythme effréné allant de cinq à huit par an, et il y eut même une période où j'étais programmée pour en chanter dix en quatorze mois. Le démon de la procrastination s'emparait de moi quand il s'agissait d'apprendre un nouvel opéra, non que je fusse paresseuse, mais mon emploi du temps m'obligeait à agir ainsi, à prendre et apprendre les rôles les uns à la suite des autres. À force de travailler dans l'urgence, je finis par être comme droguée à l'adrénaline, une mauvaise habitude contre laquelle il m'est encore aujourd'hui difficile de lutter. (Matthew Epstein, mon ancien agent, me surnommait Mère Courage.) Lorsque j'étais enceinte de Sage, notre seconde fille, on m'engagea pour chanter à Houston ma première Maréchale dans *Le Chevalier à la rose*, sous la direction de Christoph Eschenbach. Cette fois, je dus apprendre le rôle en deux semaines, afin d'être sur scène pour une répétition en costumes dès le lendemain de mon arrivée à Houston. Quand je commençai à étudier la partition, je me disais que ce n'était pas si insurmontable. Après tout, la Maréchale ne chante pas du tout dans le deuxième acte, et ne reparaît à l'acte III que vers la fin de l'opéra, et bien sûr, je connaissais déjà le trio final pour l'avoir donné en concert.

Malheureusement, je n'avais pas assez mesuré la difficulté du premier acte, avec son texte si abondant, « conversation en musique » et sa longueur. Il y avait tant à chanter, et tous ces chromatismes et ces rythmes redoutables... J'avais tant de mal à comprendre ce qui se trouvait sur la partition, plus encore qu'à le lire ou à le retenir. J'étais alors à Vienne, où je louais un des appartements de Placìdo Domingo et, si je ferme les yeux maintenant, je peux encore voir le papier peint, les tableaux aux murs et le piano, je revois tout. J'y ai passé tant de temps à étudier la partition, de l'aurore au crépuscule, assise toute la journée dans un fauteuil, que ce lieu est à tout jamais gravé dans ma mémoire. Quand le temps fut venu de partir pour Houston, je connaissais la partition sur le bout des doigts, et c'est de cette façon que commença mon histoire d'amour avec l'un des plus grands rôles jamais créés pour soprano. Je me suis aperçue par la suite que plus un rôle est difficile à apprendre, plus il vous colle à la peau. Tout ce que j'ai chanté de Strauss, tout ce que j'ai chanté en russe ou en tchèque s'est à tout jamais gravé dans ma mémoire. Je pourrais reprendre du jour au lendemain un rôle qui a nécessité beaucoup de travail la première fois, et peu importe si je l'ai chanté souvent ou pas, ce qui est déterminant, c'est le travail qu'il a exigé de moi. Comme étudiante, j'avais eu l'occasion d'apparaître dans *Le Tour d'écrou* de Benjamin Britten, et, lorsque bien des années plus tard j'eus à le préparer pour une seule représentation, je fus étonnée de constater que j'étais capable de restituer le rôle en vingt-quatre heures. Les répétitions sont d'une grande aide aussi : je pourrais chanter les trois rôles pour soprano de *Don Giovanni* (avec sans doute un peu de fignolage pour Zerlina), et je pourrais tout aussi bien chanter Leporello ou Don Giovanni. Car à force de chanter dans un opéra, on finit par en connaître tous les rôles.

Sage est née en août 1995, et encore une fois j'ai continué de chanter très tard pendant ma grossesse. Je devais ouvrir la saison du Met dans *Otello*, et j'étais enchantée à l'idée non seulement d'ouvrir la saison, mais aussi de chanter aux côtés de Placído. Deux semaines et demie après la naissance de ma fille, je me forçai donc à commencer les répétitions. Je me débrouillai, je ne sais comment, pour apprendre ma partie au cours des deux semaines qui nous séparaient de la soirée d'ouverture. Par chance, je vivais à seulement deux rues du Met, et les répétitions n'étaient pas non plus trop épuisantes – ce qui ne fut certes pas le cas des représentations –, car nous connaissions déjà tous la mise en scène. En fait, comme je me trouvais chez moi à New York, auprès de Rick et de ma famille, les choses étaient beaucoup plus faciles qu'à Dallas après la naissance d'Amelia. Et puis ce n'était pas non plus un nouveau rôle du répertoire en russe ! Mais surtout, les choses marchaient parce que j'étais jeune, énergique et dotée d'une grande volonté.

Pour moi, ce fut un immense cadeau que d'avoir des enfants. Seul le temps dira s'il est bon d'avoir pour mère une star de l'opéra, mais jusque-là mes filles semblent heureuses, bien dans leur peau et équilibrées. Tout était plus simple quand elles étaient petites, car je n'avais qu'à les prendre, les préparer, et les entraîner dans mes voyages. Au temps où mon agenda ne comprenait quasiment que l'opéra, nous nous installions dans une nouvelle ville à chaque fois, dressant notre camp dans un nouvel appartement pour un mois ou six semaines. Les filles considéraient que leur maison était simplement le lieu où se trouvaient leur nurse, leurs jouets et tout notre attirail, et jamais elles ne semblaient se soucier qu'il ne soit pas toujours le même. Rick nous rendait visite, puis quand nous rentrions à New York, il s'occupait de tout et passait tout son temps avec elles. C'était vraiment une vie parfaite. J'avais tout ce que je voulais sans souffrir de la culpabilité et de la peine de devoir les laisser. Je m'en tins à ce rythme aussi longtemps que je pus. Les filles allèrent à l'école à Houston et Chicago, pendant les longs engagements que j'eus dans ces villes. Amelia finit même son année de maternelle à Paris où, plus tard, toutes les deux entrèrent à l'école bilingue. Comme les classes finissent là-bas début juillet, cela impliquait pour elles des semaines de travail supplémentaire, mais je voulais qu'elles fassent le plus possible l'expérience des autres langues.

Lorsque Amelia est entrée à l'école primaire, la scolarité se faisant de plus en plus exigeante, je sus que les choses allaient devoir changer. Rick et moi pensions que les filles avaient besoin d'une éducation solide et d'une vie sociale plus stable – nous n'étions pas du genre à voyager avec un précepteur. Je pris sur moi de changer un peu mon mode de vie en passant d'un agenda essentiellement composé d'opéras – ce qui me jetait sur les routes pour au moins dix mois par an – à un agenda où cohabitaient opéras et récitals. Je m'engageai à n'accepter de contrat à temps plein qu'au Met pendant la saison, et en Europe l'été, quand les filles pourraient m'accompagner. Et je ne fis que de rares entorses à ces règles. Le restant de l'année, je ne faisais que de brefs voyages, programmant deux à trois concerts en cinq jours, tout au contraire de ces engagements qui nécessitent trois à six semaines de préparation avant six à dix semaines de représentations – ce qui fait en tout plus de deux mois. Quoi qu'il en soit, ce système est difficile à tenir sachant que les opéras sont programmés cinq ou six ans à l'avance, rendant presque impossible de s'aligner sur un calendrier scolaire qui comporte aussi ses spectacles de théâtre et de danse. Fort heureusement, les concerts sont programmés plus tardivement que les opéras, et par conséquent il m'arrive parfois de pouvoir confirmer une date seulement un an à l'avance. J'ai le grand privilège d'avoir à la fois une carrière passionnante et une vie qui laisse toute sa place à l'amour inconditionnel qui peut exister entre une mère et ses filles. Amelia et Sage savent sans l'ombre d'un doute qu'elles sont ma priorité, mais elles sont aussi les premières à voir toute la joie que m'apporte mon métier. J'ai connu la même satisfaction en observant la vie de ma mère, et j'espère que c'est cette même expérience que mes filles connaîtront.

J'étais parvenue à concilier mon emploi du temps et mes filles, mais tout n'allait pas pour le mieux dans ma vie. Début 1998, Rick et moi avions commencé à envisager le divorce. La plupart des gens s'imaginent sans doute que notre mariage sombrait à cause de ma carrière, mais c'était tout l'inverse. Rick et moi étions tombés amoureux alors que nous vivions dans des pays différents, et tout avait bien marché entre nous tant que j'avais vécu cette vie de voyages incessants. Mais quand j'eus commencé à vivre de plus en plus souvent auprès des filles et à la maison, nous fûmes confrontés aux problèmes classiques des couples. Avec le temps, nous nous étions éloignés.

Dans un premier temps, je fus soulagée d'avoir franchi un cap, mais bientôt je vis que je n'étais absolument pas préparée à affronter les ravages que ce bouleversement allait causer dans ma vie, sur mon équilibre et pour mon bien-être. Depuis longtemps nous menions chacun une vie indépendante, étions tous les deux des parents dévoués, et j'eus donc la naïveté de penser que notre séparation ne constituerait pas un changement trop dramatique. Mais c'était compter sans mon inconscient qui, lui, n'allait pas tarder à me frapper, durement.

Du côté professionnel, l'année 1998 avait commencé de fort bonne manière. En janvier, je chantai avec Placído Domingo, Daniel Barenboim et l'Orchestre symphonique de Chicago lors d'un concert retransmis par la télévision. La semaine suivante, j'étais à Cleveland pour chanter Strauss et Mozart. Où que je me rendisse, je chantais avec une facilité incroyable et me délectais de chaque seconde passée sur scène. Je pensais que tout s'organisait comme il fallait pour mes filles qui, nous l'avions décidé, m'accompagneraient à Chicago où j'avais un engagement de longue durée – elles avaient été acceptées là-bas dans deux écoles françaises. Bien que Rick et moi-même eussions commencé à planifier notre divorce, nous avions tous les deux à cœur de privilégier les besoins des filles et de tout faire pour bien nous en occuper. Ma vie personnelle et ma vie professionnelle semblaient enfin avoir atteint un niveau d'équilibre et de sécurité appréciable, et je me sentais immensément soulagée.

C'est alors que, tandis que je me trouvais sur scène en train de jouer la Comtesse au Lyric Opera de Chicago, je ressentis un peu de trac en chantant « Dove sono ». Cela m'avait prise par surprise. Cet air n'avait certes jamais été une pièce facile, mais il était l'un de ceux grâce auxquels j'avais accompli le plus de progrès. Soudain, je fus saisie de nervosité quand monta la musique, et je ne parvins pas à la chasser. J'eus du mal à interpréter l'air tout du long, tout particulièrement quelques phrases que je me mis à redouter et qui me crispaient chaque fois que je les chantais. Les chanteurs d'opéra ont bien raison d'avoir le trac en horreur, car en affectant notre relâchement il altère notre respiration. Mais je dus reconnaître que mon stress n'était pas dépourvu de motifs. Outre mon divorce, j'avais à faire face à trois nouveaux rôles coup sur coup le mois suivant : le rôle-titre dans *Arabella* et *Lucrezia Borgia*, puis Blanche dans la création mondiale de l'opéra de Previn, *Un tramway nommé Désir*. Il était bien naturel que cette pression se manifestât quelque part. Elle se manifesta dans « Dove sono » ; mais au moins l'avais-je identifiée, et en la surmontant et je pouvais passer au concert suivant.

Je partis pour Houston où devaient commencer les répétitions d'*Arabella* avec mon cher Christoph Eschenbach. J'étais heureuse de commencer un nouvel opéra, bien entourée par mes amis et mes filles, loin de la maison et du stress provoqué par l'arrivée des avocats. Je n'eus cette fois aucune difficulté à apprendre ma partie, mais je souffrais d'une incroyable tension au niveau du cou et du muscle trapèze – j'en vins même à me demander si je serais capable de chanter lors de la première. Je réussis toutefois à me calmer et je trouvai une masseuse qui me travailla le corps comme si elle le sculptait ; du coup je me tirai d'affaire avec ce magnifique rôle de haut vol.

De Houston, je m'envolai ensuite pour Milan et La Scala avec *Lucrezia Borgia* de Donizetti. Je me sentais beaucoup mieux physiquement, et avec tout l'amour et le soutien de mes filles et de ma famille qui me rendit visite, je fus capable de tirer un trait sur l'expérience passée à la Salla Gialla et pus envisager cet engagement à La Scala comme un nouveau départ. J'entrai cependant en conflit avec le chef d'orchestre, Gianluigi Gelmetti, à propos de quelques magnifiques ornementations et cadences que je voulais ajouter et auxquelles il s'opposait vivement. Elles étaient pourtant légitimes du point de vue stylistique ; je les avais apprises auprès de Philip Gossett, un grand musicologue spécialisé dans l'opéra italien du XIXe siècle, et avec qui je collaborais depuis l'*Armida* de Pesaro. En dépit de toute l'estime dont jouissait Gossett en tant qu'historien, Gelmetti insista : « Nous sommes dans la maison de Muti et nous allons donc obéir aux restrictions de Muti. » En fait Gelmetti, qui avançait en âge, faisait avec cet opéra ses débuts à La Scala, et probablement craignait-il de faire quelque chose qui pût déplaire à Muti. Après avoir discuté un peu, je finis par céder sur presque tout, mais je le priai de faire une exception pour une cadence particulièrement dramatique dans la scène finale. Il accepta et j'étais heureuse que nous ayons trouvé un compromis. La répétition générale en costumes se déroula parfaitement, le chœur et l'orchestre soutenaient le tout, et la distribution était excellente. Je crus donc que tout se passerait merveilleusement, mais c'était une naïveté d'Américaine.

Les premiers ennuis surgirent dès la première avec l'annulation du ténor. Sincèrement, je crois qu'il savait que quelque chose se tramait et qu'il lui avait été conseillé de prendre ses distances. Heureusement pour moi, mon ami Marcello Giordani le doublait. Nous avions souvent travaillé ensemble par le passé, et j'étais soulagée de partager la scène avec lui pour cette soirée. À la fin de mon premier air, juste après avoir chanté la dernière note, j'entendis un grand bruit sourd et, jetant un coup d'œil dans la fosse, je constatai que le chef avait disparu. Un murmure parcourut le public. Gelmetti s'était effondré. Marcello et moi demeurâmes immobiles, les yeux rivés sur la fosse, sans même savoir s'il était encore en vie. On pouvait craindre le pire. Finalement le rideau tomba, et nous apprîmes qu'il s'était seulement évanoui. Au bout d'une quinzaine de minutes, il revint à lui et nous pûmes reprendre, mais tout ne fit qu'empirer. À la fin de mon premier grand duo avec Marcello, il y eut quelques huées éparses dans le public ; étonnamment, je n'en fus pas affectée. Ce ne fut qu'à la fin de la scène finale, au moment de cette cadence tant disputée, que tout s'effondra et que les huées se firent beaucoup plus sérieuses.

Il faut dire pour être exact que les acteurs de ce drame n'étaient qu'un petit groupe de dix hommes, assis tout en haut du théâtre. Rachelle et d'autres amis en furent témoins. Fort heureusement, il est assez difficile d'entendre ce qui se passe dans la salle lorsqu'on se trouve sur scène, et il est quasiment impossible d'entendre quoi que ce soit par-dessus notre propre voix lorsque nous chantons, ce qui, dans ce cas précis, est une grâce. Je m'appuie donc sur le témoignage de mes amis pour affirmer que des protestations (« Basta », « Go home ») fusèrent de l'orchestre puis de l'ensemble du public à l'encontre des perturbateurs. Néanmoins, les cris et les huées continuèrent pendant toute la scène finale, qui est tout entière celle de Lucrezia quand elle s'aperçoit qu'elle vient d'empoisonner par erreur son propre fils (une des plus grotesques intrigues d'opéra). Je restai concentrée, m'appuyai sur la musique. Par chance, la violence de ce qui s'était passé ne me frappa qu'à la fin du spectacle. Alors seulement je me mis à trembler, et pendant plusieurs jours.

Lorsque le rideau tomba, Gelmetti se tourna vers le public en haussant les épaules l'air de dire : « Et bien, ce n'est pas de ma faute », puis il nous laissa seuls affronter le public. L'ensemble de la distribution resta uni dans le salut. Après que j'eus appelé l'hôpital où il avait été admis, Gelmetti – jusqu'au bout égal à lui-même – m'écrivit une lettre qui parle d'elle-même : « Votre Lucrezia est très spéciale. »

« Spécial » n'est pas un compliment en italien. Au mieux il est ambigu, et au pire…

Je réussis à rester et à chanter encore deux représentations, au lieu des cinq prévues. Il n'y eut pratiquement plus de huées après ce premier soir, et les critiques comme les journalistes furent plutôt de mon côté, accusant les *loggionisti* de ruiner le spectacle et, au-delà, de vouloir intimider les meilleurs chanteurs. Après le fiasco auquel dut faire face Pavarotti dans *Don Carlo*, qui d'ailleurs fit le serment de ne plus jamais paraître sur la scène de La Scala, on peut aujourd'hui s'attendre à y voir un obscur opéra de Gluck côtoyer les œuvres les plus risquées du répertoire traditionnel. Je n'ai jamais percé la véritable raison de l'hostilité de la claque envers moi – ces gens étaient-ils payés pour me conspuer, voulaient-ils honorer la mémoire de Maria Callas ou de Leyla Gencer, ou n'étaient-ils mus que par un sentiment nationaliste ? (L'anti-américanisme sévissait cet été-là en raison de l'accident qu'avait causé, plus tôt cette même année, un avion de chasse de l'U.S. Marine en sectionnant en plein vol le câble d'un téléphérique dans les Alpes italiennes, ce qui avait provoqué la mort d'une vingtaine de personnes.) Il existe un enregistrement en direct de cette production, on pourra donc décider s'il y a bien eu conspiration, ou simple réaction spontanée à ma prestation.

Je trouvai tout de même le courage de revenir à La Scala six mois plus tard pour un récital. Un de mes oncles – le genre Robert Mitchum – me dit : « Tu es une Fleming. Bien sûr que tu vas y retourner. » Même Leyla Gencer m'envoya des fleurs et me dit de ne pas m'inquiéter, que tout cela ne voulait rien dire. « Cela m'est arrivé tout le temps », me dit-elle. « Si on a l'habitude de cette culture, ce n'est pas si grave. » Mais je n'étais pas habituée à cette culture. Même si je n'étais certes plus à fleur de peau comme à mes débuts, ce fut tout de même très désagréable.

Lorsque je revins au Met, Renata Scotto m'arrêta dans le hall et me félicita d'avoir rejoint la longue et illustre liste des interprètes hués à La Scala. Il s'avéra que les chanteurs gardaient bien au chaud leurs propres histoires cauchemardesques à La Scala, et les échangeaient entre eux comme des images de collection. « Fiorenza Cossotto a été huée. Elle chantait magnifiquement Orfeo et on l'a huée. Pourquoi diable huer quelqu'un qui chante Orfeo ? » Renata parla de Luciano puis me dit qu'ayant elle-même été huée elle n'y retourna jamais. « Tu peux chanter en récital, mais oublie l'opéra », me dit-elle en m'embrassant sur la joue avant de partir.

Même Mirella Freni eut la gentillesse de me raconter dans quelles circonstances sa Violetta avait été là-bas sévèrement huée (j'aime l'idée qu'il existe des degrés en la matière). C'étaient ses débuts dans le rôle, un engagement plutôt précoce, et nul doute qu'elle le chanta magnifiquement. « Il était prévu que je chante dans *La Bohème* juste après, et je crus cela impossible. Pourtant le chef d'orchestre me dit qu'il me fallait immédiatement remonter sur le cheval. Je ne voulais pas, mais il rétorqua que je n'avais pas le choix. » Elle trouva je ne sais où le courage de chanter un autre opéra un mois plus tard, et connut alors un grand succès. Si on donnait des médailles pour récompenser le courage dans le monde de l'opéra, Mirella Freni en recevrait pour cela seul une incrustée de diamants et de rubis.

Malgré tous les inestimables mots d'encouragement que j'avais reçus de la part d'autres sopranos, le stress de cette année s'était accumulé, jusqu'à ce que je me sente prise dans un étau que le monde entier pressait. J'étais à ce point affectée physiquement que je ne savais jamais si j'allais pouvoir chanter le jour suivant. Toute note dans le médium de ma voix devenait terrifiante et me paraissait infaisable, me donnant l'impression de m'éveiller tout juste d'un rêve et de me retrouver nue sur scène. Cependant, mes peurs restaient intérieures, et il s'agissait plus d'anxiété que de dysfonctionnement. Jusqu'à un concert de musique de chambre au festival de Ravinia. Je me produisais devant un public restreint, en un lieu où je me sentais tout à fait à l'aise, et Christoph était le pianiste, ce qui fait toujours ma joie. Il n'y avait aucune pression et tout se passait parfaitement bien, jusqu'à ce que j'atteigne le milieu du lied de Schubert *Le Pâtre sur le rocher*. D'un coup, je fus paralysée par une soudaine montée de trac. Rien ne l'avait provoqué, rien n'avait changé qui eût pu l'expliquer, mais sans prévenir, ma gorge se serra. Je me sentais déprimée au plus haut point, et les jours suivants je restai assise dans ma chambre d'hôtel, pensant : « Tu sais bien qu'il va falloir que tu arrêtes de chanter. » J'avais des contrats prestigieux à honorer peu de temps après, dont la première mondiale d'*Un tramway nommé Désir*, suivie d'une nouvelle production des *Noces de Figaro* au Met, et je n'arrivais pas à savoir s'il était plus déshonorant d'annuler ou bien de me présenter dans l'état incertain où je me trouvais.

Pourquoi ne pas abandonner maintenant ? Après tout, j'avais eu une carrière merveilleuse. J'avais d'ores et déjà accompli plus de choses que la plupart des chanteurs osent rêver. En fait, j'avais certainement déjà accompli plus que je n'avais moi-même osé rêver. Quelle profession justifiait de souffrir à ce point ? Je pouvais me trouver un agréable travail d'enseignante quelque part dans le Midwest, élever mes filles et décider d'en rester là. Tous les détails de ma vie future se bousculaient dans ma tête et s'y organisaient, puis une nouvelle vague d'anxiété déferlait, à la fois sur mon corps et mon esprit, me laissant les mains tremblantes et claquant des dents. Je ne comprenais rien de ce qui m'arrivait; je savais seulement que je me trouvais dans un état lamentable. Je me souviens de moi quelques semaines plus tard, assise dans ma salle à manger, regardant par la fenêtre les arbres vénérables, et priant pour que tout cesse.

Mon état était d'autant plus déconcertant que j'avais toujours été une personne positive et déterminée (quoique bien sûr une telle situation soit pour tout le monde déconcertante et affligeante). Je ne savais plus rien faire. Les choses les plus simples, comme le fait de s'habiller ou de préparer le petit déjeuner pour les filles, me paraissaient presque impossibles et nécessitaient toute la volonté que je pouvais encore rassembler.

Au milieu de cette nuit obscure de l'âme, *60 Minutes* préparait un film sur ma vie – glamour, forcément – de chanteuse d'opéra. Ils me suivirent partout pendant six mois et je me débrouillai je ne sais comment pour tenir mon esprit hors de leur vue. Je me souviens tout particulièrement du matin où, alors qu'une équipe se trouvait chez moi pour filmer, je pris à part mon attachée de presse, Mary Lou Falcone : « Écoute, je ne peux pas faire ça » lui dis-je. Je tremblai. J'étais, pour parler comme je le faisais à l'époque quand j'étais au plus mal, dans le tunnel. C'étaient comme si les choses se passaient à une très grande distance de moi. Une fois dans le tunnel, j'avais le plus grand mal à me concentrer sur ce que les gens me disaient. C'était un symptôme de panique, ni fréquent ni durable mais qui, quand il survenait, m'envahissait avec une violence terrifiante. Mary Lou, qui fut alors un véritable roc, me regarda au fond des yeux, avec la fermeté paisible que j'aurais ressentie si Beverley avait été là, puis me dit : « Bien sûr que si tu peux. » Elle m'arrangea, puis m'envoya affronter les caméras.

Pendant tout le temps qu'a duré cette crise, je ne me suis jamais arrêtée, je n'ai jamais annulé aucun engagement. Et je le dois beaucoup aux gens qui travaillaient avec moi, à ma famille et à mes amis, à tous ceux qui s'occupèrent de moi. Si j'avais arrêté à ce moment-là, c'eût vraiment été la fin de ma carrière, car je n'aurais sans doute jamais trouvé le moyen de reprendre par la suite. Ce qui est étonnant lorsqu'on regarde la cassette de ce documentaire, c'est que personne ne peut soupçonner que, seulement cinq minutes avant d'être filmée, je me disais, devant le miroir de la salle de bains : « Je n'y arriverai pas… je n'y arriverai pas. »

Seules mes filles pouvaient me sortir de ce brouillard. Elles n'avaient qu'à rentrer de l'école avec leurs dessins, leurs livres et toutes leurs histoires et leurs baisers, et alors je me fondais en elles. Dès qu'elles étaient auprès de moi, je savais qui j'étais : j'étais leur mère et je les aimais.

Certes, je connaissais le trac, mais jamais il ne m'avait suivie hors de la scène. Lorsque commencèrent les répétitions d'*Un tramway nommé Désir*, chaque interview était pour moi un calvaire. Autrefois, je plaisantais : « Vous voulez qu'une soprano raconte sa vie ? Où est votre magnétophone ? N'oubliez pas de m'arrêter dans deux heures pour que je puisse passer à la prochaine interview. » Mais à présent, tout ce à quoi je pensais, c'était : « Comment former une phrase intelligente ? Comment maîtriser l'intensité de mon anxiété ? » À tout instant, en parlant de mon travail, je n'avais qu'une idée : me fuir.

Assez étrangement, ce qui aurait dû me faire vaciller jusqu'au bord de l'abîme s'avéra mon salut, et ce fut de jouer Blanche DuBois. Il y avait des jours où je m'interrogeais réellement sur ma santé mentale, où je me demandais si j'allais recouvrer mon équilibre, et justement, le personnage de Blanche, avec son côté sombre et ses peurs, me permit de déverser toutes les miennes. Travailler avec André Prévin fut d'une grande aide aussi, car c'était un homme à qui je pouvais vraiment me confier. Il ne cessait de me rassurer et exerçait sur moi une profonde influence qui me tranquillisait.

En fait, il n'y avait que des stars dans cette production. Le metteur en scène, Colin Graham, se débrouilla grâce à une sérénité de son organisation pour mettre en place cet énorme et très complexe projet musical et théâtral en trois semaines seulement. Par chance, le rôle de Blanche m'allait comme un gant, et il n'y avait pas d'obstacle vocal à surmonter. André s'était montré très ouvert et n'avait pas hésité à procéder à des changements dans la tessiture, ajoutant pour moi du glamour dans quelques passages de voix moyenne, et en étant de façon générale très coopérant tout au long du travail – ce qui est une des satisfactions que l'on éprouve à travailler avec un compositeur vivant. Tout ce que j'avais à faire, c'était de rester concentrée pour toute la durée des représentations.

À ce moment-là, la peur de la scène s'était totalement emparée de moi. Fort heureusement, tout ce qu'elle m'a fait subir pendant cette période et à d'autres moments dans ma vie s'est toujours manifesté avant de monter sur scène. Je me réveillais la nuit en sueur, me levais et marchais en tous sens, terrifiée à l'idée de la représentation; mais lorsque le moment vient, quelque chose s'ébranle dans mon cerveau et parle : « Bien, elle a assez souffert comme ça. Retirons-nous et laissons-la faire son travail maintenant. » C'est un phénomène étrange, mais il me permet de continuer. S'il en allait autrement, si je devais me sentir bien hors de la scène et épouvantée quand je m'y trouve, le problème serait bien plus difficile. J'ai si souvent pensé à Laurence Olivier qui un jour avait dû s'arrêter au beau milieu d'une représentation parce qu'il ne pouvait tout simplement plus continuer. C'est ce que j'appréhendais en permanence, et je m'imaginais sur scène, regardant le public, paralysée, et finalement lui dire : « Je suis désolée, mais je ne peux pas », avant de me retirer avec un semblant de dignité.

Juste avant de commencer *Un tramway*, j'allai voir mon médecin à New York et lui dis en plaisantant à moitié : « S'il vous plaît, dites-moi que j'ai une tumeur au cerveau. » Je tremblais tant que j'en venais à penser que j'avais un véritable problème physique. Il me dit que c'était probablement seulement l'anxiété et qu'il connaissait la personne qu'il me fallait, une psychiatre spécialiste des problèmes qui surviennent chez les personnes qui connaissent le succès. Je lui parlais tous les jours au téléphone depuis San Francisco. Je sentais alors que mon rapport au chant et à la scène, sans parler de mon équilibre personnel, était comme suspendu au fil d'une toile d'araignée. En m'expliquant tout ce qui, dans le succès, pouvait causer un conflit psychique, la psychiatre m'aida beaucoup à sortir de cette crise. Elle me parla de l'actrice Dolores Hart qui avait connu le succès du jour au lendemain en jouant la fiancée d'Elvis dans ses films. Finalement, elle avait tout quitté pour devenir religieuse. Toute sa vie, elle dit qu'elle avait fait le bon choix et ne regarda plus jamais en arrière. Nul doute que j'eusse pensé la même chose si j'avais fait moi aussi le choix de changer de voie et de devenir professeur, et nul doute que j'aurais été heureuse ainsi. En regardant en arrière, j'aurais pensé : « C'était une belle vie, mais pour rien au monde je ne la mènerais aujourd'hui. » Songez à Barbara Streisand, qui quitta la scène pendant plus de vingt-cinq ans, à Laurence Olivier qu'on ne vit plus non plus pendant sept ans, à Carly Simon. Dans le monde de l'opéra, Carlos Kleiber, Glenn Gould et Rosa Ponselle se sont aussi retirés alors qu'ils étaient encore relativement jeunes.

La psychiatre expliqua que l'origine de mes peurs se trouvait dans mon inconscient, qui me disait plus ou moins : « Tu es allée trop loin. Tu n'étais pas censée sortir du lot. Tu as perdu tes racines. Au fond de toi, tu es une perdante, une éternelle seconde et tu ne devrais pas être là où tu es, au sommet. » Ce syndrome ne se limite absolument pas à ceux qui connaissent le succès. Il peut toucher une serveuse qui vient de décrocher un travail dans le meilleur hôtel de la ville, tout autant que le président de la République. Ce n'était pas par hasard que cette crise avait déferlé sur moi au moment de mon divorce, lequel s'avérait trop lourd à porter. Le divorce est en soi quelque chose de très douloureux, mais je faisais en outre face à une véritable crise quant à mon identité de chanteuse, avec la perspective de devoir peut-être abandonner ma carrière. C'était vraiment plus que je pouvais supporter.

Chaque cellule de mon corps me criait : « Non, je ne peux pas faire ça ! » La peur de la scène vous fait croire que vous allez mourir si vous y montez. Dans ce genre de situation, on ne peut pas sous-estimer l'effet tout à fait positif d'un bon psychothérapeute. Dans ma vie trop de problèmes m'assaillaient de toutes parts et sans que j'y comprenne rien. Sur ces sujets, lorsque l'on commence à s'exclure soi-même de la position où l'on avait l'habitude de se sentir bien, si l'on a en plus des tendances autodestructrices, recevoir une orientation peut s'avérer une aide précieuse. En tant que femme, en particulier, je crois que je n'étais pas préparée au succès. De plus, le rôle du second qui fait les yeux doux au vainqueur a toujours eu ma préférence.

Lorsque vint le moment de rentrer à New York et d'interpréter la Comtesse, mon état de panique était encore plus grave qu'à San Francisco. Dans *Un tramway nommé Désir*, j'avais ressenti la même terreur de la scène, mais comme la musique avait été composée pour moi, je m'y étais finalement trouvée très à l'aise. Bien que j'eusse chanté la Comtesse plus souvent que tout autre rôle, cela n'en restait pas moins un défi, et « Dove sono » n'avait jamais cessé de m'abîmer les nerfs. Je sentais que j'entrais à nouveau dans le tunnel. Le soir de la première, juste un peu avant que le rideau se fût levé pour le second acte, je me trouvais en coulisse en attendant de faire mon entrée et me mis à rêver que quelque événement miraculeux me permettait de sortir discrètement du théâtre sans que personne s'en aperçût. C'est alors que Beverley Johnson vint me trouver dans ma loge. Me regardant de ses yeux bleus pénétrants, elle me prit les mains fermement et me dit : « Tu vas le faire. Tu vas entrer sur scène et chanter. » Elle savait exactement ce que je ressentais, mais elle n'avait pas l'intention de me laisser lui tenir tête. On eût dit qu'elle se déversait tout entière en moi, me donnant jusqu'à la dernière parcelle de sa force et de sa volonté. Je vois encore ses yeux perçants, et ce souvenir me donne de la force. Elle exerçait une telle autorité dans ma vie, et elle comprenait parfaitement l'ampleur de mon combat. Lorsqu'elle me quitta, à la minute même qui précédait mon entrée en scène, je commençai à retrouver confiance, sachant que je ne serais plus seule désormais. Ce fut à ce moment-là que, pour la première fois depuis à peu près huit mois, je sentis la pression de l'étau autour de ma poitrine se relâcher et, finalement, disparaître. Cela ne veut pas dire que plus jamais je ne connus la peur ; mais l'obscurité épouvantable, paralysante, qui n'avait fait que s'intensifier pendant des mois se dissipa : je vis le jour. De nouveau je pouvais chanter.

Et lorsque je parus sur scène ce soir-là, qui devait me rejoindre à la fin de « Porgi amor » ? Le metteur en scène Jonathan Miller m'avait demandé si Amelia pouvait jouer la fille du Comte et de la Comtesse.

J'avais immédiatement répondu non; je pensais que c'était de l'exploitation. Mais il m'avait rappelé que la représentation serait filmée, et quelle merveille ce serait pour nous que de pouvoir nous voir ensemble sur scène ! J'en avais donc parlé à Amelia et l'idée l'avait transportée. Elle était donc là en ce moment crucial de ma vie, splendide avec ses cheveux d'or, me tenant la main, confiante, sur la scène du Met. Au finale, l'ensemble de la distribution était réunie pour entonner ce grand chœur joyeux qui proclame la morale de l'histoire. Tout d'un coup, j'entendis une petite voix haut perchée qui chantait avec nous. Amelia ? L'espace d'un instant j'éprouvai de l'embarras, car je venais de réaliser que personne ne lui avait dit de ne pas se joindre à nous. Mais puisque tout le monde chantait, pourquoi donc devait-elle rester silencieuse ? Elle ne connaissait pas le texte, mais faisait comme si assez habilement. Elle chantait à pleins poumons et, à cet instant, je sentais plus de joie que je n'en avais ressenti depuis très longtemps. J'avais chanté ce chœur des centaines de fois, mais ce soir c'était Amelia qui faisait ses débuts, et nous étions ensemble, la main dans la main devant le monde entier, éclatantes de bonheur.

Chapitre VII

Le business

Malgré toutes les leçons inestimables que j'avais reçues et qui m'avaient indiqué le chemin pour devenir chanteuse d'opéra – qu'elles aient eu pour objet le problème de la résonance, les langues, le style où la méthode pour parvenir à chanter dans l'aigu –, personne ne m'avait jamais appris à m'assurer que mon billet d'avion fût pris en charge lorsque je chantais à l'étranger. Personne ne m'avait touché mot sur les contrats, les interviews ou bien les règles à observer en cas d'annulation. En bref, personne ne m'avait expliqué comment fonctionnait le business dans lequel je m'engageais. D'ordinaire les gens ne s'imaginent pas que les artistes s'occupent de ces choses, à commencer par les artistes eux-mêmes. On se figure que nous sommes comme des oiseaux libres dans la nature, que nous roucoulons nos chansons sur quelque branche chargée de fleurs dès que l'envie nous prend, et que nous picorons des graines. Mais le monde contemporain est ainsi fait que même l'âme la plus artiste doit payer ses impôts à temps. Pour cette raison et bien d'autres, il est essentiel que les jeunes chanteurs se familiarisent avec l'aspect commercial de leur travail. Quelle que soit la beauté de la voix dont on est gratifié, on ne monte pas juste comme ça sur la scène du Met pour entonner un air quand l'humeur nous vient. L'organisation du calendrier fait aussi partie du travail.

Désormais les offres d'engagement pleuvaient à un rythme alarmant et je me sentais très peu qualifiée pour choisir. Comme ma carrière de chanteuse de récital commençait à poindre et nécessitait toute l'attention d'une équipe travaillant à temps complet, nous décidâmes, Merle Hubbard et moi, de nous séparer après six années de collaboration fructueuse. Il avait quitté l'agence Breslin et créé sa propre société juste au moment où j'avais commencé de ressentir le besoin d'être soutenue par une équipe plus importante. Je signai donc avec Matthew Epstein qui travaillait pour la Columbia Artists Management International, plus connue sous le sigle CAMI. Merle, qui aime à dire que je suis la chanteuse la plus ambitieuse qu'il ait jamais connue, me fit généreusement un dernier cadeau : il me présenta à Mary Lou Falcone. Mary Lou n'avait alors aucun chanteur dans son bureau, qui s'occupait de plusieurs musiciens et de la quasi-totalité des orchestres les plus prestigieux d'Occident avec une équipe constituée seulement de deux personnes. C'était une chance immense que d'être prise en main par elle, et je la devais sans doute à feu Arleen

Augér qui, tout comme Lucia Popp, avait prématurément succombé à un cancer. Arleen était également son amie, et j'avais revu Mary Lou à New York lorsque j'avais chanté pour la commémoration organisée pour rendre hommage à Arleen.

Rapidement, Mary Lou et Matthew formèrent une équipe pour s'occuper de ma carrière en collaboration avec les divers responsables de Decca, ma nouvelle maison de disques. Je me souviens de réunions durant lesquelles je restais assise pendant des heures, me contentant de les écouter; j'étais étudiante à nouveau et je voyais bien que j'avais beaucoup à apprendre sur le business qui entourait ma vie professionnelle. Matthew et Mary Lou avaient tous les deux beaucoup d'expérience et de succès à leur actif en ce qui concernait la carrière des chanteurs d'opéra. L'un de leurs premiers objectifs était de faire salle comble pour mon premier récital à Carnegie Hall, qui devait avoir lieu deux ans après. Ils y étaient déterminés. Mary Lou a un très grand sens du rythme nécessaire pour bien mener une carrière et elle a des opinions très affirmées dans ce domaine – elle sait quand et où il faut qu'un article paraisse, et quels engagements refuser pour éviter la surexposition. Il est souvent décisif de ne pas trop susciter la curiosité de la presse avant un événement, car sinon l'attente se fait si grande qu'il devient impossible de la satisfaire. Un agent chevronné sait comment faire pour bâtir lentement et sûrement une carrière en considérant tout ce qu'il faut faire pour y parvenir. L'idée que l'on pût chercher à éviter la publicité ou toute autre chose de ce genre était nouvelle pour moi et me parut parfaitement illogique au début. « Nous n'allons pas te mettre à la mode », disait Mary Lou. « Nous allons nous concentrer sur une trajectoire ascendante mais régulière. »

Je paniquai et lui fis remarquer que d'autres chanteurs allaient sûrement me laisser sur place, immobile dans la morne plaine ; mais elle tint bon et avec le temps je finis par céder devant la force de son argumentation. Il y a tant de chanteurs qui, après avoir été loués exagérément et avant même d'avoir eu le temps d'épanouir leurs talents, ont fini injustement décriés et emportés par le contrecoup d'une vague déferlante. Mes années de pratique et de professionnalisme auraient facilement pu être ruinées par une présence trop importante dans des magazines où j'aurais figuré comme une starlette plutôt que comme une artiste sérieuse. Je n'avais aucune expérience pour me guider au travers de toutes ces embûches.

Matthew voulait m'aider à rationaliser mon calendrier et à resserrer mon répertoire. Il me suggéra de me spécialiser davantage dans Mozart, Strauss et Haendel et il m'aurait probablement approuvée si j'avais décidé d'abandonner totalement le répertoire italien. Je comprenais ses motivations et je reconnaissais qu'il me fallait restreindre mon champ, mais je ne voulais certainement pas abandonner le répertoire slave, la musique nouvelle ou mes compositeurs français adorés – et il n'était pas non plus question d'abandonner complètement les Italiens. Le bel canto était l'une de mes grandes passions. Obtenir de moi que je limite mon répertoire, c'était comme de commander à un bateau lancé à toute allure de faire demi-tour. Je savais parfaitement qu'il me fallait procéder à des coupes, car on ne peut imaginer de maintenir une haute exigence artistique dans l'interprétation quand il y a tant de musique à apprendre. Cela peut même devenir une question de survie. Il fallait donc que je cesse désormais de vouloir être tout pour tout le monde. Après des années de confusion, je décidai finalement de limiter mon répertoire, mais sans pour autant me résoudre à devenir une spécialiste ; je ne voulais pas être enchaînée dans ma carrière comme l'avaient été Victoria de Los Angeles, Lotte Lehmann et Eleanor Steber. Mon goût et mon attrait pour l'exploration empêchaient que je me laisse cantonner au rôle d'une spécialiste de Mozart et de Strauss.

Lorsque Matthew quitta la CAMI pour devenir, tout juste quelques années après avoir commencé de s'occuper de ma carrière, le directeur artistique du Chicago Lyric Opera, je fus tout à la fois enchantée pour lui et déçue pour moi. Sa force et ses convictions m'avaient appris à voir en grand, à concevoir un projet à long terme, et peut-être même le projet de toute ma carrière. Il était plutôt offensif que défensif – décidant activement de ce que je voulais faire, plutôt que de se contenter de considérer les offres au fur et à mesure qu'elles arrivaient. Il a été l'un des plus grands impresarios dans le métier, aussi bien comme agent que comme directeur artistique de l'un des Opéras les plus prestigieux au monde. Sa présence lors d'un concert peut porter le public au comble de l'excitation, simplement parce que ses bravos tonitruants se propagent dans toute la salle ; pour un opéra capté en public, nous avons été amenés à choisir une prise parmi d'autres pour la bonne raison qu'on y entendait clairement son enthousiasme se communiquer à la soirée. Il est surtout l'homme le plus passionné qu'il m'ait été donné de rencontrer dans le métier. Nous n'avons pas toujours partagé le même avis sur mes orientations, puisque j'avais mes propres idées, mais j'ai toujours recherché ses conseils et apprécié sa manière de s'occuper de moi.

Matthew me suggéra de travailler à la CAMI avec Alec Treuhaft. Après quelques rencontres avec lui, après y avoir réfléchi en impliquant comme à mon habitude tout mon entourage, c'est ce que je fis. Alec prit pleinement à son compte mon besoin d'être plus souvent chez moi avec mes filles et il se débrouilla donc pour réduire considérablement la part des opéras dans mon calendrier tout en augmentant celle des récitals. C'est un homme sérieux et réfléchi, très intègre et très respecté; il avance doucement mais ne manque pas de détermination. Comme les spectacles d'opéra requièrent un engagement d'au moins quatre, et parfois huit, semaines, si je n'avais pas changé l'orientation de ma carrière, j'aurais séjourné dans les six mêmes villes année après année. Les concerts et les récitals me permettent au contraire de me produire dans trente villes en un an, devant des publics qui n'auraient pas pu m'entendre autrement, tout en passant plus de temps chez moi. Alec quitta la CAMI peu de temps après le début de notre collaboration et il rejoignit IMG, où il continue de s'occuper de moi. Le travail d'Alec n'est pas toujours facile : il doit toujours prendre garde à ce que je ne m'éloigne pas trop du programme; à cet égard, il me rappelle Leontyne Price, le jour où elle me conseilla de m'isoler du bruit pour mieux me concentrer sur ma gorge : « Tu ne gagneras rien à vouloir plaire à tout le monde. »

Pour ce qui concernait le travail, mon refrain était toujours le même à l'époque : « Je ne sais pas dire non. » Bien que je n'aie jamais eu de peine à écarter un répertoire qui ne me convenait pas, il m'était quasiment impossible de maîtriser un agenda surchargé. Différents rythmes président à la conception d'un emploi du temps. Ce qui paraît parfaitement faisable cinq ans à l'avance – et ce sont là les délais de programmation d'un opéra – peut paraître beaucoup trop chargé deux ans avant la date fixéeparce que j'ai oublié les interviews de dernière minute, les apparitions à la télévision, les concours hippiques des enfants, les concerts, les maladies, sans oublier mes amis et ma famille.

L'un des plus grands soutiens qu'apporte une équipe de professionnels, c'est la capacité à programmer et organiser efficacement les tournées internationales. Alec, mon agent pour le monde entier, travaille depuis New York; il est responsable de l'ensemble de mon calendrier et s'occupe tout particulièrement de mes concerts aux États-Unis. Peter Wiggins, mon agent de longue date à Paris, s'occupe de presque toute l'Europe; d'autres agents organisent des concerts plus importants et les apparitions de plus grande ampleur. Ceux-là se trouvent à l'IMG de Londres. Ils reçoivent des offres ou les proposent, puis je décide en estimant leur place dans mon agenda, leur intérêt artistique et leur prestige – ce qui peut impliquer aussi bien l'importance de l'Opéra que celle du chef d'orchestre, et bien que le degré d'exposition médiatique. Mon équipe négocie les contrats, qui doivent inclure pour les opéras le prix du billet d'avion mais non le logement, et ni l'un ni l'autre pour les concerts. Ils reçoivent comme commission un pourcentage sur mes gains, commission qu'ils partagent avec mes agents basés en Europe si le concert doit y avoir lieu. Alec a négocié également mes deux contrats d'enregistrement, qui durent respectivement depuis cinq et six ans et comprennent tous deux une avance sur mes droits ainsi qu'une petite somme par journée d'enregistrement. J'en ai reçu mon premier modeste payement de droits au bout de six ans, ce qui veut dire qu'il faut tout ce temps pour que mes disques soient rentables.

Parfois, on dirait que c'est un travail à temps complet que de maintenir le lien entre les agents, les gens de Decca et les diverses équipes responsables de la publicité et du marketing. Lorsque je ne suis pas en train d'organiser mon calendrier pour y faire cohabiter récitals et opéras, d'enregistrer ou de promouvoir mes disques, d'honorer mes engagements dans de nouvelles villes ou avec la presse, j'ai souvent l'impression que je suis la présidente du conseil d'administration de la société Renée Fleming. À certains égards, c'est bien d'une entreprise qu'il s'agit, et par conséquent tous les principes généraux du marketing y ont cours.

Il y a un an, en m'entendant déplorer l'indifférence des médias pour la musique classique, un ami proche décida de me présenter à Sandy Gallin, impresario chevronné à Hollywood. Il me fit observer que, s'il était vrai que j'avais beaucoup accompli dans le monde de la musique classique, le public lui-même savait probablement très peu de chose sur cette réussite. « En plus de tout le travail que vous avez accompli », me dit-il, « ce dont vous avez besoin, c'est de quelqu'un qui ait assez d'influence pour vous faire passer à la télévision. » Sandy me présenta au puissant agent d'Hollywood Pat Kingsley, de la société PMK, lequel accepta de bonne grâce de m'aider. L'objectif est d'élargir mon public au moyen de la télévision et d'autres médias qui n'ont pas l'habitude d'accueillir les chanteurs d'opéras.

Ces temps-ci, j'ai parfois l'impression de consacrer plus de temps à la logistique qui entoure l'art qu'à l'art lui-même. Je m'occupe de chaque détail de chaque voyage, de chaque interview, de chaque enregistrement, du choix du répertoire, de chaque programme (à présent que je chante moins d'opéras, la programmation me prend un temps considérable), à tel point qu'on pourrait penser que je planifie une campagne militaire plutôt qu'une tournée. J'ai connu autrefois une femme qui tenait un journal de tous les dîners qu'elle donnait ; elle y consignait les plats qui étaient servis, le vin, la liste des invités et leurs places respectives, ce qu'elle portait, les sujets de conversation abordés, la vaisselle, le linge de maison, la musique. Cette minutie ridicule n'est pas sans rappeler ce que je dois moi-même garder en mémoire dans ma carrière. Je dois me souvenir de ce que j'ai chanté à New York pour ne pas me répéter trop souvent. Elle est bien loin l'époque du club de jazz de Potsdam où je pouvais entonner les mêmes chansons chaque fin de semaine et ne m'inquiéter qu'au sujet de la fraîcheur de mes plaisanteries. Je note chaque robe que je porte en chaque lieu du monde parce que, croyez-moi, mes fans de Paris auraient tôt fait de le remarquer si j'avais le malheur de me présenter sur scène avec une robe de l'année dernière.

Mais le cœur de toute cette entreprise réside dans le choix des concerts. C'est pour répondre à la frénésie suscitée par Luciano Pavarotti et Placído Domingo, que l'on a pris l'habitude de programmer les opéras cinq ans à l'avance. Leur seule présence pouvait faire vendre la totalité des abonnements d'une saison, et donc la compétition pour les embaucher était féroce. Les concerts symphoniques sont envisagés trois ans à l'avance, mais les contrats sont signés entre dix-huit et douze mois avant la date fixée. En général, il faut moins de temps pour programmer les tournées en récital, avec piano ou avec orchestre. L'idéal lorsque sort un nouveau disque est d'en soutenir la promotion avec une tournée ou bien des concerts qui y sont rattachés ; mais il est difficile d'organiser tout cela : il arrive souvent que le calendrier soit plein avant même la fin de l'enregistrement. Et pourtant, il faut encore faire de la place pour toutes les autres sollicitations, car le chant ne constitue qu'une partie du tableau. À mon agenda de concerts, je dois donc ajouter les interviews nécessaires pour soutenir la promotion des tournées et des concerts, et il arrive que les enchaînant, j'y consacre des journées entières ; les séances de photos aussi sont programmées à l'avance, et il me faut souvent être présente lors de divers autres événements. Avec tout cela, je dois encore me lever à sept heures du matin pour pouvoir accompagner ma fille à l'arrêt du bus qui l'emmène à l'école.

Dans l'organisation de mon emploi du temps, je dois en outre prendre garde à la succession des rôles. Les changements trop brutaux dans le style du chant sont déconseillés ; ils fatiguent et crispent les muscles, ont une mauvaise influence sur les nerfs, sur la technique et surtout sur la longévité de la voix. L'une des raisons que l'on donne au déclin prématuré de Maria Callas est qu'elle chantait Verdi, le bel canto et même Wagner à la suite. Fort heureusement, on ne m'a jamais vraiment demandé de chanter « n'importe quoi ». Sir Georg Solti me suggéra un jour de chanter Isolde, Leonore dans *Fidelio* et Leonora dans *La Forza del Destino*, mais je savais bien que c'était par envie d'entendre une voix qu'il aimait dans tous les opéras qu'il dirigeait. Cela réussit à ma voix de chanter alternativement des opéras, des concerts, des récitals, si seulement je dispose d'un peu de temps pour m'en remettre et m'y préparer. Trop de Mozart à la suite donne à mon chant un style trop contrôlé, et me mène à appréhender de chanter à pleine voix ; au contraire, chanter à l'autre extrême de mon répertoire, et ce trop longtemps, rendra difficile de retrouver douceur et raffinement dans ma voix. Alors que j'ai toujours voulu chanter les choses les plus variées possible, j'ai toujours pris garde de rester dans le cadre vocal approprié.

La planification et la programmation d'un enregistrement est un travail que mon équipe, Decca et moi-même menons en commun. J'ai été assez surprise de constater qu'il s'agissait d'un processus très complexe, car outre le choix du répertoire, il implique également que l'on décide avec qui et quand enregistrer. Dans un monde idéal, je pourrais choisir un répertoire qui conviendrait à ma voix, que j'adorerais et qui comprendrait aussi bien du très connu que de l'inconnu ; je l'aurais déjà donné en concert pour mieux l'éprouver ; l'orchestre et son chef ou le pianiste seraient du niveau le plus excellent. Mais nous ne vivons pas dans un monde idéal. Lorsque j'ai enregistré les *Vier Letzte Lieder* avec Christoph Eschenbach et le Houston Symphony, je n'avais jamais interprété cette pièce fondamentale du répertoire pour soprano, et il s'agissait d'une œuvre qui avait déjà été illustrée par plusieurs merveilleux enregistrements. Avec l'aide de vingt-quatre enregistrements différents – dont certains étaient pirates – j'essayai de me familiariser avec la discographie de cette œuvre. Comme elle avait été créée en 1950 – par Kirsten Flagstad, la grande soprano norvégienne –, la chose était possible. Progressivement, je me forgeai ma propre interprétation en m'appropriant l'œuvre, ce qui n'était pas une tâche facile puisque je ne pouvais pas m'appuyer sur l'expérience du concert. L'interprétation existe parce qu'il est possible de trouver des choses entre les notes, et c'est le seul moyen que nous ayons - autre que le timbre - pour nous distinguer. La brillante exécution d'une phrase n'est qu'un début. Quelque chose de vif et de neuf peut-il apparaître avec elle ? Quelque chose de personnel peut-il y être exprimé ? Nous rêvons qu'un jour notre talent, notre intelligence et notre inspiration nous fasse passer de la place d'interprète à l'exaltant statut d'artiste.

Autrefois, on a pu voir un Jon Vickers enregistrer son premier Otello chez Decca sans avoir jamais interprété le rôle sur scène, puis l'enregistrer à nouveau quinze ans plus tard, et enfin bénéficier aussi d'un témoignage filmé. Plus récemment, Placído Domingo a enregistré trois fois ce même opéra et il en existe aussi plusieurs témoignages filmés. Mais de nos jours, il n'est pas réaliste d'espérer qu'un chanteur enregistre autant de fois même ses rôles les plus importants. Par conséquent, la décision d'enregistrer un disque à tel ou tel moment, doit être mûrement réfléchie. Heureusement, il y a tout de même plusieurs avantages à tirer de cette situation. Comme je n'ai pas le temps d'éprouver mes limites au concert, j'ai tendance à prendre plus de risques lors de l'enregistrement, tout particulièrement avec un chef comme Christoph, qui justement n'hésite pas à me mettre à l'épreuve. Il y a aussi une certaine fraîcheur inhérente aux premières fois et qui s'estompe à mesure que l'on ajoute plus de profondeur à l'interprétation. C'est une des raisons pour lesquelles j'aime que mes disques tout comme mes récitals fassent une place au nouveau répertoire. En ce qui concerne le choix de ce dernier, j'avoue me réclamer de l'école des chercheurs que l'on dit pédants ; c'est ainsi que pour le disque que j'ai récemment consacré à Haendel, j'ai ressenti le besoin d'explorer chaque air susceptible de me convenir. Je ne prends jamais le risque de passer à côté de quelque joyau méconnu simplement parce que j'aurais renâclé à sonder des piles de manuscrits. Je commence à travailler un programme dont je connais déjà les airs, puis il arrive souvent que je finisse par rejeter une grande partie de mon choix originel parce que j'ai été enthousiasmée par des découvertes faites en cours de travail. Ensuite, il me faut décider quelle sera l'orientation principale du disque : des airs italiens ? profanes ou sacrés ? Un mélange de répertoire baroque ou bien Georg Friedrich seulement ? Pour m'aider à prendre ce type de décisions, il y a ma maison de disques, l'équipe responsable du marketing, mes propres agents et, idéalement, l'expertise d'un musicologue. Solliciter l'avis de tous est toujours l'une de mes méthodes favorites, et je la pratique auprès de mes conseillers professionnels, de mes amis et de ma famille.

La programmation d'un récital est difficile, pour ne pas dire plus. Jean-Yves Thibaudet et moi avons passé des heures et des heures à lire des piles de partitions pour élaborer le programme de notre disque *Night Songs*. Au début, nous n'avions pas d'idée tranchée sur ce que nous voulions faire, et ce n'est qu'en tâtonnant, voire en nous trompant de chemin, que nous en sommes venus à graviter autour de la musique de la fin du XIXe et du début du XXe siècle. Je voulais être certaine que Jean-Yves serait assez motivé par la partie de piano pour garantir sa collaboration au projet, et il fallait aussi trouver des pièces qui conviennent à ma voix. Je travaille sur un disque comme s'il s'agissait du dernier, et par conséquent le choix du programme me rend nerveuse au plus haut point. Il en va de même pour la conception des récitals que je donne en tournée. Mon but est de plaire au plus grand nombre : c'est un savant dosage entre des choses bien connues, quelques perles rares, des pièces virtuoses et d'autres plus intimes. Deviner les attentes du public n'est pas facile, mais j'essaie de tenir compte des différences qui existent entre le public de Sydney, celui de Zurich et celui de Kansas City, et en prenant garde à ne pas me répéter dans mes choix.

Lors d'un de mes premiers récitals, un présentateur déplora la perte de considération pour le public des chanteurs de récital. Selon lui, l'intérêt du public pour cette forme d'expression artistique ne pouvait que décliner. Il évoqua un récital où Jerome Hines avait paru sur scène avec tous ces costumes et où il avait chanté des scènes d'opéra entières devant un public qui, autrement, n'aurait pas eu l'occasion de l'entendre interpréter ses plus grands rôles. Ces remarques m'allèrent droit au cœur et, depuis, je me suis toujours efforcée de bien tenir compte des attentes du public, car avant toute chose, nous sommes là pour le divertir. Pourquoi donc quelqu'un quitterait-il le confort de sa maison, son ordinateur, son téléviseur, si ce n'est pour être ému, instruit et inspiré, plutôt que pour se voir délivrer un cours magistral ? J'étais étudiante à l'époque de ce déclin dont le présentateur avait parlé, et je me souviens de mon ennui lors de récitals où le répertoire le plus obscur — et donc inintéressant — occupait la programmation des salles de concert à New York. Ces récitals ne comprenaient souvent que les œuvres d'un seul compositeur, mais je n'avais jamais eu l'occasion d'entendre les meilleures œuvres de ces compositeurs interprétées par de grands artistes. J'aurais tant aimé pouvoir entendre ne serait-ce qu'une interprétation du « Roi des aulnes ». Il est important de repousser constamment les limites et de captiver l'attention du public. Un de mes concerts qui ne comprenait que du répertoire américain suscita l'ire de beaucoup de spectateurs et je reçus beaucoup de courriels réprobateurs ; je fis donc en sorte de programmer dans le récital suivant certains airs célèbres. Le programme que je donnai avec Jean-Yves était cantonné à une époque, mais il fit connaître un répertoire relativement inconnu à un public de gens dont les étagères débordaient déjà de disques.

Bien entendu, mes filles ont la priorité pour ce qui est de m'aider à concevoir mon emploi du temps.

Les spectacles de l'école, les devoirs, les visites chez le médecin, les anniversaires, les discussions intimes et les disputes me prennent autant de temps qu'à n'importe quelle autre mère. Je ne voyage donc plus que pour de courtes périodes, et j'essaie de me trouver dans des endroits intéressants où elles puissent me rejoindre pendant les vacances scolaires. Les filles se réjouissent d'avoir une seconde maison à Paris, où nous séjournons souvent un mois en été. C'est une aire de jeu formidable pour les enfants, et nous avons exploré certains de ses trésors cachés. Les crêperies, le Jardin des Plantes et le chocolat chaud de chez Angelina sont les étapes favorites de chacune de nos visites. Je veux que mes filles profitent du fait d'avoir pour mère une chanteuse d'opéra au calendrier surchargé. Elles ont déjà parcouru le monde et se sentent chez elles dans un grand nombre des capitales les plus importantes d'Europe et des États-Unis. Pour mon plus grand bonheur, elles ont une grande capacité d'adaptation, elles sont imperturbables et indépendantes.

Bien sûr, toute seule je ne pourrais accomplir tout cela. Qu'il s'agisse de planifier mes concerts au Met ou de faire mes bagages, j'ai de l'aide sur tous les fronts, et je dis toujours que je ne serais rien sans une nurse d'exception. Pour autant, je ne fais la sourde oreille à aucun aspect de ma vie. Après tout, c'est de ma vie et de ma carrière qu'il s'agit, et c'est à moi qu'incombe la responsabilité de m'assurer que tout fonctionne, aussi difficile que cela paraisse parfois.

Bien que je voyage beaucoup, j'ai toujours un moment d'hésitation quand je remplis ma carte d'embarquement à l'aéroport. Quelle profession dois-je inscrire : chanteuse ? chanteuse d'opéra ? musicienne ? artiste ? diva ? prima donna ? Si je m'envole pour la France en été, suis-je alors une *cantatrice* ? Une *chanteuse* ? Une *artiste lyrique*[1] ? Je ne suis pas sûre de connaître la réponse moi-même, ce qui constitue un certain trouble existentiel. Je sais quel art je pratique, mais quel est mon métier ? Lors de ces journées où les parents viennent présenter leur profession dans les collèges, les couloirs sont remplis de médecins, de pompiers et d'ingénieurs mais il y a peu de chance que des étudiants discutent des possibilités qu'offre une carrière de chanteur d'opéra.

J'ai toujours voulu comprendre quelle était ma place professionnelle dans le monde et il m'a fallu, pour y arriver, rassembler tout au long des années les conseils épars et les fragments de sagesse dont j'ai pu bénéficier, puis forcer progressivement les gens de mon équipe et ceux de ma maison de disques à m'informer réellement de ce qui se passait. Je suis une musicienne, et avant tout une musicienne classique, et à ce titre il m'appartient de comprendre à la fois comment fonctionne le business à proprement parler, et aussi la manière dont il a influencé l'évolution du rôle de la musique classique sur la culture contemporaine. Si vous préférez me voir comme une artiste qui ne saurait prendre part au combat, incapable de salir son âme délicate et de la plonger dans les faits, les chiffres et la terminologie du marketing, je vous en prie, passez au chapitre suivant.

Un nouvel album de scènes de Strauss ne suscitera jamais la moindre nervosité chez Madonna; pour

1. En français dans le texte *(N.d.T.)*.

autant le disque classique représente un marché non négligeable. À la différence d'une grande partie de la musique populaire, il peut être commercialisé dans le monde entier sans craindre la barrière linguistique qui limite la carrière de beaucoup de chanteurs de musique pop. Dans les années cinquante, les enregistrements classiques représentaient encore 25 % des ventes de disques aux États-Unis. Bien qu'il soit peu probable qu'on revoie cela de sitôt, la musique classique se maintient puisqu'elle représente 3,2 % du marché mondial, ce qui correspond à des ventes annuelles d'un peu moins d'un milliard de dollars. Aux États-Unis, la musique classique représente une part assez modeste de 3 % du marché, un chiffre qui varie peu avec les années. Cependant, pour mettre ceci en perspective, il faut savoir que depuis 2003 les États-Unis représentent 37 % du marché mondial du disque ; par conséquent, même 3 % de ce marché-là, qui est le plus grand au monde, cela reste important.

Les musiciens classiques étaient autrefois une espèce à part, ils subissent désormais les principes du marketing au même titre que n'importe quel autre artiste. Nous devons penser aux pourcentages de vente de nos disques ainsi qu'au profil démographique de notre public. Nous sommes maintenant une marque de fabrique et toutes les marques se battent pour attirer l'attention des acheteurs qui ont entre dix-neuf et trente-neuf ans et ont des revenus, bien que les membres de l'AARP (American Association of Retired Persons), les plus de cinquante ans, constitue un groupe de 35 millions de personnes dont les revenus totaux excèdent ceux du premier groupe. (Dans le reste de l'industrie du disque, on vise même le pouvoir d'achat des personnes qui ont entre treize et soixante-dix ans.) Par ailleurs, ils sont davantage susceptibles d'aller à l'Opéra. Si nous voulons nous maintenir dans ce commerce, il nous faut être prêts à étudier le moyen de vendre nos disques à ces deux groupes. Aujourd'hui, la plupart des gens sont moins familiarisés avec la musique classique que nos parents et nos grands-parents, qui ont grandi en pensant que la musique classique, comme la littérature sérieuse, était « bonne pour eux ». Il fut un temps où nous bénéficiions tous de cours de musique gratuits à l'école, mais avec les réductions budgétaires, ce privilège tend à être réservé aux écoles privées, et même un grand nombre d'entre elles n'ont pas les fonds nécessaires pour développer ces programmes coûteux. Les femmes traînent leur mari au concert, les patrons y invitent une poignée de cadres grâce au mécénat que pratique leur entreprise, mais cela ne suffit pas. Nous devons diffuser cette passion de la musique qui enthousiasme tant certaines personnes qu'elles se pressent à l'opéra ou au concert.

Qu'une soirée à l'Opéra coûte cher, voilà qui n'est pas discutable. Toutefois, nous dépensons des sommes équivalentes pour d'autres formes de divertissement. Assister à un match de football, acheter de bonnes places pour aller voir en famille un match de basket où jouent les Knicks – sans compter les cocas, les hot-dogs et le pop-corn – voilà qui n'est pas bon marché non plus. À Broadway, les billets coûtent souvent 100 dollars et peuvent atteindre des sommets vertigineux pour peu que le spectacle attire la foule. Cependant, bien que les places pour un spectacle de Pavarotti aient pu approcher la barre des trois cents dollars, les places debout ne coûtaient parfois que dix dollars.

Un petit coup de pouce peut suffire à faire revoir aux gens leur position. La Handel and Haydn Society de Boston put ainsi accroître de 20 % ses ventes des billets les plus chers en proposant des places de stationnement gratuites. Certains Opéras proposent des formules qui comprennent un repas au restaurant ou offrent une boisson à l'entracte. Ces mesures n'entament en rien la musique ; elles veulent seulement dire : « Faites un effort, et nous en ferons un. » Les Opéras peuvent s'enorgueillir d'avoir montré l'exemple en termes de marketing et de publicité : ils reconnaissent qu'ils vendent un spectacle. L'opéra devrait être vendu comme quelque chose de sexy et à la mode, qui ne serait plus seulement réservé aux connaisseurs. Les orchestres commencent enfin à comprendre cette idée. Mais ce commerce devient difficile lorsque l'on commence à s'adresser à un jeune public qui a grandi sans la moindre notion musicale antérieure à Grateful Dead. Autrefois, chanter dans une chorale ou étudier le piano et d'autres instruments faisait partie de l'éducation des enfants et les groupes amateurs, les églises et les écoles y encourageaient. Grâce à ces activités, on semait la graine d'un amour pour la musique sérieuse qui s'épanouirait à l'âge adulte. Ce qu'on observe aujourd'hui, c'est que rien ne s'épanouit là où rien n'a été semé.

Il ne s'agit pas seulement de faire en sorte que les gens fréquentent les Opéras ou les salles de concert. Il s'agit également de parvenir à vendre des disques. Les gens n'ont jamais écouté autant de musique classique que maintenant, mais la plupart le font au moyen de la radio. Quiconque voudrait connaître ma récente interprétation d'Arabella, d'Imogene dans *Il Pirata* ou de Violetta dans *La Traviata*, aurait beaucoup plus de chances de l'entendre lors d'une émission de radio que par n'importe quel autre moyen. Cela s'explique, en partie, par une simple question de prix – le coût de réalisation se répercute sur le prix de vente – mais c'est également une question de saturation. Après tout, qui a réellement besoin d'autant de versions de la *Neuvième Symphonie* de Beethoven ?

L'industrie a sérieusement besoin de spectateurs et de ventes de disques, mais il faut aussi solliciter les donateurs afin de maintenir en vie les Opéras et les orchestres symphoniques. Il serait incongru de faire une donation pour préserver la musique de Britney Spears, mais dans la musique classique le mécénat est indispensable. Dans les années 50 et 60, les dons allaient plutôt aux institutions culturelles, car les gouvernements en Europe et aux États-Unis étaient davantage préoccupés par les problèmes sociaux. Mais comme les fonds publics ont été partout réduits de manière radicale, il est plus probable que les gens confient leur argent aux hospices, aux sans-abri et à l'éducation plutôt qu'aux institutions artistiques. La seule mais partielle exception à cette règle, c'est la construction de salles de spectacle. C'est que les réalités y sont tangibles, comme la brique, le mortier et les plaques qui honorent les donateurs ; toutes choses qui semblent contraster avec des paramètres plus abstraits tels que le compte d'exploitation annuel par exemple. En règle générale, les gens aiment construire des bâtiments, mais ils sont beaucoup moins à l'aise dès qu'il s'agit d'y contribuer financièrement.

Il s'est produit, à tous points de vue, des changements dans nos goûts musicaux. La place que le compositeur d'opéra occupait dans la société italienne du XIXe siècle est sans doute celle qu'occupent aujourd'hui les compositeurs de musiques de film, un genre auquel j'ai touché pour la première fois quand Howard Shore m'a demandé de chanter sur la bande-son du troisième film de la trilogie du *Seigneur des anneaux*, *Le Retour du roi*. Le chemin qui m'a menée à ce contrat plus qu'inattendu a été on ne peut plus sinueux; des amis et des collègues d'amis m'ont recommandée au compositeur. Quand j'ai rencontré Howard, il m'a dit : « J'aimerais beaucoup que vous travailliez pour moi; mais vous devez savoir que notre concept vocal et musical pourrait ne pas recueillir votre approbation. » Il recherchait, m'expliqua-t-il, un son médiéval; et mon chant devrait être très pur et comme psalmodié. Après avoir écouté les voix sur les bandes-son précédentes, comme je pensais comprendre exactement ce qu'il recherchait, je lui ai donc répondu que j'aimerais essayer. J'ai enregistré cinq sessions de trois à quatre heures qui ont finalement donné dix minutes de musique de film.

J'ai été stupéfaite de voir combien les techniques d'enregistrement d'une musique de film différaient de celles qu'on utilise, par exemple, pour un disque de scènes de Strauss. L'enregistrement de la musique classique en studio n'est pas très éloigné d'une interprétation en public; le temps dont on dispose avec l'orchestre est suffisant pour que l'on répète un morceau deux ou trois fois, et qu'on ajoute ensuite un minimum de corrections. Pour un orchestre, on s'attend en général à ce qu'une session d'enregistrement de trois heures donne à peu près quinze minutes de musique utilisable. On n'envisage même pas la perfection, les coûts d'enregistrement d'un orchestre ne permettant tout simplement pas de répéter assez longtemps. Ceux qui adaptaient pour le grand écran le roman de Tolkien disposaient, eux, de tout le temps nécessaire pour obtenir un résultat parfait. Ils pouvaient également s'offrir le London Symphony Orchestra pendant des mois : trente à quarante sessions d'enregistrement pour un unique film. Un luxe inimaginable dans le monde de la musique classique.

Si l'on ajoute à cela les discussions sur la prononciation correcte de la langue des elfes, on peut bien dire que ce fut une expérience absolument unique.

Pour atteindre le degré de perfection qu'ils souhaitaient, je dus aller au-delà de ce que peut faire même une voix de jeune garçon soprano. D'abord, il me fallait chanter si *piano* dans le micro que même dans un bon jour, il était difficile d'obtenir l'effet requis sans aucune rupture vocale. Le producteur me demanda de rendre ma voix complètement inexpressive, afin d'obtenir le son le plus pur possible. Il me disait : « Souvenez-vous, pas de vibratos, pas de liaison entre les notes, aucune dynamique. » Puis : « Très bien, maintenant pourriez-vous y mettre un peu d'émotion ? » J'étais perdue, car pour obtenir le son qu'il me demandait, j'avais éliminé tous les procédés habituels pour exprimer l'émotion : vibrato, portamento, étirement de la ligne et détachement de la phrase, crescendo et decrescendo. Sans pouvoir me servir de ces instruments, je n'avais pas la moindre idée de la façon dont je pourrais créer quelque chose au-delà des notes.

À mon grand étonnement, le résultat final possède une sonorité plus riche et plus chaude que lors de l'enregistrement, et mes courts passages sont impeccablement et joliment insérés dans le film. Je terminais cette expérience en ayant gagné un immense respect pour les gens de ce métier et pour le haut niveau d'intégrité avec lequel ils travaillent. Leur patience et leur résistance étaient également remarquables, au vu des innombrables heures passées à travailler – non seulement des heures, mais des années. S'il m'a fallu autant de temps et d'efforts pour produire dix minutes de musique utilisable, imaginez ce dont a eu besoin Howard Shore pour composer douze heures de musique pour les trois films. À peine un mois plus tard, alors que j'enregistrais un disque d'airs de Haendel, je découvris, à ma grande surprise, que l'expérience d'ajustement de mon audition à la perception des changements les plus ténus dans les vibratos et la dynamique se prêtait parfaitement au style baroque. Une répercussion bénéfique et inattendue de mon entreprise de musique pour les elfes !

Bien des gens pensent que la solution à la crise de la musique classique consisterait à exploiter l'obsession contemporaine pour la célébrité, à trouver des artistes capables de donner une image de cette industrie qui serait, disons… moins classique. D'autres prédisent que ce que l'on a appelé « le culte de la célébrité » mènera directement à la ruine. Quant à moi, mes idées sur ce sujet n'ont cessé d'être très confuses durant ces dix dernières années, et pour couronner le tout, j'ai commencé ma carrière dans le disque pendant une des périodes de transition les plus difficiles que l'industrie ait jamais connue. Où me situer dans ce vaste champ culturel ?

Le succès des disques d'Enrico Caruso changea à lui tout seul le destin du phonographe qui, de simple curiosité, devint une entreprise commerciale. Caruso dominait le monde musical et, bien qu'il fût avant tout un chanteur d'opéra, il était également aimé pour son répertoire de chansons napolitaines, qui se vendaient aussi bien que les airs d'opéras qu'il interprétait. Tous ses disques sont encore disponibles, chose dont très peu de chanteurs peuvent s'enorgueillir.

En partie grâce à Caruso, les chanteurs d'opéra devinrent si célèbres au début du vingtième siècle qu'on pouvait même les voir interpréter des rôles muets au cinéma. En Europe, Lina Cavalieri, femme d'une grande beauté, tourna *Manon Lescaut* au cinéma. En Amérique, la chanteuse Geraldine Farrar tourna le rôle-titre dans *Carmen*, un film muet réalisé par Cecile B. DeMille qui remporta un succès considérable et qu'on peut toujours voir au cinéma aujourd'hui. L'ironie de l'histoire, c'est que durant la seconde moitié du vingtième siècle, on pouvait voir, dans les films qui racontaient les vies de chanteuses d'opéra, des actrices dont le chant était doublé.

Dès lors que le son eut fait son apparition au cinéma, les chanteurs étaient partout. Grace Moore, Jeanette MacDonald, Nelson Eddy et Mario Lanza peuvent tous être considérés comme des artistes « crossover », puisqu'ils offraient au plus grand nombre des chansons populaires et légères aussi bien que le cœur du répertoire classique. Même si Deanna Durbin ne fit jamais une carrière de chanteuse d'opéra, elle se débrouilla pour chanter (et chanter bien) au moins un air dans chacun des vingt-deux films musicaux qu'elle tourna avant de se retirer à l'âge de trente ans. Au sommet de sa gloire, dans les années trente et quarante, elle était la femme la mieux payée d'Amérique, en quelques années elle était devenue la star qui faisait vendre le plus de tickets d'entrée au cinéma. Et tout cela en chantant des airs d'opéra !

Aujourd'hui, le « crossover » est devenu le mot-phare de notre époque. En réalité, le principe du crossover est le même que celui qui préside au développement de la musique pop. Il a donc puisé dans les pages les plus récentes du livre des stars actuelles, où l'on voit comment les groupes de musique sont conçus, avec tous ces chanteurs choisis pour leurs belles figures et leur aptitude à danser de façon synchronisée. En général, leurs disques ne franchissent pas les frontières et certains de ces groupes sont payés en salaire plutôt qu'en droits, ce qui permet aux maisons de disques de dégager des bénéfices considérables lorsqu'ils connaissent le succès (mais il leur faut aussi dépenser tout autant pour assurer promotion et développement de ces groupes). L'image est donc franchement plus importante que le contenu. On ne fait qu'y ajouter des arrangements de morceaux classiques ou bien de la musique originale, un peu d'éclairage de scène, des costumes et une chorégraphie.

Les ventes ahurissantes du disque *Romanza* d'Andrea Bocelli sont à l'origine d'autres albums à succès réalisés par des gens qu'on présente souvent comme des chanteurs d'opéra, mais qui en réalité ne possèdent pas la formation requise ou qui n'ont pas fait de carrière sur scène. La plupart ne pourraient jamais être entendus sans le secours de l'amplification sonore, non pas nécessairement parce que leurs voix manquent de volume, mais parce qu'ils ne bénéficient pas des années de formation et d'apprentissage de la projection et de l'art du chant. En outre, les voix les plus aiguës ont une pureté juvénile du son mais non la maturité, la sonorité chaleureuse d'une vraie voix d'opéra. Les plus malins se serviront de leur succès du moment pour se lancer dans la carrière d'acteur, ou bien ils trouveront un moyen pour évoluer comme musiciens et changer selon l'air du temps, ainsi que le font les stars de musique pop.

Assez ironiquement, le succès du répertoire « crossover » implique que les jeunes artistes qui entrent dans la carrière traditionnelle de la musique classique ont à faire face à des choix qui ne se seraient pas présentés à eux quelques années auparavant. Les jeunes musiciens veulent vendre leurs talents extraordinaires aux maisons de disques, mais s'ils n'obtiennent aucune réponse, ils engagent des professionnels pour les photographier drapés, allongés sur un piano ou bien habillés avec recherche à côté d'un violoncelle. Alors seulement les grandes marques veulent bien s'intéresser à eux.

Dans le marché actuel, les enregistrements classiques, tout au moins ceux des grandes maisons de disques, sont soumis aux mêmes critères que la musique pop. Les sorties sont moins nombreuses, on espère des ventes énormes, on dépense plus pour la publicité, les contrats sont plus courts et on n'engage plus un artiste pour toute la durée de sa carrière. Mais la musique classique n'est pas la musique pop et ne peut être gérée de la même façon. Autrefois, on attendait d'un disque classique qu'il rentabilisât son coût de production en sept ans, investissement auquel les compagnies étaient prêtes à consentir. Mais à partir de 1999, on commença à soumettre les enregistrements de musique classique aux mêmes critères que ceux de U2 : l'investissement devait être rentabilisé en un an. La plupart des opéras ont un coût d'enregistrement d'au moins 250 000 dollars ; *La Femme sans ombre* dirigé par Solti a coûté un million de dollars. Mon enregistrement de *Rusalka* a coûté environ 300 000 dollars et s'est vendu à trente mille exemplaires. Il devra se vendre à soixante-quinze mille pour que les dépenses soient remboursées. Ces disques peuvent rester longtemps dans le rouge ; cependant, même le noir ne suffit plus. Seul le profit compte pour les actionnaires des grandes compagnies.

Fort heureusement, ce dernier est parfois au rendez-vous. Ces dernières années, les musiciens classiques comme Yo-Yo Ma et Joshua Bell ont même atteint les sommets du hit-parade. Et puis bien sûr, il y a eu le succès de Pavarotti, Domingo et Carreras. Les Trois Ténors ont vendu douze millions de disques. Mais leur succès n'eut pour résultat que de masquer un malaise général dans le monde de la musique classique. Grâce aux dix-sept millions de disques vendus, la rentabilité du marché du disque classique a pu paraître excellente, mais si on prend la peine de regarder ce qui s'est passé pour d'autres disques, on ne pourrait qu'observer les lourdes pertes financières qu'ils ont causées. En définitive, le legs des Trois Ténors, ce fut surtout l'extraordinaire développement des produits dérivés : Les Trois Autres Ténors, Les Trois Ténors écossais, Les Trois Ténors américains, Les Trois Ténors irlandais, Les Trois Contre-ténors, Les Trois Divas de Broadway, Trois Hommes et un Ténor, Les Trois Fantômes, Les Trois Sopranos, Les Trois Nanas, Dix Ténors australiens et Les Basses finlandaises. Peut-être que l'industrie du disque considérait que le chiffre trois était vendeur.

Les responsables des maisons de disques se penchèrent soudain sur leurs départements de musique classique et décidèrent que tous leurs produits devaient atteindre des résultats semblables. Les responsables dont on considérait qu'ils travaillaient « à l'ancienne mode » furent remisés au placard et remplacés par de plus jeunes cadres formés aux méthodes du marketing. Mais les forces qui avaient propulsé les ventes des Trois Ténors n'avaient rien à voir avec la musique classique. Leur succès était un phénomène exceptionnel : des stars, l'association avec la Coupe du Monde de Football, des artistes au sommet de leurs carrières et une aventure humaine pleine d'émotion. Sur le long terme, ce sommet de popularité n'entama que très peu, voire pas du tout, la réputation de Pavarotti, Domingo et Carreras comme chanteurs d'opéra. Elle était fermement établie au moment de la sortie du disque, et tous les trois avaient derrière eux une carrière riche. Même certains aficionados avaient été transportés en écoutant Placído chanter Macduff dans un concert des Trois Ténors à Los Angeles, ou bien José interpréter un air du *Cid*. Où, sinon, auraient-ils pu entendre cela ?

Certaines personnes ont critiqué le phénomène des Trois Ténors, ainsi que d'autres événements exceptionnels tout aussi dommageables pour l'industrie de la musique classique, en disant qu'ils ont habitué certains artistes de premier plan et les maisons de disques elles-mêmes à des avances et des droits très importants, puisque ces maisons engrangeaient des bénéfices invraisemblables. Cette conception est peut-être inutilement négative. Ni moi ni aucune chanteuse que je connaisse ne serions prêtes à ruiner notre carrière et notre héritage dans l'art de l'opéra simplement parce que nous n'obtiendrions pas des droits équivalents à ceux des Trois Ténors. Certes, nous gagnons notre vie avec le chant. Mais c'est parfois un travail d'amour, et pour la plupart d'entre nous, la satisfaction artistique que l'on éprouve à interpréter un rôle difficile est bien plus attrayante qu'un cachet important. Sinon, pourquoi donc serions-nous devenues des chanteuses classiques ? Si je cherchais seulement à faire fructifier mon potentiel commercial, je me contenterais de chanter les airs les plus populaires, non dans leur écriture originale, mais en les arrangeant de manière à ce qu'ils conviennent à tous les styles, de la musique techno à la musique de film hollywoodien. Je chanterais moins d'opéra, et seulement de l'opéra italien et plus du tout les œuvres moins connues, que j'adore, de Strauss ou du répertoire français. Je ne donnerai en récital que des programmes de mes disques à la poursuite de ventes plus importantes, au lieu de me produire dans des créations mondiales ou bien dans le répertoire de Strauss, Berg ou

Schoenberg. Je ne suis pas opposée à l'idée d'ajouter des éléments visuels à une interprétation, qu'il s'agisse d'images de mode, d'éclairage ou encore de films. Je suis toute disposée à accueillir les occasions d'associer à la musique, mettons, l'imagination d'un spectacle de Pina Bausch ; mais je refuserais de le faire aux dépens de l'intégrité musicale.

Mais qu'il s'agisse des Jeux Olympiques ou bien de célébrations télévisées comme les Kennedy Center Honors, ce qu'il y a de plus important à dire concernant ces événements qui attirent le public en masse et dans lesquels il arrive que des chanteurs d'opéra se montrent, c'est ceci : quelque part là-bas dans le public, en haut d'une colline et assis sur l'herbe, les yeux rivés sur un grand écran, ou alors chez lui devant son propre téléviseur, il y a peut-être quelqu'un qui entend de l'opéra, ou même de la musique classique, pour la première fois. Cela seul devrait suffire à justifier que les artistes continuent – dans un cadre approprié et avec l'intégrité musicale nécessaire – à tout faire pour favoriser l'accroissement de leur public. Si nous échouons dans cette entreprise, nous serons alors critiqués plus durement encore, et à juste titre, pour n'avoir pas empêché, au moins dans le monde occidental, le rétrécissement de notre public.

* *
*

Ma propre carrière dans le disque prit son essor après que j'eus interprété Fiordiligi pour Sir Georg Solti. Il suggéra au nouveau responsable de sa maison de disques, Evans Mirageas (lequel, avec

Betty Buccheri, un pianiste du Chicago Symphony qui était proche de Solti, avait été le premier à me recommander pour le rôle), de me faire signer un contrat exclusif avec Decca. Evans demanda à mon agent de Londres, Tom Graham, si j'avais déjà signé un contrat avec une maison de disques, et ce dernier lui répondit avec insistance : « Pas encore. » L'idée de ce contrat s'imposa en deux coups de téléphone qu'échangèrent Evans et Tom, mais la signature elle-même prit beaucoup plus de temps à se décider. RCA et Decca s'intéressaient toutes deux à moi, et j'étais donc dans la situation enviable de celle qui a le choix entre deux maisons. Je me décidai pour Decca.

Un contrat d'enregistrement est une affaire assez délicate. Souvent l'investissement ne porte ses fruits qu'au troisième disque. Personne n'investit toutes ses forces et beaucoup d'argent dans les premiers disques d'une artiste, pour que cette dernière s'empare ensuite des bénéfices de ce soutien et de toute la promotion pour aller les offrir à une maison concurrente. Heureusement pour moi, les dirigeants de Decca, ainsi que ceux d'Universal, la maison mère, et moi-même, nous étions parfaitement d'accord sur ce point. Je pense qu'on me considère aujourd'hui comme un des artistes principaux de la maison, qui a un potentiel de vente à long terme. En retour, j'ai appris qu'il me fallait aussi contribuer à la promotion de mes disques, et que cela impliquait que je recherche un type de célébrité qui aille au-delà du public de la musique classique. Parmi les gens qui sont susceptibles d'acheter un disque de musique classique – c'est-à-dire qui ont déjà entendu de la musique classique –, 5 % achèteront sans doute un de mes disques. Des « collectionneurs » iront jusqu'à acheter *By Request*, la compilation de mes plus grands succès, parce qu'il contient trois morceaux qu'ils ne possèdent pas. Ensuite viennent les 15 % suivants : ils aiment la musique classique et ils en achèteront si quelque chose attire leur attention. Les 25 % qui suivent iront acheter les Trois Ténors, Bocelli ou bien la *Neuvième* de Beethoven. Les autres n'en achèteront jamais ; ce n'est même pas la peine d'essayer.

C'est pourquoi il est nécessaire de compter sur la publicité, même si ça veut souvent dire que je dois dépenser mon propre argent pour dépasser ce que font en général les autres artistes classiques. La seule façon que j'aurais d'atteindre ces 25 % restant d'acheteurs potentiels serait d'apparaître, disons, dans *The Late show de David Letterman*, ou de me produire comme guirlande de Noël sur le Rockefeller Center. Je tire tout ce que je peux de ce qui se présente à moi. Si les ventes ne se maintiennent pas, je ne pourrai plus enregistrer, et les enregistrements sont le meilleur moyen de toucher un large public et de garder mon art en vie quand j'aurai arrêté de me produire. C'est aussi quelque chose que j'aime vraiment faire. Quel luxe, quel plaisir de passer une semaine en studio, concentré seulement sur la musique, sans costumes inconfortables, sans se soucier du public ou des critiques, sans craindre d'oublier le texte, sans se demander comment est la lumière – seulement une pure collaboration avec les musiciens et les compositeurs que j'admire.

Ma carrière sur scène et ma carrière au disque s'accordent et se renforcent l'une l'autre. Ce fut une ascension lente et régulière, mais une ascension quand même. Le fait d'enregistrer des disques me permet de communiquer avec des gens dont beaucoup n'auraient autrement jamais eu l'occasion de m'écouter. Je ne suis pas sûre de savoir exactement pourquoi c'est important pour moi, mais ça l'est. Peut-être que je veux par là recréer l'émerveillement qui était le mien lorsque, jeune chanteuse, j'écoutais les disques d'autres artistes en rêvant d'être un jour comme elles. Peut-être que ce besoin de toujours lutter pour m'améliorer constitue une partie essentielle de mon être.

De nombreux signes nous renseignent sur l'avenir de la musique classique. Les maisons de disques sont menacées par le piratage et le téléchargement illégal. Il est important pour ceux d'entre nous qui ont connu le succès de parler au nom des choristes, des violonistes et des musiciens débutants qui n'auront pas de travail dans l'avenir si le piratage continue de se développer. Pour rédiger ce chapitre, j'ai demandé à Chris Roberts, président d'Universal Classics and Jazz, de bien vouloir s'entretenir avec moi de la technologie et de l'avenir de l'industrie du disque. Dans l'histoire de mes rapports avec Decca, il reste le seul fil continu, et c'est d'ailleurs son soutien qui favorisa mon rapprochement avec cette maison il y a quelques années. J'y entrai à la fin d'une période où les ventes étaient immenses, les gens s'étant précipités pour échanger leurs vinyles contre des disques plus petits, indestructibles et de qualité numérique. Le prochain sauveur du marché semble être Internet, dont l'intérêt est qu'il promet un choix illimité. Traditionnellement, les disques sont conservés ou éliminés du catalogue des maisons de disques selon qu'ils sont ou non susceptibles de rapporter plus que ne coûte leur maintien au catalogue. Figurez-vous au contraire un catalogue disponible sur Internet et qui proposerait tous les disques jamais enregistrés. Toutefois, comme Chris me l'a expliqué, avant qu'un enregistrement soit disponible sur iTunes, il faut qu'il ait été préalablement numérisé dans le format compatible. Or, cette numérisation a un coût et nous sommes dans une époque où l'on considère avec scepticisme l'idée d'engager des dépenses tant que l'on n'est pas assuré de s'y retrouver. Chez Universal, mille morceaux sur quatre mille se trouvent sur iTunes. La réception de cette technologie n'en est qu'à ses débuts, mais Chris prévoit qu'elle se développera dans les cinq ans. La Chine pourrait se révéler un immense marché, surtout si l'on considère que beaucoup de gens y apprécient et connaissent la musique classique, sans parler des immenses possibilités qu'y offrent les médias. Le côté sombre de la technologie, c'est le piratage. Chris ne pense pas que les ventes au détail disparaissent totalement, bien qu'elles reculent et soient sous pression. Il n'y a que les disques de compilations de tubes qui soient remplacés par les DVD, et cela s'applique aussi bien au classique qu'au jazz et aux musiques de film. Le choix auquel nous avons accès dans l'univers du disque pourrait également exister dans celui du concert. Imaginez qu'il soit possible de se connecter à un récital donné à Tokyo simplement en allumant son ordinateur. Beaucoup d'amoureux de la radio ont d'ores et déjà découvert cette possibilité en ce qui concerne la musique seule ; pour l'image, ce n'est qu'une question de temps.

La musique elle-même ne disparaîtra jamais. Beethoven continue d'être acclamé, Richard Strauss peut enthousiasmer, et Mozart peut même épanouir les jeunes esprits. Notre responsabilité est d'apprendre à parler à un public qui sait peu de chose sur la musique, et de lui donner une bonne raison de venir nous voir plutôt que d'aller au cinéma. Pour moi comme pour le reste de l'industrie, cela implique beaucoup de travail, de réflexion et de créativité. Mais justement, la pensée créative est notre affaire.

Chapitre VIII
La longévité

Beverley Johnson, mon amie bien-aimée, disparut en janvier 2001, après une longue année de souffrance. D'une certaine façon, ces mois difficiles nous avaient préparés, le ténor Anthony Dean Griffey et moi, à ce qui devait arriver. Tony était comme un fils pour Beverley, et nous nous relayions à ses côtés à l'hôpital. Mary Lou Falcone vint me conseiller sagement de m'attendre à perdre non seulement mon amie, mais aussi mon professeur. Et c'était encore plus que cela : je perdais la pierre de touche de mon existence.

« Peut-être que l'on s'imagine que les gens attendent plus de nous qu'ils ne le font en vérité », m'écrivait-elle en 1999. « Je pense, de près ou de loin, que ton public est venu pour t'aimer et qu'il est tout simplement heureux d'entendre ta voix, telle qu'elle est. J'aimerais te convaincre que c'est ce sur quoi tu dois compter. Tu as éduqué ta voix, en as pris soin, l'as fait grandir, elle ne te laissera jamais tomber, j'en suis absolument sûre. Mais je deviens maladroite lorsque j'essaie de te dire combien je respecte ce que tu as accompli et ce que tu fais. »

De manière assez étonnante, Beverley resta active jusqu'à la fin de sa vie. Le 23 décembre, elle me donna une leçon dont je conserve un souvenir très clair : allongée sur le canapé, elle m'écoutait chanter et, dans son regard au bleu intense, on pouvait lire une joie infinie, et une grande force. Le chant signifiait plus pour Beverley que pour quiconque. Le lendemain, quand je vins avec mes filles lui souhaiter un joyeux Noël, elle était visiblement fatiguée. Elle n'allait pas bien, et quelques jours plus tard, je la fis entrer à l'hôpital Columbia Presbyterian. Je lui avais dis que je passerais la chercher pour l'y emmener, mais elle insista pour que nous nous retrouvions là-bas. C'était une de ces femmes qui n'aiment pas que l'on fasse quoi que ce soit pour elles. Elle ne voulait pas d'une infirmière à domicile, ne voulait pas que l'on s'occupât d'elle, car elle ne pouvait supporter d'être faible. Elle allait continuer à vivre pleinement, et lorsqu'elle ne pourrait plus le faire comme elle l'entendait, c'en serait fini. Lorsque j'arrivai à l'hôpital, je la trouvai assise dans la salle d'attente, un foulard drapé autour de la tête, elle semblait toute petite. « Je suis venue ici pour mourir », me dit-elle tristement.

Ses trois dernières semaines furent particulièrement douloureuses pour moi, non seulement parce qu'à l'évidence elle était sur le point de mourir, mais aussi parce qu'à la fin, elle me repoussait. Je répétais alors pour une émission de télévision, *Live from Lincoln Center* et, rétrospectivement, je me demande si je n'aurais pas dû annuler. Mais le jour de l'émission était tout proche, et tout le monde comptait sur moi, je ne pouvais pas me dérober. Chaque jour, après les répétitions, je me rendais directement à l'hôpital, sur le chemin de ma maison du Connecticut, et même lorsque j'arrivais à deux heures du matin, Beverley était d'ordinaire éveillée, allongée sur son lit d'hôpital, dans sa petite chemise de nuit. Elle me regardait alors une seconde puis levait les yeux et contemplait le plafond. « Oh, mademoiselle Fleming est ici. Mademoiselle Fleming est venue en visite », disait-elle, car elle ne s'adressait plus à moi qu'à la troisième personne. Elle était tellement en colère contre moi... ou bien peut-être sa colère n'était-elle pas tant dirigée vers moi que vers la conscience qu'elle avait d'être en train de mourir. Je m'asseyais près de son lit, au beau milieu de la nuit, et essayais de lui parler ; parfois je restais silencieuse et lui touchais la main. Je ressentais à quel point elle voulait vivre, rester en vie et m'aider pour *La Traviata*, aider Tony pour la *Sérénade pour ténor, cor et cordes* de Britten, un morceau que son mari, Hardesty Johnson, avait été le premier à interpréter aux États-Unis. Elle voulait rester présente à nos vies, et nous le désirions aussi tellement...

À la mi-janvier, je dus partir en Europe. Encore une fois, j'obéissais aux vieux préceptes du « il *faut* » : il *faut* que j'aille à Londres, il *faut* que je remplisse mes obligations plutôt que de rester auprès d'elle. Elle mourut d'une pneumonie deux jours après mon départ. Tony me dit au téléphone qu'elle était morte dans la sérénité. Elle prenait alors beaucoup d'analgésiques car elle avait un cancer, ce que nous ignorions. Nous ne savions pas non plus qu'elle avait quatre-vingt-seize ans. Je devais ce soir-là chanter le *Requiem* de Verdi, mais j'appelai mon agent à Londres pour lui dire que j'étais désolée, mais que je ne pouvais pas.

« Vous devez le faire », me répondit-il. « C'est une émission en direct, et nous n'avons personne pour vous remplacer. »

Ainsi j'appris ce soir-là qu'il était possible de faire totalement abstraction de ce qui se passe dans sa vie et jouer un rôle. Je n'ai aucun souvenir de ce concert ; c'était comme si je n'étais pas là, et tant de gens sont pourtant venus me dire depuis combien ils avaient été émus par mon interprétation, combien elle avait compté pour eux.

Il m'a fallu beaucoup de temps pour dépasser ces sentiments que Beverley me manifestait au moment de mourir, et j'ai dû aussi beaucoup lutter contre le manque, contre le remords aussi face à tout ce que j'aurais dû faire. Un ami me dit que sa mère s'était conduite de la même façon avec lui avant de mourir, et que parfois les gens rejettent ceux qu'ils chérissent le plus parce qu'ils ne supportent pas l'idée de les quitter. Que ce fût ou non le cas avec Beverley, c'était une façon réconfortante d'expliquer pourquoi cela s'était si mal passé entre nous pendant le dernier mois. Beverley avait eu une influence si extraordinaire sur ma vie, elle avait cru en moi alors que j'errais, elle m'avait donné des perspectives claires quand ma vie semblait prendre une multitude de directions différentes. Elle m'avait aidée à trouver ma voix, m'avait appris à lui donner forme, à la développer et à l'apprivoiser lorsqu'elle m'échappait. Elle m'avait indiqué un chemin sûr à suivre dans les moments d'incertitude. Je me suis sentie à la fois reconnaissante de l'avoir rencontrée au début de ma carrière, et ravagée de l'avoir perdue.

Nul doute que ma voix m'ait souvent fait défaut. Elle a pu se montrer capricieuse, peu fiable. Mais à d'autres moments, par exemple la nuit où Beverley est morte, ma voix a été une amie fidèle, elle m'a portée plus que je ne l'ai portée. La fragilité de la voix est en grande partie due au fait qu'elle est si intimement liée à l'esprit. Traiter un problème vocal ne consiste pas toujours à trouver la solution d'un simple défaut technique, car la confiance et l'assurance entrent aussi en jeu. L'assurance, c'est pouvoir entrer en scène en étant sûre que, lorsque ma tête ordonnera à ma voix de faire quelque chose, elle s'exécutera. C'est entendre mentalement une phrase et savoir que mon corps la reproduira l'instant d'après. Sans cette assurance – si je n'étais pas sûre de pouvoir chanter les notes assez vite, d'interpréter un passage particulièrement aigu ou d'exécuter le *diminuendo* indiqué sur la partition –, je serais complètement démunie. Sans confiance, mes muscles empêcheraient toute expression et me laisseraient seule face aux incidents et à tous les autres mauvais tours contre lesquels doivent inlassablement lutter les chanteurs.

Si je dois tenir une note très longtemps, je l'imagine mouvante et tournoyante, car elle doit vivre. Un chanteur ravive une note à chaque pulsation qu'il lui donne. Comme tout instrument à vent, la voix peut maintenir un son aussi longtemps que le souffle agit. Dès que ce soutien devient le produit d'une tension musculaire, il est cause d'une faute dans l'émission du son. Parfois, il s'agit d'un problème de justesse : la note oscille vers le dièse ou bémol; d'autres fois, c'est la qualité du son qui pose problème : le vibrato ralentit ou s'accélère, la note perd de sa beauté et de sa régularité. Lorsque ce genre de problème survient, le secret d'une carrière durable est de s'arrêter de chanter pendant quelque temps. C'est une décision difficile à prendre quand on a un emprunt à rembourser, ou si on a peur de décevoir son public, ou bien lorsqu'on craint de perdre un rôle dans une production. Mais l'importance de l'enjeu ne doit pas primer, et ses bénéfices doivent être mesurés à l'aune de la longévité de la voix. Conserver sa voix aussi saine et forte que possible, pendant le plus longtemps possible, est une préoccupation de tous les instants pour un chanteur.

Bien entendu, le souci de protéger sa voix n'est pas toujours bien reçu, ni même compris par les Opéras et les organisateurs de concert. En général, un chanteur pâtira professionnellement après un certain nombre d'annulations, et ce n'est qu'à un grand artiste qu'on pardonnera ses absences fréquentes. Teresa Stratas, par exemple, qui disait toujours qu'elle avait une santé fragile, était une chanteuse et une actrice si brillante que les compagnies l'engageaient à n'importe quel prix, tout en sachant qu'elles ne pouvaient pas compter sur elle tous les soirs. Pavarotti, lui aussi, est enclin aux annulations de dernière minute, qui lui sont presque toujours pardonnées. Avec une telle voix, comment pourrait-il en être autrement ?

Mes expériences d'annulation pour raisons de santé ont toujours eu lieu aux dépens du Metropolitan Opera. La première fois, ce fut pour la soirée d'ouverture du *Peter Grimes* de Britten : une banale infection qui couvait depuis un certain temps se logea finalement tout juste sur mes cordes vocales. Les symptômes s'aggravèrent pendant que je passais mon costume, revêtais ma perruque et me maquillais dans les coulisses. Ma doublure faisait donc de même, puisque nous savions tous à ce moment-là qu'il était possible que je ne chante pas. Un responsable vint dans ma loge cinq minutes avant le lever de rideau et tenta de m'encourager, car je n'avais pas encore pris la ferme décision de ne pas y aller. Juste une scène, pour le public, m'implora-t-il. Je continuai à faire des vocalises et, heureusement pour moi, une répétitrice qui se tenait juste derrière lui risqua sa place en me faisant signe de la tête de ne pas entrer en scène. J'eus la sagesse de l'écouter. Comme on ne peut jamais savoir si chanter avec un rhume ou une infection dans la gorge ne va pas marquer votre dernière apparition sur scène, la prudence invite à miser sur un avenir possible. Cela reste néanmoins très dur pour un chanteur de se démaquiller dans sa loge et de se préparer à rentrer à la maison tandis que le spectacle continue sans lui.

Ma deuxième annulation au Met eut lieu plus récemment, lors de la production d'*Il Pirata* de Bellini, opéra pour lequel je ressentais justement de grandes obligations.

Généralement, au Met, les choses se passent de la manière suivante : la direction artistique appelle l'agent d'un chanteur et lui dit : « Nous allons monter ces dix opéras au cours des saisons prochaines, et nous aimerions engager votre client pour tels rôles. » On choisit d'abord le répertoire, ensuite les interprètes. Mais un jour, je fus conviée à une rencontre avec le directeur général, Joe Volpe, je savais donc que quelque chose d'important se préparait. Lorsque je chantais au Met, j'avais toujours l'impression d'être un petit rouage de la machine, et je n'oubliais jamais quel honneur c'était d'y travailler. Lors de cette rencontre, Joe me dit : « Voici la liste de ce que nous aimerions te voir faire, mais nous voulons aussi savoir quel opéra tu aimerais interpréter. » C'était un immense changement dans le protocole : on m'offrait le luxe du choix. La réputation de Joe Volpe est principalement fondée sur son apparence bourrue, mais pour moi, il a toujours été un mentor attentif, prêt à m'assister face à des problèmes personnels aussi bien que professionnels. J'ai un jour complètement démoli ma BMW de douze ans au croisement de Broadway et de la 79e rue (en plein cœur de Manhattan, cela exige un vrai talent), et Joe me prêta une voiture pendant tout le temps que durèrent les répétitions et les représentations. Lorsque j'eus l'occasion de l'en remercier, il me dit en souriant : « Ce n'est pas pour toi que je l'ai fait, mais pour moi : nous avons besoin de toi tout entière. »

Récemment, sans que je le sache, il fit assurer ma sécurité quand je sortais du théâtre, car j'avais reçu une lettre de menaces. Je n'en pris conscience que lorsqu'un ami me demanda pourquoi ces types me suivaient.

Notre relation ne fit que se renforcer avec le temps, et ce qu'il m'offrait là était de grande valeur. Assise dans son bureau et réfléchissant à un rôle que j'aurais aimé interpréter au Met, je sus que ce serait quelque chose du répertoire bel canto. Je fis des recherches, et j'appris qu'*Il Pirata* de Bellini n'avait jamais encore été monté au Met. L'idée de défier le public tout autant que moi-même me plut : je suis bien la fille de mon père.

Puisque *Il Pirata* était un opéra méconnu, et que je l'avais choisi moi-même, je me sentais particulièrement tenue, vis-à-vis du public autant que du Met, d'en faire un succès. Sept représentations étaient prévues, j'en annulai deux. J'habitais alors avec mes filles une grande maison victorienne dans le Connecticut, et j'avais déjà eu quelques ennuis de gorge, lorsqu'un après-midi j'appelai Sage qui se trouvait à l'étage. Comme elle ne venait pas assez vite, je fis ce qu'aurait fait n'importe quelle autre mère : je l'appelai à nouveau, mais *plus fort*. À cet instant, je sentis un étrange petit pincement et me dis : Oh, non.

Mon ORL, le docteur Slavit, me dit : « Je peux vous bourrer de cortisone et vous serez capable de monter en scène, mais si vous vous souciez de votre carrière et de votre longévité, ne chantez pas. » Il m'expliqua : « Pour information, c'est le pli vocal qui vibre et qui est responsable de la production du son, la membrane intérieure ou le tissu qui semble avoir été plié. La *corde* vocale proprement dite forme le dernier tiers de la membrane tout entière. En gros, votre muscle est entouré de mucosités qui, attachées au cartilage, vibrent et produisent le son, et c'est à cet endroit qu'une petite zone est enflée. » Cela faisait des années que je le consultais et il ne m'avait jamais recommandé d'annuler une représentation ; au contraire, à chaque petit ennui, il m'avait toujours rassurée : « Allons, tout ira bien. » Cette fois-là, il dit lui-même à Joe Volpe que je ne pouvais pas chanter. Pire que ma déception fut le fait que lorsque je revins en scène, je ne pus retrouver une confiance totale dans ce rôle. Une prudence excessive, causée par cet accident, créait toute une série de problèmes. Ce n'est pas en se retenant que l'on protège sa voix. C'est un peu comme de chuchoter lorsqu'on a une laryngite : à la fin, ça ne fait qu'aggraver le mal. Beverley s'était toujours démenée pour que je me défasse de cette habitude. Je me plaignais : « Ça ne semble pas bon », et elle me répondait : « Tu retiens ton chant, ma chérie. Tu es inquiète. Arrête ça. Chante seulement. » Elle discernait avec une science troublante les différences les plus subtiles dans ma voix et me les signalait, et une fois qu'elle m'avait donné la permission de chanter vraiment, un déclic remettait les choses en place.

Le succès est une chose merveilleuse – jusqu'au jour où l'on se trouve dans l'obligation d'annuler deux représentations très attendues. Non seulement j'étais inquiète pour ma voix, mais en outre j'avais l'impression qu'un énorme projecteur était braqué sur moi. Mais, encore une fois, peu importe les obligations qui nous incombent, quand c'est nécessaire, il faut savoir s'arrêter. Sans quoi ce qui était un petit problème prend de l'ampleur. Rien n'est plus facile que de se trouver entraînée dans une spirale de mauvaises habitudes après avoir cru bon de chanter malade, et ainsi, quand votre voix finit par revenir, on se rend compte que l'on a perdu confiance. La voix peut être un instrument extrêmement fragile. On m'a un jour confié l'histoire d'un ténor célèbre : « Il chanta alors qu'il était enrhumé, et plus jamais il n'eut confiance en sa voix. » Ce genre d'anecdote peut donner des sueurs froides et réveiller en pleine nuit la basse la plus vigoureuse : la voix a-t-elle été abîmée, les cordes vocales et les tendons endommagés ? Ai-je perdu ma technique, est-ce récupérable ? Ou bien ai-je perdu la foi ? On possède très rarement une réponse précise à ce genre de question. Chaque voix possède sa durée de vie, et il importe de rester extrêmement prudent à l'égard de tout ce qui pourrait mettre fin prématurément et mystérieusement à une carrière.

Prendre soin de sa voix implique d'être attentif à différents aspects de sa santé, à son environnement, à sa force morale, et exige par-dessus tout une technique solide. Lorsque j'étudiais à la Juilliard School, j'étais constamment malade, et j'avais même des problèmes de dos jusqu'à ce que je me rende compte qu'ils se déclaraient toujours avant les auditions importantes : flagrant délit de sabotage, prise la main dans le sac ! Lors de mon troisième rendez-vous, en seulement un an avec le fameux docteur Gould pour qu'il m'examine la gorge, il me saisit par l'épaule et me dit : « Vous n'êtes pas malade. Vous êtes tendue. » Cet événement marqua le début d'une longue période d'introspection, qui fit de moi une chanteuse qui souffre rarement, voire jamais, de quelque chose de plus qu'un simple rhume. J'ai toujours pensé que la santé relevait par-dessus tout du mental. Que j'imagine de vivantes petites brosses à récurer, souriantes et tout occupées à expulser les bactéries ou les virus hors de mes veines, que je dise simplement à mon corps que je n'ai absolument pas le temps d'avoir un rhume cette semaine, que cela me permette d'être lucide face à une tension qui menace ma santé et mon bien-être, ou que je trouve un moyen d'ignorer les petites maladies de mes enfants et de mes proches, je me débrouille toujours pour continuer à chanter, coûte que coûte. Je mène en outre une vie raisonnable et ne suis aucun traitement particulier pour ma voix, que ce soit dans ma façon de parler, mon régime alimentaire ou mes occupations quotidiennes. Il y a juste quelques exceptions, des choses que j'essaie le plus possible d'éviter : la climatisation excessive, les courants d'air sur ma tête et mes oreilles, le bavardage inutile les jours où je chante, et l'alcool, qui déshydrate, la veille d'un concert. Mais je n'ai aucune envie de gaspiller des heures précieuses à m'inquiéter de ma gorge, en m'adressant à elle à la troisième personne.

Le facteur clef, quoi qu'il en soit, reste de l'ordre de la technique. De solides fondations techniques me permettent d'ajuster ma voix et de la désenrouer doucement jour après jour, quelles que soient les allergies qui sont dans l'air, la quantité de vin que j'ai absorbée la veille, ou le fait que j'ai passé la journée à Disneyland avec mes enfants.

De façon surprenante, les chanteurs de ma génération considèrent souvent que je suis conservatrice dans ma façon de protéger ma voix. Certains de mes collègues n'ont même jamais entendu le mot « modération », et continuent sans aucun souci à chanter après avoir joué au golf, fait du roller et passé la nuit – *toute* la nuit – à faire la fête. Étant donné que je pousse mes limites de travail jusqu'à leurs extrémités, je m'accorde une concession, et c'est celle de choisir *comment* j'utilise ma voix, que ce soit en parlant ou en chantant. Des résonances plus aiguës et une pression du souffle faible peuvent augmenter mon endurance pendant les répétitions, et j'ai pris exemple sur Sage, dont la voix peut briser un verre : lorsque j'ai besoin de me faire entendre, je prends une voix haut perchée, avec une résonance dans le masque aussi plate que possible. Cette tactique est particulièrement efficace dans les restaurants bondés – que j'essaie d'éviter le plus souvent. Qui a un jour décidé qu'il était préférable que les restaurants de New York soient bruyants ? La moitié du temps, je n'arrive même pas à *entendre* la personne qui se trouve en face de moi, alors pour ce qui est de parler…

Le marquage est un autre sujet de controverse. J'appris beaucoup sur cette technique – qui consiste à ne pas chanter complètement ou à chanter une octave plus bas pour préserver sa voix durant les répétitions – pendant un de mes premiers engagements. J'avais un petit rôle, ce qui me donnait une occasion parfaite d'observer comment les professionnels chevronnés travaillaient pendant les répétitions. C'était un opéra peu connu et, à ma grande déception, les deux rôles principaux ne chantaient jamais complètement pendant les répétitions. Mais je présumais qu'ils savaient exactement ce qu'ils faisaient, et qu'ils préféraient préserver leurs voix, et je fus donc très surprise de découvrir, le soir de la première, qu'aucun d'eux n'avait la résistance nécessaire pour tenir son rôle jusqu'au bout. La force, la souplesse et l'endurance des muscles vocaux doivent être constamment entraînées, exactement comme pour un athlète. Alfredo Kraus disait que l'on devait être capable de chanter sans difficulté six heures par jour alors que moi, au bout de deux ou trois heures, j'atteins mes limites. Idéalement, on ne devrait marquer la voix que pour les phrases les plus difficiles et les plus éprouvantes, les *do* aigus ou les emportements wagnériens. Si ces phrases ont de la substance, on devrait pouvoir les laisser aller le plus souvent possible ; mais malheureusement pour moi, ce sont justement les phrases qui nécessitent de l'entraînement. Bien que je trouve que maintenir une phrase d'une tessiture élevée, surtout sans interludes, est chose difficile, un type de chant moins exigeant ne devrait pas être fatiguant du tout. À moins que le temps soit exécrable, ou que je me sente particulièrement fatiguée, j'essaie donc le plus souvent de ne pas marquer, contrairement à tant de mes collègues. S'ils pensent que c'est indispensable, il se peut que tout n'aille pas pour le mieux dans leur manière de chanter, et ils feraient mieux de s'en soucier dès maintenant, faute de quoi ils pourraient passer leur vie à s'inquiéter au sujet de leur voix.

Même avec une discipline de fer, tout chanteur affronte une crise vocale à un moment de sa carrière. La plupart d'entre nous en connaissent plusieurs. Cependant, avec de la chance, de la sensibilité et une bonne technique, ces crises peuvent être surmontées. Après ma première interprétation du rôle d'Eva dans *Les Maîtres chanteurs* de Wagner à Bayreuth, je dus prendre quelques semaines de congé et réajuster ma voix. Je passai là-bas un été exaltant, avec Wolfgang Wagner en personne comme metteur en scène, et Daniel Barenboim dans la fosse. Je puisai dans un des plus grands répertoires de l'histoire de la musique, dans le propre théâtre de Wagner. L'expérience entière, du début à la fin, me plut énormément, avec mes filles, toutes petites, heureuses d'être là avec moi. Le deuxième acte, conversations en musique, doit être chanté *piano*, ce que je ne fis pas, voulant absolument être intelligible. Retrospectivement, il est facile d'avoir raison car ce n'est que pendant l'enregistrement de *Don Giovanni* qui eut lieu peu après (où j'interprétais Donna Anna), que je m'aperçus que quelque chose n'allait pas. C'est un rôle exigeant, et il me parut beaucoup plus difficile que lorsque je l'avais interprété quelques mois auparavant à Paris. Ensuite, il devait y avoir *Così fan tutte* au Met, et je décidai donc de faire une pause de deux semaines avec Beverley afin de régler le problème. Et heureusement nous y sommes arrivées, et heureusement Mozart redevint mon professeur. Avec Beverley, une de nos plaisanteries consistait à comparer nos rencontres à mes visites chez le dentiste : on y va seulement pour s'assurer que tout va bien. Plus récemment, depuis sa mort, je fais confiance à Gerald Martin Moore, qui travaille à Londres, il est mon « oreille externe » pour les rôles et les enregistrements difficiles. Je compte aussi sur ma sœur Rachelle, qui me connaît, moi et ma voix, mieux que quiconque.

À mes débuts, je prenais souvent mes collègues à part et sollicitais leur conseil. Lorsque je tins pour la première fois le rôle de la Comtesse à l'Opéra de San Francisco, Michel Sénéchal, le grand ténor français, eut la gentillesse de travailler avec moi *Thaïs* de Massenet ; il me révéla une des pièces majeures du puzzle vocal : « Le danger pour les sopranos – surtout les sopranos américaines en fait –, c'est qu'elles ont tendance à chanter de manière trop dense dans le haut médium (les notes du haut de la portée), et avant même que l'on s'en aperçoive, la voix prend de l'âge, les aigus disparaissent et un tremblement les remplace… Il y a trop de poids, la voix ne peut plus s'épanouir. C'est une colonne de pierre, alors qu'elle devrait être un jeune arbre. » Je m'en suis convaincue, j'ai vu nombre de voix échouer précisément de cette manière-là. D'ailleurs, ma conception de la voix comprise comme sablier a été inspirée par cette conversation.

Évidemment, il arrive un moment dans n'importe quelle carrière où la voix commence à décliner, et ni la technique, ni le repos, ni un professeur n'y peuvent rien. Selon le docteur Slavit, le vieillissement naturel de la voix est provoqué par un changement du tissu membraneux des cordes vocales, qui perd alors de sa flexibilité. Toutefois, les traitements qui régénèrent la peau du visage peuvent aussi, éventuellement, régénérer et nourrir le tissu recouvrant les cordes vocales. Le docteur Slavit travaille aujourd'hui sur une méthode sans risque qui pourrait prolonger nos carrières. Qui sait, peut-être me verrez-vous un jour chanter avec une canne !

Quoi qu'il en soit, je me suis toujours fixé comme objectif de m'arrêter quand je le choisirai, et non quand j'y serai contrainte. Il faudrait toujours se retirer avant que le public commence à se demander pourquoi il nous aimait tant, ou lorsqu'une nouvelle génération se demande ce qui a bien pu provoquer un tel enthousiasme. Bien sûr, j'aimerais encore chanter pendant vingt ans ou plus. Mais si ma voix devait s'éteindre dans deux semaines, j'espère seulement que j'aurais assez de dignité pour le reconnaître et partir avec élégance.

Personne ne fit ses adieux au public avec autant d'élégance que la grande soprano allemande Lotte Lehmann. Elle avait abandonné la plupart de ses rôles mais continuait à chanter la Maréchale dans *Le Chevalier à la rose*, alors qu'elle approchait la soixantaine. « Chaque fois que je chantais dans cet opéra, écrivit-elle, je me sentais envahie par cette joie intense qui l'habite, emportée par sa magie ; les paroles et la musique se déversaient hors de moi comme si elles étaient miennes, comme si je les avais créées. Et chaque fois que je fermais la porte, laissant Sophie et Oktavian à leur bonheur, j'avais toujours le sentiment de fermer une porte sur une partie de ma vie et de prendre congé avec le sourire... » Finalement, elle fit ses adieux au public lors d'un récital au Town Hall de New York. Elle improvisa un joli petit discours, versa quelques larmes et rencontra ensuite la majorité des gens qui étaient ce soir-là dans la salle. Elle s'exclama dans sa loge : « Heureusement, je n'entendrai jamais les gens dire de moi : "Mon dieu, quand est-ce que Lotte Lehmann voudra bien la fermer !" »

Un des conseils qu'on donne le plus souvent aux jeunes chanteurs est : « Ne chante jamais à l'extrême. » Cela veut simplement dire : ménage-toi, et fais attention lorsque tu chantes aux limites des possibilités dynamiques de ta voix. Un facteur déterminant pour la longévité de la voix est de choisir son répertoire avec sagesse. Le mot le plus difficile à apprendre pour un chanteur, c'est *non* : *non* c'est trop tôt, trop lourd, trop dramatique, trop mûr, et à l'orchestre : *non* c'est trop fort. Ces dangers qui semblent, pour beaucoup de chanteurs, impossibles à éviter. Une soprano lyrique qui voudrait à tout prix chanter *Madame Butterfly* et s'y attaquerait avant d'être prête, se réveillerait un jour en s'apercevant qu'elle n'a plus de voix. J'ai écrit un jour à Carlos Kleiber pour lui demander ce qu'il pensait d'un rôle qu'on voulait me confier et qui me semblait trop lourd à tenir. Il me répondit par ces mots : « N'y *pense* même pas, dis simplement *non* ! Ne donne aucune raison, ne t'excuse pas, dis simplement NON ! N.O.N. » Je devrais faire encadrer cette lettre.

Tout comme certaines personnes déploraient la fin de l'« Âge d'or » du chant lorsque j'étais étudiante à Juilliard, aujourd'hui on se plaint qu'il n'y a plus de voix lyriques pour les grands répertoires italien et allemand. Je ne crois pas un seul instant que les voix d'aujourd'hui soient moins puissantes que celles de la génération précédente, mais je pense plutôt que des changements se sont produits, ces soixante dernières années, dans l'interprétation de la musique, et que ces changements ont modifié la manière dont les chanteurs sont perçus. Le rythme, la qualité des instruments des orchestres, ainsi que les dimensions des théâtres, ont eu un énorme impact sur ce qu'on attend des voix. L'apparition de l'industrie du disque a également modifié les priorités et les attentes des chanteurs et du public. Au début du XXe siècle, la priorité, avant une belle voix, était d'être intelligible. Lors d'une représentation, tous les protagonistes sur scène – même la soprano – devaient s'exprimer de manière parfaitement claire. Il est vrai qu'en général les opéras n'étaient pas interprétés dans leur langue originale, comme on le fait actuellement, mais dans la langue du public, et que celui-ci avait alors le désir et le temps de se préparer en étudiant le livret. Une des raisons pour lesquelles la diction était si claire, c'est qu'on appréciait une voix pour son éclat et son lustre plutôt que pour sa chaleur et sa rondeur.

En musique, donner vie à la langue et prononcer les phrases correctement constitue en soi un défi pour tout chanteur, mais pour les sopranos en particulier, l'exigence de se faire comprendre du public est quasiment impossible à tenir. Pour elles, articuler tout en chantant au-dessus de la portée, c'est comme essayer d'avoir une conversation en bâillant (essayez pour voir). La voix aiguë qu'elles utilisent pour chanter est très éloignée de la voix dont on se sert pour parler, et la production de beaux sons aigus – ou même, d'ailleurs, moyennement aigus – requiert beaucoup d'espace dans la bouche, ce qui ne se prête pas à une bonne articulation des consonnes ou des voyelles fermées, comme *a* et *e*. Mon objectif est d'aller aussi loin que possible dans la diction sans compromettre la qualité ni provoquer de fatigue : les mots colorent la ligne vocale et donnent un sens à ce qui ne serait sans eux qu'un son prolongé.

J'ai dû me rappeler, lorsque je chantai Eva dans *Les Maîtres chanteurs* à Bayreuth, qu'il n'existait pas de chanteurs « wagnériens » à l'époque où cette musique fut composée. Il y avait des chanteurs mozartiens, et c'était pour eux que Wagner écrivait. L'Opéra de Bayreuth fut construit précisément pour accueillir à la fois un grand orchestre, logé et comme englouti dans une fosse couverte, et les superbes voix qui pouvaient y épanouir leurs riches sonorités. Depuis lors, les théâtres qui se construisent sont plus grands – et dans certains cas beaucoup plus grands – que les théâtres européens pour lesquels ces opéras étaient, à l'origine, composés. Si l'on ajoute à cela les avancées technologiques, qui ont amélioré le son de beaucoup d'instruments, et le goût de plus en plus prononcé pour un son de cordes clair, il est normal que les acteurs aient à chanter plus fort, simplement pour être entendus. La plus grande difficulté dans tout cela est que, depuis l'époque baroque, on a progressivement élevé le diapason de 430 à 435 hz (au milieu du XIXe siècle) à 440 (au début du XXe) ; il est actuellement à 444 à Vienne. Ce réajustement (qui équivaut à un ton et demi) représente pour les chanteurs un défi considérable, surtout si le morceau en lui-même monte déjà dans les aigus. Je ne m'en suis vraiment aperçue qu'en chantant Mozart et Haendel avec un orchestre baroque.

Un autre élément qui ne joue pas en faveur des chanteurs est l'évolution du goût, dans tous les répertoires, en faveur de timbres plus chauds, plus denses, qui ne se dégagent pas aussi bien de la masse orchestrale que les timbres plus clairs. Pour le percevoir, il faut plus de volume, et par conséquent plus de pression par le souffle. L'avantage d'une voix claire est que c'est le centre, le noyau ou le *squillo* de la voix qui lui permet, dans une grande salle, de s'élever au-dessus de l'orchestre. À moins que le chef et l'orchestre lui-même aient un sens rigoureux de la dynamique quand ils accompagnent les chanteurs, nous nous retrouvons confrontés au problème de l'oreille intérieure qui nous fait nous imaginer que nous ne répondons pas aux attentes du public. Tandis que nous entendons et sentons la vague du son se répandre sous et derrière nous, nous nous apercevons que nous ne parvenons pas à le maîtriser comme nous devrions et qu'il nous faut, pour compenser, forcer la voix et chanter plus fort. Les chanteurs qui succombent à cette tentation perdent bientôt l'éclat et la beauté de leur voix et disparaissent rapidement. Si je pouvais, d'un coup de baguette magique, améliorer les conditions de travail des chanteurs d'aujourd'hui, je m'attaquerais à ces problèmes d'équilibre du son : les indications de dynamique devraient être lues en regard du contexte dans lequel elles ont été écrites, et les ajustements faits en fonction du type d'orchestre et de la taille de la salle. Ainsi, la voix n'aurait plus à affronter ces obstacles démesurés. Un passage en solo à un point culminant du spectacle ne présente aucun intérêt si la voix du chanteur est couverte par l'orchestre. Comment le public pourrait-il ressentir l'exaltation voulue par le compositeur si la ligne vocale est engloutie au moment le plus riche et le plus puissant ? Un orchestre peut en fait créer une énorme tension en se retenant, et cela ne signifie pas pour autant qu'il joue avec moins d'énergie, seulement qu'il laisse la voix rejoindre l'orchestre et finalement s'unir à lui, comme un cheval qui entre dans la course.

Puisque de plus en plus on exige de la voix qu'elle porte, il est devenu vital pour les chanteurs de faire preuve de résistance, d'être capable de soutenir une très longue représentation – qu'il s'agisse d'un récital, qui, avec les bis, peut durer jusqu'à deux heures et demie, ou d'un opéra de Wagner qui peut durer plus de cinq heures. Même si on ne chante pas sans discontinuer pendant tout ce temps, l'effort est éprouvant. Après un long spectacle, je m'attends à être fatiguée physiquement mais, idéalement, pas vocalement. Je dis « idéalement » car, dans la pratique, ce n'est pas toujours possible. La longueur, la tessiture, la composante théâtrale d'un rôle et les conditions physiques, comme les allergies, peuvent affecter la force d'un chanteur. La longueur d'un morceau ne provoque pas nécessairement en lui-même de problèmes de résistance. La longue scène finale de *Capriccio*, par exemple, reste faisable car les phrases sont mêlées d'interludes orchestraux. Par contre, « Martern aller Arten » dans *L'Enlèvement au sérail* est quasiment impossible à chanter parce que le morceau est plus haut, plus rapide et implacable. Les monologues de *Daphne* en majeur, où l'écriture est dramatique et la tessiture élevée, sont aussi une gageure pour tout chanteur d'opéra. Beaucoup d'airs de Mozart présentent eux aussi sous cet aspect des difficultés parce qu'ils contiennent peu – si ce n'est pas du tout – d'interludes et requièrent, par conséquent, de longues périodes ininterrompues de chant dans le *passaggio*.

Heureusement, l'endurance peut s'acquérir par les exercices et les répétitions, à condition de le faire bien. La mémoire musculaire est importante, parce que nous dépendons de muscles involontaires qu'il nous faut apprivoiser. Les chanteurs doivent s'entraîner tout comme des athlètes, en répétant jusqu'à épuisement mais sans dommage. Un des meilleurs moyens pour entretenir sa résistance est de ne pas chanter avec trop de puissance, car ajouter du volume à une section particulièrement longue ne mènera qu'à l'épuisement. En même temps, il faut veiller à ne pas retenir sa voix lorsqu'on chante car cela aboutit, pour des raisons différentes, au même résultat. Dans ces passages musicaux difficiles, j'essaie de produire un son vigoureux et libre. Je me concentre aussi très fort pour éviter que les muscles dont je ne me sers pas à ce moment précis n'interviennent. Le trapèze, la nuque, les tensions du visage, la manière dont je tiens mon menton, tous ces éléments, si l'on n'y prête pas attention, peuvent rendre impossible un air difficile. Si dans un passage ardu je sens ma mâchoire qui commence à trembler, c'est souvent le signe que je mets trop de souffle dans la voix et que je dois m'arrêter. Seules la technique, la discipline et des années d'expérience me permettent d'interpréter ces rôles sans plus rencontrer de problèmes.

Vous pouvez donc imaginer mon inquiétude lorsque je me retrouvai dans l'impossibilité de chanter dans *Il Pirata*. Le pire est que je me sentais bien physiquement. J'aurais presque préféré avoir une forte fièvre ou un mal de gorge carabiné parce qu'au moins je n'aurais pas soupçonné ainsi la légitimité de ma décision. J'aurais tant aimé entendre ma doublure chanter, assister moi aussi au spectacle de la salle, mais la seule façon aurait été de me couvrir la tête d'un voile noir. Au Met, si vous renoncez à un spectacle pour maladie, il vaut mieux éviter d'être vu en train de bavarder dans les loges. Imaginez-vous seulement expliquant aux gens surpris par le changement soudain dans la distribution : « Je me sens vraiment très bien, mais je ne peux simplement pas chanter. »

Grâce à l'énorme pause que m'a offerte le rôle de la Comtesse, j'ai peu travaillé comme doublure dans ma carrière, exception faite de mes débuts au Met. La relation entre un artiste programmé et sa doublure est, dans le meilleur des cas, délicate. La doublure doit évidemment être présente pendant les répétitions et les représentations pour savoir exactement ce qu'elle doit faire au cas où elle entrerait en scène; mais en principe elle doit pouvoir le faire sans pour autant donner l'impression à la chanteuse que l'ange de la mort plane sur elle, prêt à agir. J'ai entendu des histoires de doublures qui, depuis les coulisses, récitaient silencieusement leur partie, alors même que la soprano était en train de la chanter. Une soprano a même un jour craqué sous la pression et s'est écriée : « Je ne veux pas d'elle ici. Je ne veux pas la voir » — un souhait compréhensible vu les circonstances.

Bien sûr, il y a également eu des cas où les sopranos se débarrassaient d'autres sopranos parce qu'elles ne voulaient pas de concurrence sur scène. Un fossé sépare l'artiste qui veut absolument éclipser les autres, même au risque d'abaisser le niveau de la pièce dans laquelle il joue, de l'artiste pour qui le meilleur spectacle est celui où chacun donne le meilleur de lui-même et où tout le monde travaille ensemble. Un artiste à la retraite me dit un jour : « Chaque représentation était comme un combat à mort pour l'amour du public et, bon sang, c'était un combat que j'allais gagner. » Peut-être devrais-je tenir un peu plus du gladiateur.

Les débuts d'un chanteur représentent, à bien des égards, la plus belle période de sa carrière parce que le public et surtout les critiques, qui espèrent découvrir un nouveau grand talent, ont un faible tout particulier pour les nouveaux venus. C'est un vrai plaisir d'être l'objet de tant de bienveillance. Cela dit, il vient un moment dans une carrière où la familiarité peut en venir à engendrer un peu de mépris. Si c'est le devoir d'un critique de pointer les erreurs d'un chanteur, il sera plus enclin à s'attaquer à quelqu'un d'établi. Je lis la plupart des comptes rendus qui me concernent, n'écartant que ceux qui me semblent d'une hostilité gratuite. Mais j'attends toujours d'avoir terminé le cycle des représentations pour les lire, parce que si les critiques sont particulièrement mauvaises, cela peut me ruiner le moral. Je demande toujours à quelqu'un de les lire avant moi. Parfois les critiques sont fondées et j'essaie d'en dégager les traits principaux, qu'ils soient positifs ou négatifs. Si je vois qu'un même reproche m'est adressé de ville en ville, je prends le temps de considérer cet aspect de mon interprétation et je vois si je peux ajuster le tir. En fin de compte, je ne suis pas certaine de l'impact réel qu'ont eu les comptes rendus sur ma carrière, ni d'ailleurs sur celle des autres artistes. Un artiste qu'on réclame et qui chante bien ne va pas perdre son travail simplement à cause d'une mauvaise critique.

Il y a quelques années, on me reprochait invariablement une certaine fadeur, ou alors de privilégier la qualité vocale au détriment du jeu, ce qui était probablement vrai vu la difficulté de ce que je chantais et à ce stade de mon développement. Je prenais ces commentaires très à cœur. Ensuite, il y eut comme un retour de balancier et on me reprocha le côté trop « artistique » de mon interprétation ou de mon phrasé. Encore une fois, tout le problème est de loger la bulle d'air au bon endroit du niveau.

Les gens qui ne se soucient vraiment pas de ce qu'on écrit sur eux sont, à mon avis, très peu nombreux. La plupart d'entre nous essaient de trouver un équilibre entre accorder trop d'attention aux critiques et les ignorer complètement. Je dois constamment me rappeler que c'est une des rares carrières où l'on travaille le soir, et où l'on lit le lendemain matin l'évaluation de son travail dans les journaux. Il faut du temps pour s'y habituer mais avec le temps on se construit une carapace.

Si l'on divisait les critiques en trois catégories, on distinguerait celles qui sont très généreuses et que l'on reçoit quand on débute, les plus dures qu'on reçoit quand on est au sommet, et les critiques tendres et nostalgiques pour la fin de carrière, quand on ne célèbre plus que le fait d'avoir duré aussi longtemps. Tout change, et tôt ou tard le jour vient où un nouveau venu vous éclipse lors d'une représentation. Il y a à ce propos une blague qui circule sur la manière dont les directeurs d'opéra se représentent les cinq périodes de la carrière d'une chanteuse :

« Qui est Renée Fleming ? »
« Il me faut Renée Fleming ! »
« Il me faut la Renée Fleming bon marché ! »
« Il me faut la nouvelle Renée Fleming ! »
« Qui est Renée Fleming ? »

J'essaie de me préparer étape par étape à chaque nouveau tournant de ma carrière. Récemment Matthew Epstein m'a expliqué que je devais changer mon attitude envers mon travail : « Tu dois arrêter de te battre ainsi et de vouloir t'élever sans cesse davantage, il faut que tu comprennes que tenir son rang n'est pas une corvée. En fait, c'est une tâche bien plus difficile que ce que tu crois. » On doit constamment améliorer sa technique, et faire en sorte que son répertoire et ses choix soient intéressants pour le public comme pour soi.

Pour essayer de me débarrasser de ce genre de mal-être, j'ai interrogé Jim Loehr, le psychologue des sportifs de haut niveau. Il ressort que les encouragements que les joueurs de tennis ont besoin d'entendre avant de jouer la finale à Wimbledon, comme les *quarterbacks* dans le dernier quart d'heure du Super Bowl, sont exactement les mêmes que pour les sopranos. Le but est d'aider les artistes qui se produisent sur scène – quelle que soit cette scène – à atteindre le meilleur d'eux-mêmes malgré l'extraordinaire pression. Il m'a ouvert à de nouvelles façons d'appréhender le problème, bien que je n'arrive toujours pas à y penser sans m'imaginer moi-même, au milieu d'un terrain, en train de hurler ces conseils à un homme en survêtement, un sifflet autour du cou.

« Plus ton succès sera grand, plus on essaiera de salir ta réputation pour te voir te débattre. Ils rôdent comme des vautours. C'est un sentiment très différent de celui qu'on éprouve lorsqu'on se trouve sur la pente ascendante, quand les gens sont enthousiastes et t'applaudissent. Se maintenir au sommet exige plus de ténacité. La pression que tu ressens est tout à fait légitime. »

N'est-ce pas là le genre de choses qu'on s'imagine être dites à une fille de quatorze ans en tenue blanche de tennis ?

« Il faut que tu réussisses, que tu donnes le maximum et que tu fasses quelque chose que tu n'as encore jamais fait. Tu dois attaquer et non défendre. Si ton but est simplement de te maintenir, tu es finie. Fais-le parce que c'est un don, une joie. Tu aimes ça et tu veux progresser jusqu'à ton dernier souffle. La plus grande erreur que font les artistes très demandés est de ne pas savoir dire non, ce qui provoque chez eux ressentiment et colère. [Une idée qui rappelle le « bruit » dont parlait Leontyne ?] Certains se sabotent eux-mêmes juste pour avoir un peu de paix. Décide du temps qu'il te faudra pour guérir, retrouver ton équilibre et te rétablir. Il est normal dans ta position d'être confrontée à ces problèmes. »

Cette expérience m'a beaucoup aidée et m'a incitée à prendre le temps de réfléchir à ce que je voulais vraiment accomplir. J'ai envie de m'épanouir artistiquement.

Même si je suis consciente d'être une personne ambitieuse, j'ai encore parfois du mal à le reconnaître. L'ambition a encore trop souvent une connotation péjorative : elle impliquerait de devoir écraser les autres pour s'assurer la meilleure place. L'ambition telle que je la conçois est une motivation intérieure. En un sens, la question n'est pas tellement de savoir jusqu'où je peux m'élever que de découvrir jusqu'où je peux développer mes possibilités. Comment interpréter un rôle avec plus de vérité ? Puis-je donner plus de profondeur, plus de lumière et plus d'émotion à ma voix ? Qu'est-ce que je ressens lorsque je chante et dans quelle mesure puis-je partager mes émotions avec le public ? L'ambition pour moi, c'est la volonté de travailler, la capacité d'exploiter mon âme sans crainte. À la fin de ma carrière, je veux sentir, au plus profond de moi-même, que j'aurai fait tout ce dont j'étais capable et que j'aurai réussi à chanter d'une manière que je n'aurais jamais imaginée autrefois.

Chapitre IX

L'image

Mon objectif principal quand j'interprète un opéra est que le public oublie que je suis en train de chanter. Pour y parvenir, il faut une technique si sûre qu'on puisse quasiment ne plus y penser. Bien entendu, on ne peut jamais l'oublier totalement. Il y a toujours des passages où je dois vraiment penser à ce que je suis en train de faire, qu'il s'agisse d'atteindre une certaine hauteur dans l'aigu ou de rendre une phrase particulièrement difficile. Embrasser un rôle, cela devrait être comme monter dans une voiture : vous n'avez pas à penser comment conduire, mais seulement à l'endroit où vous vous rendez. Les athlètes font la même expérience, je crois, lorsqu'ils trouvent leur second souffle. La pensée est comme en suspension ; l'inspiration et l'aisance deviennent telles que vous sentez la musique couler en vous plutôt que vous ne la chantez. En un sens, le fait d'atteindre cet état me permet de me détacher de la musique, ce qui rend mon esprit libre d'aller à la découverte d'aspects du rôle que j'ai peut-être négligés jusque-là.

Lorsque je fais durer une phrase longue, par exemple, je lui donne mentalement une forme qui ensuite se déploie et voyage dans les airs. Si elle pouvait se voir, ce serait une chaîne de montagne. Mais cela ne dessinerait pas tant la mélodie que l'orientation dramatique de la phrase. Où se trouve son sommet ? Son pic dramatique ? Varie-t-elle d'un point de vue dynamique, ou bien est-elle régulière ? J'en décide parfois pendant les répétitions, parfois je me laisse aller à l'inspiration du moment. Tous ces choix contribuent à la création de ce qui sera, je l'espère, un moment de perfection dans la représentation, c'est-à-dire quelque chose d'éphémère et d'unique.

Pour m'approprier le rôle, je dois affiner progressivement mon approche du texte, et m'assurer qu'on le comprendra grâce à une prononciation aussi précise que possible. Ensuite commence le travail sur la musique. Où prendre ma respiration ? Quel phrasé adopter ? Faudra-t-il un legato, ce qui signifie que les notes seront enchaînées « sans couture », ou bien y a-t-il différentes articulations dans la mesure qui nécessitent un *staccato*, un *marcato*, une note liée ou bien une certaine accentuation ? Bien qu'il s'agisse de nuances qui d'habitude sont écrites très précisément par le compositeur, il faut beaucoup de discipline pour étudier une partition avec toute l'attention nécessaire à tous ces détails, sans parler de leur mémorisation qui, malheureusement, prend deux fois plus de temps. Mais ce travail rend l'interprétation plus fine ; y manquer peut conduire à une interprétation terne et peut-être même non conforme aux intentions du compositeur. Un grand chef d'orchestre s'appuiera également sur les répétitions, pour nous encourager non seulement à enrichir notre propre interprétation, mais aussi à collaborer avec l'orchestre et le reste de la distribution, et afin de proposer un tout homogène. James Levine a ce type d'intelligence, et c'est l'une des raisons qui expliquent qu'il ait eu une carrière si exceptionnelle.

C'est seulement après que tous ces éléments sont mis en place que débute le travail avec le metteur en scène. Il présente alors sa vision de l'opéra, sous l'aspect visuel aussi bien que dramatique. La plupart des metteurs en scène commencent par définir la disposition de chaque scène dans l'espace – Figaro, par exemple, se trouvera assis à l'arrière-plan et au centre pour la première phrase d'un récitatif, tandis que Susanna passera à l'avant-plan et à sa gauche pour aller bercer Cherubino dans ses bras en lui répondant. Dans ce cadre nous inscrivons nos mouvements, cela dessine le gabarit de la scène. Pour moi, c'est la partie la moins amusante du travail. Je préfère passer là-dessus le plus rapidement possible, car c'est seulement après que commencent les joies du jeu avec mes partenaires. Nous jouons ensemble de la même façon que les acteurs de théâtre, sauf que la musique détermine nos inflexions. Cela limite notre liberté dans la restitution d'une phrase, mais cela aide à nous établir dans l'action. Par la dynamique et le phrasé, nous donnons notre interprétation, ainsi que par les mouvements du visage et du corps.

Un bon metteur en scène se servira de ce temps de préparation pour construire le personnage, mais lors d'une reprise, pour laquelle il n'y a souvent que deux jours de répétitions, on aura bien de la chance si l'on sait seulement par quelles portes entrer et sortir. Ma mise en scène favorite du *Chevalier à la rose* fut celle de Covent Garden avec le Royal Opera. Nous n'avions que deux semaines pour nous préparer et, après qu'on nous eut indiqué la topographie de la scène, on nous laissa nous débrouiller. Il en résulta une des interprétations les plus vivantes que j'aie jamais connue : l'improvisation et la liberté étaient au rendez-vous, et nous devions rester sur nos gardes à chaque instant. Mais cela n'a réussi que parce que nous avions déjà chanté ensemble dans au moins quatre autres mises en scène du *Chevalier*.

Même si nous avons pleinement confiance en notre chant (et soyons honnêtes, cela arrive-t-il si souvent ?), il y a beaucoup d'autres choses à maîtriser dans une interprétation. Au-delà des défis que tout acteur doit relever, il nous faut prendre garde à ce que notre voix ne soit pas étouffée par l'orchestre ou bien par un chœur parfois pléthorique, et cela sans aucune amplification. Si l'on considère l'immensité de certaines salles – cinq mille places pour le Teatro Colón de Buenos Aires, quatre mille pour le Met, par exemple – on voit que l'affaire n'est pas mince. Nous devons projeter notre voix vers le public et rarement vers les coulisses ou l'arrière de la scène. Il nous faut aussi rester synchronisés entre nous et avec l'orchestre.

Heureusement, le souffleur nous aide, ainsi que tous les moniteurs dispersés sur la scène, qui nous permettent de toujours avoir un œil sur la baguette du chef d'orchestre. Nous devons à la fois jouer nos émotions et les maîtriser. Aussi ravagée que je sois, accablée sur mon lit de mort parce que mon amant m'a quittée, je ne peux pas me laisser aller aux larmes, car il faut que je chante, et les larmes et le chant sont hautement incompatibles. Dès l'instant que le public pressent que c'est moi, Renée, qui suis malheureuse, il oublie le malheur de Violetta.

Nous demandons à notre public de suspendre ses facultés de jugement ordinaires. En tout premier lieu, nous lui demandons de croire qu'il est tout à fait naturel de chanter plutôt que de parler; ensuite, notre chant et notre jeu doivent être si convaincants qu'il se persuade que nos physiques conviennent aux personnages que nous interprétons, ce qui est rarement le cas. Les gens s'émerveillent devant l'habileté de Meryl Streep à imiter les accents et habiter physiquement ses rôles; mais pourrait-elle jouer la jeune vierge dans *Faust* ? La première fois que je chantai *Manon* à Paris et que j'eus à me présenter comme une jeune fille de seize ans, j'entendis quelques ricanements dans le public; pourtant beaucoup de personnages d'opéra ont seize ans, et bien sûr ce n'est le cas d'aucune soprano. À l'apogée de notre carrière, la plupart du temps nous avons au moins entre trente et quarante ans, et personne ne s'étonne de voir une chanteuse interpréter le rôle d'une ingénue à cinquante ou même soixante ans. C'est un des aspects de ce métier que je chéris tout particulièrement. Toutes les qualités requises pour un rôle donné peuvent être suggérées par une interprétation convaincante et, surtout, par une voix qui convienne. Après tout, qui douta jamais que Mirella Freni, même à la fin de sa carrière, fût l'incarnation de la très jeune Tatiana dans *Eugène Onéguine* ?

L'une des caractéristiques des gens sensibles et intelligents est qu'ils ne jugent pas autrui à partir de son apparence physique – à moins, bien sûr, qu'il s'agisse de chanteurs d'opéra. Faites-moi entrer dans l'ascenseur de n'importe quelle école de musique, et je pourrai vous dire presque immédiatement qui est chanteur et qui est instrumentiste. Vous pouvez bien penser que je me laisse aller aux stéréotypes, mais laissez seulement ces personnes dire ce qu'elles font, et vous verrez que j'ai raison. Les instrumentistes ont pratiqué durant de longues heures depuis l'enfance, avec le type de discipline qui exige un dévouement et une rigueur appartenant à un certain type de personnalité. Les chanteurs ne découvrent souvent leurs voix qu'à seize ou dix-sept ans; or leur aptitude à projeter la voix ne se limite pas aux théâtres – un ascenseur fera tout aussi bien l'affaire. Lorsque j'étais enfant, Miss Texas paraissait être la soprano idéale : de longs cheveux, beaucoup de maquillage, des talons hauts, habillée avec coquetterie des pieds à la tête, et tout cela doublé en cas d'audition. J'essayai d'ajouter à cette image quelque chose de plus branché en m'habillant avec des robes rares et d'occasion; jusqu'à ce que Beverley eût arrêté les dégâts à la vue de ces habits troués aux mites, et que mon père eût bien remué le couteau dans la plaie en jetant à la poubelle ma robe favorite pendant que j'avais le dos tourné.

Nous avons d'autres stéréotypes, plus familiers, à affronter. Le premier d'entre eux, bien sûr, c'est Brünnhilde, avec sa cuirasse, ses longues tresses, son casque à cornes et sa lance. Lorsque les gens pensent à une soprano, ils imaginent une femme très forte à la voix tout aussi puissante ; et il est vrai que nous ne sommes pas souvent minces. Marilyn Horne l'a dit un jour mieux que quiconque : un grand missile a besoin d'un grand lanceur. Nous sommes les haltérophiles de la voix. Ce que nous faisons y ressemble vraiment quelquefois, car il faut beaucoup de force pour libérer un son qui soit assez puissant pour porter jusqu'aux limites du théâtre. D'un autre côté, j'ai été très surprise, le jour où j'ai rencontré Birgit Nilsson, Leontyne Price et Renata Scotto, de constater qu'aucune d'entre elles n'était particulièrement grande ou grosse. (Et puisque nous en sommes aux stéréotypes, traditionnellement les ténors ne sont pas très grands, alors que souvent les basses le sont, un phénomène qui devrait être rapporté à la longueur de leurs cordes vocales.)

Savoir si oui ou non un certain poids est nécessaire pour chanter est un sujet controversé. Beverley pensait qu'il était déterminant, car pour elle c'était le tissu gras du palais mou qui faisait littéralement le son. La graisse peut aussi créer une sorte de support naturel, comme pendant la grossesse. Lorsque je m'écoute chanter dans l'*Otello* où je figurais quelques semaines après la naissance de Sage, c'est-à-dire à un moment où j'avais vraiment pris beaucoup de poids, je remarque que ma sonorité est plus riche et plus sombre. Mais peut-être aussi qu'une poussée d'hormones avait momentanément causé ce changement dans la couleur et le volume de ma voix.

Pendant un moment dans ma carrière, je fus complètement obsédée par l'histoire de Maria Callas. Comment avait-elle perdu sa voix ? Je demandai à tous ceux que je connaissais ce qu'ils en pensaient, et beaucoup suggérèrent que sa voix avait décliné rapidement après qu'elle eût perdu trente kilos (selon la légende, en se servant d'un ver solitaire). Comme elle avait perdu si vite tant de poids, on peut présumer qu'elle fut ensuite incapable de trouver comment soutenir sa voix. Dans les quelques films de cette époque où on peut la voir en concert, elle a très souvent les avant-bras pressés contre le plexus solaire pendant qu'elle chante, comme si elle essayait de créer un soutien externe au lieu de s'appuyer sur la ceinture abdominale avec la technique appropriée. Bien sûr, il faut bien admettre qu'elle était splendide ; avec ce nouveau corps élancé, elle devint l'Audrey Hepburn de l'opéra et l'égérie de Balenciaga.

D'une manière ou d'une autre, les interprètes sont des produits de vente et, qu'on le veuille ou non, l'image fait partie du produit. La voix doit certes remplir son rôle, mais la qualité de la présence sur scène compte aussi, le charisme ou bien ce que les Allemands appellent *Ausstrahlung*, le rayonnement. Il faut donc un son qui nous distingue – pas seulement une bonne voix, mais une voix différente, unique – et, par-dessus tout, une aptitude à communiquer sens et émotion au public. Lorsque je participe à des auditions, je vois assez clairement qui possède ces qualités – ou pas. Très peu, quel que soit leur talent, se distinguent. Pendant longtemps, je n'ai pas été en pleine possession de mon image, et c'est une des raisons pour lesquelles ma carrière a mis tellement de temps à prendre son essor. Matthew Epstein et moi commençâmes d'y travailler peu de temps après la naissance de Sage ; je n'avais pas réussi à contrôler ma prise de poids comme lors de ma première grossesse. (Je n'arrêtais pas de dire, comme pour m'excuser : « Je pensais qu'elle pèserait quinze kilos, alors imaginez un peu ma surprise. ») Un jour, il me fit asseoir et me dit : « Si tu es assez déterminée, tu réussiras à perdre du poids, et je sais que tu le veux vraiment. »

Bien sûr, je savais que j'avais grossi, mais c'était choquant de se l'entendre dire, surtout par quelqu'un que j'admirais professionnellement. Lorsque Susan Graham m'expliqua sa théorie du régime pauvre en hydrates de carbone, ma vie prit un autre tour. J'ai découvert avec le temps que je me sentais beaucoup mieux si je suivais un régime pauvre en féculents et en graisses (avec des légumes, des fruits, des produits à base de soja en remplacement du pain et des autres aliments de ce genre). Récemment, avec un coach formidable de New York, Margaret Velez, j'ai ajouté à ce régime les « merveilles de Pilates »[1]. Cela m'a permis de me sentir plus forte mais aussi plus agile sur scène, tout comme sur les collines bleu azur où se trouvent mes pistes de ski favorites. Ce qu'il y a de plus

---

1. Méthode de travail physique fort en vogue depuis quelques années.

remarquable dans ce programme, c'est l'attention portée à l'énergie vitale intérieure dont nous avons autant besoin que les danseurs. Maintenant que je suis convaincue par la méthode, je regrette de ne l'avoir pas adoptée des années auparavant.

Matthew ne fut pas la seule personne à me parler de mon image. Lorsque je signai avec mon agent Mary Lou Falcone en 1995, elle ne manqua pas de me faire des suggestions elle aussi : « Je voudrais que vous vous habilliez d'une manière qui vous affine davantage. Les imprimés et le velours frappé ne vous vont pas, et vous devriez songer à vous débarrasser du manteau que vous avez sur le dos. »

Se voir soi-même comme les autres nous voient ! Elle avait raison, bien sûr, et cela me fit souvenir de certaines de mes expériences passées au sujet de mon image, comme quand mon personnage de « diva », qui avait commencé de pointer son nez, avait dû en rabattre au cours d'un des deux étés que je passai à Glyndebourne. Mon sens de l'humour n'avait jamais manqué de me prendre moi-même en dérision, mais là c'était plus que je ne pouvais supporter. Dans un festival, un jeune chanteur a la chance de pouvoir assister à d'autres concerts, ce qui lui permet d'assimiler le répertoire et d'apprendre en observant. Lors d'une de ces soirées, pendant l'entracte, je vis en sortant des toilettes une assez grande femme dont les chaussures délicates traînaient derrière elles un long ruban de papier hygiénique. *Tss*, *tss*, murmurai-je avec suffisance. L'instant d'après, tandis que je déambulais seule, m'exerçant à bien faire paraître ma mine grave, très étudiée, d'artiste sérieuse, un homme me tapota l'épaule et me dit poliment : « Madame, votre jupe est coincée dans votre collant derrière. » Il voulait dire coincée au niveau de la *taille* bien sûr. Quelques semaines plus tard, pendant un autre entracte, tandis que j'essayais de parler intelligemment à des mécènes, un grand oiseau apporta sa contribution à la conversation en se soulageant sur mon front. J'eus beau essayer de me persuader que c'était là quelque onction annonçant l'émergence d'une grande soprano, je dus abandonner définitivement l'idée, ainsi que mon habitude d'arborer cette espèce de figure distinguée que je croyais nécessaire, le jour où j'arrivai en retard pour une représentation du *Rake's Progress*. L'ouvreuse m'autorisa aimablement à entrer dans la loge après le début du spectacle. Il faisait très sombre et je ne voulais en aucun cas faire de bruit ou troubler de quelque manière que ce fût le paisible récitatif qui se faisait entendre. Rapidement, en me penchant, j'alignai ma tête sur les autres et commençai à m'installer. Malheureusement, il n'y avait pas de chaise à cette place. Après le bruit de la chute, la loi de Murphy sur l'humiliation voulait en outre que plusieurs personnes assises dans les rangées devant moi me reconnussent et me demandent : « Ça va, Madame Fleming ? »

C'est là que j'abandonnai une fois pour toutes l'idée de me créer un « personnage ». J'arrêtai aussi de pratiquer un anglais qui, avec cette espèce de voix aiguë et chantante qu'on n'attribue qu'aux meilleures sopranos, me donnait pour origine quelque endroit de la lune. Je décidai que l'humilité et l'humour seraient très probablement de meilleures armes pour survivre dans une existence si particulière.

Mon instinct m'a toujours aidée à reconnaître les bons conseils, et il me servit encore une fois auprès de Mary Lou et de Matthew. Je les écoutai donc : on n'est pas un bon élève si on laisse son ego prendre le pas sur l'expérience de professionnels. Lorsque mon disque *Strauss Heroines* sortit, une des photos de la pochette, très glamour, me montrait joliment habillée et étendue sur un lit. Peu après, un journaliste en Grande-Bretagne me demanda : « Qu'est-ce que ça vous fait de vous servir du sexe pour vendre votre disque ? » La première chose qui me vint à l'esprit fut de lui dire : « Vraiment ? Vous pensez que c'est ce que j'ai fait ? Merci ! » J'étais abasourdie, mais j'étais aussi flattée, car je n'avais jamais été perçue comme quelqu'un de sexy.

Andrew Eccles est le photographe avec qui j'ai eu les meilleurs rapports. C'est lui qui a réalisé la plupart des portraits qui figurent sur mes pochettes de disque ; il a l'œil pour trouver les angles et la lumière les plus flatteurs, ce qui exige une journée entière de pose pour obtenir une photographie de couverture ainsi que celles dont la promotion se servira ensuite pendant un ou deux ans. J'ai aussi appris avec le temps à mieux me montrer à l'image, à éviter les mines distraites, fatiguées ou ternes. Il faut beaucoup de discipline et de patience pour rester concentré à cet effet, mais si une photographie attrayante encourage les gens à acheter un disque de scènes de Strauss, alors je suis d'accord. Nous vivons aujourd'hui dans une société entièrement visuelle, et on sait que le consommateur achète avec les yeux. Ce qu'on attend aujourd'hui des femmes en particulier est souvent déprimant et irréaliste ; en même temps, refuser de reconnaître que je suis assujettie à ces critères ne les fera pas disparaître, quel que soit le ressentiment que je puisse avoir à leur égard.

J'ai toujours été attirée par la beauté, et sous toutes ses formes. Par l'intermédiaire de mon amie Yveta Synek Graff, mon coach tchèque, j'ai rencontré l'un des assistants de Gianfranco Ferré à San Francisco lors d'une soirée qui suivait une représentation de *Rusalka* ; je lui fis part de mon intérêt pour la haute couture et lui dis à quel point j'admirais le travail de Ferré. J'ai toujours aimé la mode, et je l'aimai plus que jamais le jour où je complétai ma collection *vintage* dans une boutique d'occasion de Potsdam pour seulement cinquante cents le sac. J'étais alors surtout très friande de vestes d'homme, de fausses pierres et des fabuleuses robes de cocktail des années quarante. Mon sens de la mode n'était pas sans rapport avec ma façon de chanter : j'avais beaucoup de talent naturel, mais je n'avais pas encore trouvé mon style.

Cette femme merveilleuse plaida ma cause, à mon insu, pendant deux ans, et en 1998 Ferré lui-même accepta de me dessiner une robe. Elle était bordeaux, avec une longue traîne, une silhouette très simple, moitié velours (mais pas du velours frappé) moitié crêpe de laine et la porter me donnait l'impression de boire un verre de champagne sublime après tout une vie au rosé. J'étais complètement fascinée. Ainsi commença notre relation, et depuis M. Ferré dessine pour moi une à deux robes par an. Sans cela, vu le nombre de concerts que je donne, j'aurais à passer un temps infini aux essayages, prendre sans arrêt des décisions difficiles et investir pas mal d'argent. Au lieu de cela, M. Ferré ou l'un de ses assistants et moi-même, nous nous retrouvons avant le début de la saison pour faire notre choix à partir de dessins; quelque temps plus tard, je reçois de Milan et par la poste, à ma porte, une belle robe, et cela sans le moindre essayage. Comme mon agenda de concerts est de plus en plus chargé, j'ai besoin de plus de robes que ne m'en peut fournir un unique couturier; j'ai donc fait appel à Issey Miyake et, plus récemment encore, à Oscar de la Renta. Lorsque les gens me disent que j'ai une vie sublime, ma première pensée est pour tout le temps que je passe dans les aéroports et en répétition; toutefois la haute couture est un aspect de la vie de diva qui m'enchante. En échange, les couturiers bénéficient d'une publicité appréciable et qui parle directement à leur clientèle, laquelle comprend beaucoup d'amateurs de concerts. Ma relation avec la marque Rolex repose sur la même idée. Le but de cette entreprise est de paraître aux côtés de tout ce qui excelle dans les arts et dans le sport (d'ailleurs, on ne sait pas assez que cette entreprise privée est en fait une fondation qui reverse tous ses profits aux bonnes œuvres). En échange, je bénéficie d'une quantité inestimable de publicité.

Une vraie diva a aussi un coiffeur qui l'accompagne à Paris, Londres, Houston ou Chicago. Michael Stinchcomb du Salon Vartali joue également un grand rôle dans la construction de mon image. La coiffure demande plus de travail que les vêtements.

Toutes ces collaborations ont surtout pour avantage de me faire me sentir magnifique sur scène, ce qui me permet de me concentrer totalement sur l'interprétation que je donne. Je suis toujours fascinée d'apprendre quels sont les différents besoins des artistes pour se préparer. Il faut à certains un temps de concentration considérable avant de monter sur scène, et ils arrivent donc au théâtre des heures et des heures avant le spectacle ; d'autres peuvent parfaitement s'asseoir dans les coulisses et jouer aux cartes, poser leur jeu sur la table, entrer en scène, chanter un contre-*ut* à vous ficher par terre, tuer quelqu'un, puis s'en retourner en coulisses et reprendre leur jeu. De brillants chanteurs ont confessé avoir parfois repassé mentalement leurs listes de courses, même pendant les scènes les plus difficiles. Valery Gergiev demande à son chauffeur de le laisser à quelques pâtés de maisons du Théâtre Marinsky pour qu'il puisse s'éclaircir les idées avant le concert, ce qui ne laisse pas d'inquiéter à chaque fois les gens du théâtre : il lui arrive même d'arriver quelques secondes avant les trois coups. Joan Sutherland avait l'habitude de travailler sur ses tapisseries jusqu'au dernier moment avant de monter sur scène, et je ne pense pas qu'elle s'imaginât que Lucia di Lamermoor appréciait elle aussi les arts textiles. Chacun a sa propre manière de se préparer aux rigueurs du concert. En ce qui me concerne, l'idéal est de pouvoir lire le rôle en silence et en entier la veille de la représentation, pour le revoir mais aussi pour laisser surgir de nouvelles idées. Je préfère une loge au calme, avec aussi peu de distractions et d'interruptions que possible, et j'ai besoin d'au moins une heure et demie pour me préparer. Je bois autant que possible et dîne légèrement quatre-vingt-dix minutes avant le début du spectacle, avec peut-être une collation au second entracte. Il s'écoule souvent jusqu'à six heures entre le moment où je quitte la maison et la fin de la représentation.

Bien que je sois née avec une imagination vive qui me permet de me transporter facilement dans la peau d'un personnage, j'ai dû beaucoup travailler pour apprendre comment accomplir physiquement cette identification. Lorsque je chantais au Met dans la *Susannah* de Floyd, je luttais toujours contre les derniers vestiges du terrible trac dont j'avais souffert, et mes problèmes de divorce n'étaient pas réglés ; pendant le premier acte, des larmes coulaient sur mon visage. Vu les circonstances, mes émotions se réveillaient plus facilement que jamais. Charles Nelson avait été la première personne à qui je m'étais confiée quand la crise avait débuté un an auparavant, et il me rassura : « La scène est le lieu où tout le monde vit et exprime sa peine, mais c'est sans danger. C'est un refuge pour ceux qui souffrent dans leur vraie vie. » Charles aime citer Emily Dickinson : « Mon affaire, c'est de chanter. » « Fais de cette idée ton mantra », me dit-il. Ce soir-là je l'appliquai, et je chantai avec toute mon âme et tout mon cœur. Cependant, une amie me dit plus tard : « Tu sais, il faut vraiment que tu travailles sur ton jeu. » Elle ne s'était pas rendu compte que je m'étais impliquée à cent pour cent dans le malheur et la solitude qui accablaient Susannah. Ce fut le déclic : il ne suffisait pas de ressentir les émotions d'un personnage, il fallait aussi les exprimer d'une manière qui permît au public de les ressentir lui aussi, surtout dans un grand théâtre où, passé le dixième rang, personne ne peut voir votre visage sans une paire de jumelles. L'émotion doit être exprimée par tout le langage du corps, par la gestuelle et la manière de se mouvoir. Ce fut une découverte importante pour moi et c'est un aspect de l'interprétation que je continue d'explorer. Comme je suis quelqu'un d'inhibé, pour ne pas dire de maladroit, j'y ai consacré beaucoup d'attention depuis que j'ai commencé de sentir que je maîtrisais ma voix.

Je me souviens d'avoir assisté à une représentation des *Hauts de Hurlevent*, il y a des années de cela, alors que j'étais encore étudiante; à la fin du spectacle, je m'étais rendue en coulisses pour rencontrer l'acteur qui jouait le songeur et ardent Heathcliff. Je lui demandai comment il était possible de jouer avec une telle intensité soir après soir, et il me dit : « C'est mon travail que de vous faire sentir cela, mais si je devenais vraiment cet homme tous les soirs, je ne pourrais pas y survivre. » Jan DeGaetani disait souvent qu'elle s'abandonnait véritablement aux larmes pendant les répétitions, libérant l'émotion avant le concert pour ensuite pouvoir la partager avec le public. « Ils ne pourront pas ressentir eux aussi l'émotion que tu ressens dans l'interprétation si tu te laisses aller sur scène, car alors tu ne pourras plus interpréter. » Jan me donna un autre conseil très précieux. Je devais cesser de vouloir à tout prix la perfection. « Accorde-toi une marge de dix pour cent », disait-elle souvent. « Avoir la perfection pour objectif ne peut conduire qu'à l'échec. Car alors, à la première erreur dont tu t'aperçois, tu commences à considérer que ton interprétation est imparfaite, et c'est là que tout s'écroule vraiment parce que tu as perdu ta concentration et que tu ressasses au lieu de chanter dans le moment présent. » Elle pensait préférable de calculer d'avance une marge d'erreur car, après tout, nous ne sommes que des êtres humains. Je n'ai jamais fait l'expérience de la perfection dans l'interprétation. Il y a bien trop d'aléas – vocaux, interprétatifs, dramatiques, physiques –, et le chant est un art bien trop complexe.

Une grande expérience théâtrale peut s'avérer extrêmement cathartique. Comme je préfère fuir le conflit, me glisser dans la peau d'un personnage me permet de m'y ouvrir. Je peux alors éprouver une foule d'émotions différentes qui n'ont pas leur place dans ma vie, et c'est parfois libérateur. Il serait intéressant d'examiner quels rôles sont les plus épuisants. Quiconque parcourt la liste de mes rôles pensera sans doute que le personnage de Blanche DuBois dans *Un tramway nommé Désir* est particulièrement dévastateur, mais j'aime Blanche précisément pour la richesse de son personnage et pour l'intensité du drame qu'elle vit. La première fois que je rencontrai Placído Domingo, ce fut en 1994 quand je fis irruption au beau milieu des répétitions pour la scène de la confrontation d'*Otello*. Carol Vaness souffrait du dos, et moi je ne cessais de supplier qu'on m'accordât plus de temps de répétition (il s'agissait d'un rôle nouveau pour moi), lorsque la production me dit : « Renée, c'est à toi ! » Soudain je me retrouvai sur scène avec Placído. Son jeu était si terrifiant d'intensité que je crus qu'il allait m'étrangler pour de bon ; mes jambes tremblaient tellement que je pouvais à peine me redresser et il me fallut de l'aide pour sortir de scène. Quand tout fut fini, il me serra la main et me dit d'un air enjoué, comme pour saluer un nouveau voisin de palier : « Bonjour, je suis Placído Domingo. Ravi de faire votre connaissance. » J'ai appris bien des choses sur l'art dramatique à son contact ; en me tirant vers le haut, il m'a amenée à un niveau supérieur. Ces quelques représentations d'*Otello* constituent un autre tournant décisif de ma carrière.

Lorsqu'un chanteur trouve un rôle qui lui convient particulièrement, il a le grand privilège de pouvoir l'interpréter pendant dix ou vingt ans et dans des mises en scène innombrables. Afin de maintenir un lien émotionnel et intellectuel avec un rôle, je dois trouver le moyen de toujours développer et enrichir mon interprétation. Les personnages complexes ont besoin que l'on fasse ressortir toutes leurs nuances comme par couches successives, et c'est un travail fascinant, tout comme il est stimulant d'ajouter continuellement des nuances à des personnages dont l'écriture n'est pas si riche. Chaque mise en scène et chaque distribution sont une nouvelle expérience, et ce n'est pas parce que j'ai déjà chanté la Comtesse une douzaine de fois que je vais me contenter de dérouler le rôle sur scène. Une des modes récentes consiste à situer l'action dans l'époque où vivait le compositeur, plutôt que dans celle qu'il a imaginée. La Grèce antique et le XVIIIe siècle étaient autrefois très appréciés, mais les toges et les robes à panier ne correspondent plus, semble-t-il, à la sensibilité de metteurs en scène qui essayent d'imposer leur marque et d'inciter à la controverse. L'action de certains opéras est située dans l'époque contemporaine, ou bien au moins au XXe siècle (les années cinquante étant particulièrement prisées) dans l'idée que cela plaira davantage au public. Le cycle mozartien de Peter Sellars, situé à l'époque actuelle, ainsi que le fameux *Rigoletto* mafioso de Jonathan Miller, constituent des lectures du livret d'une grande force.

En ce qui me concerne, je n'ai pas vraiment de préférence en la matière. Tout ce que je demande à une mise en scène, c'est d'être intègre, et alors je lui suis reconnaissante. La ligne directrice doit être constamment rapportée à l'opéra concerné et doit être soutenue par une étude détaillée. Nous avons tous assisté à des mises en scène qui paraissaient sortir tout droit de notre cauchemar de la veille. Pendant plusieurs décennies, tout particulièrement en Europe, on a attendu des metteurs en scène qu'ils fassent impression par la provocation et le scandale, jusqu'à ce que l'on s'aperçoive récemment que chaque nouvelle mise en scène avait plutôt tendance à susciter les huées du public. Cet attrait pour le sensationnel semble être sur le déclin et, fort heureusement, le travail de qualité reprend ses droits. Je souhaite que l'on retrouve un équilibre entre l'oreille et l'œil.

Après avoir travaillé sur l'œuvre de deux à quatre semaines, on est prêt pour commencer les répétitions sur scène, ce qui veut dire que le temps est venu de s'occuper des costumes. Les essayages m'ont toujours paru pénibles : ils prennent du temps et me fatiguent. Rester immobile et servir de mannequin pendant deux heures, perchée sur des talons hauts, avec en plus assez fréquemment un corset très serré et garni de tissus lourds et chauds, pendant qu'on discute jusqu'au dernier détail de la coupe du vêtement et de ses ornements, n'est pas une chose très naturelle. Lorsque je chantai Amelia dans *Simon Boccanegra* au Royal Opera, en plein mois de juillet et avant qu'on eût rénové cette maison, la température montait à 37 degrés dans les coulisses, et nous avions la malchance d'être tous costumés de laine, de cuir et de fourrure avec de longs manteaux. J'en étais au septième mois de ma grossesse et dès que j'avais un instant de libre, je me plaçais devant le petit ventilateur de ma loge, espérant avoir assez de force pour ne pas m'évanouir avant ma prochaine entrée en scène. Parfois un costume est dessiné pour moi, mais il arrive aussi qu'on adapte des robes issues de productions précédentes. Pour la nouvelle mise en scène du *Capriccio* de Strauss dans laquelle j'ai récemment chanté à Paris, je me suis soudain aperçue que deux hommes s'affairaient sur le décolleté de mon nouveau corset depuis au moins dix minutes (Mae West s'en serait donné à cœur joie). L'avantage des nouveaux costumes est qu'ils sont dessinés sur moi, mais il est tout aussi excitant de porter les anciens. Chaque fois qu'une soprano porte une robe, on coud à l'envers une étiquette portant son nom et la date où elle la porta, et on peut y lire souvent jusqu'à huit noms. Une jeune soprano sera-t-elle un jour enthousiasmée à l'idée de porter un costume marqué du nom de « Renée Fleming » ? Je n'oublierai jamais le jour où je fus lacée dans une robe portée autrefois par Kiri Te Kanawa. Qui ne chanterait mieux dans un costume imprégné d'histoire ?

Tout au long des années, je me suis efforcée d'apprendre à reconnaître ce qui me va le mieux et ce qui me fait me sentir le plus à l'aise, mais il ne s'agit certainement pas d'une science, et il m'est souvent arrivé d'être déçue en me découvrant plus tard à l'image, avec le sentiment très clair de m'être totalement trompée. À l'image et sous l'éclairage d'une scène de théâtre, les tissus paraissent totalement différents de ce qu'ils sont dans une loge. J'ai souvent rêvé qu'un magicien m'apparaissait et me permettait de discerner instantanément la meilleure solution dans chaque circonstance théâtrale. Ce que j'ai trouvé de plus approchant, c'est le metteur en scène et styliste John Pascoe, avec qui j'ai travaillé dans six productions excellentes, à commencer par une mise en scène de *Platée* de Rameau au festival de Spolète. Il a aussi dessiné la robe de taffetas vert que j'ai portée lors de ma première apparition à la télévision pour le Richard Tucker Award – qui fut pour moi l'équivalent de la sortie dans le monde d'une débutante et ma présentation à une grande partie du public amateur d'opéra. Plus tard, il me dessina de nouveaux costumes pour la nouvelle mise en scène de *La Traviata* que donna Franco Zeffirelli au Met, avec dans l'idée de m'aider à mieux me distinguer sur scène tout en étant habillée de façon moins décorative. Son instinct s'avéra parfaitement juste.

Un essayage de costume implique toujours le responsable du magasin, le tailleur, la personne qui s'occupe des bijoux, le chausseur, la modiste et le perruquier. Chacun interviendra à un moment ou un autre pour jeter un coup d'œil, le styliste gardant la haute main sur l'ensemble. À mes débuts, je m'estimais heureuse de pouvoir être dans cette position, sans plus avoir à m'habiller de bric et de broc en choisissant des vêtements dans une malle quelque part dans les coulisses. À présent, je m'implique beaucoup dans les décisions. Dès lors que je m'aperçus que je pouvais influer sur les choix, je n'eus plus peur de refuser les minijupes en cuir et les chaînes avec lesquelles on voulait que je parade sur scène, sans même parler, ce qui semble être le goût du jour, de l'idée de jouer carrément nue.

Quelque attention que les interprètes portent à leur image sur scène, ils restent soumis aux particularités du spectacle et aux aléas qui peuvent survenir. On m'a habillée d'écailles de poisson, j'ai porté des bas d'époque « authentiques » qui me tombaient aux chevilles à chaque scène (ils n'ont pas duré très longtemps), je me suis barbouillée de faux sang, de glycérine pour imiter les sueurs de la fièvre, je me suis maquillée pour figurer une personne à l'article de la mort, j'ai utilisé des paillettes (empruntées à mes filles qui en ont plus que moi) pour me transporter dans le monde des contes de fée. Un jour, l'ourlet de ma robe s'est coincé dans les boutons de celle de Susan Graham pendant une représentation du *Chevalier à la rose*. Pendant une répétition de *Rusalka*, ma robe se détacha et tomba, et j'étais si absorbée dans le moment présent – ou bien peut-être faisait-il trop chaud dans le théâtre – que je ne remarquai même pas l'air frais qui passait sur mes jambes. Souvent je me suis retrouvée coincée dans l'embrasure d'une porte : marcher avec une robe à panier dont la largeur peut excéder deux mètres, c'est un peu comme de conduire une voiture : il faut s'y reprendre à deux fois pour exécuter correctement un demi-tour. Dans la production de *Thaïs* à l'Opéra de Chicago, mes talons hauts se prenaient dans les ourlets de mes robes et trouaient le polystyrène qui recouvrait la scène, au point que j'en vins à marcher sur la pointe des pieds. J'ai dû apprendre à bien me servir d'un éventail et à marcher, m'asseoir et me coucher avec un corset baleiné tout en chantant un *si* bémol *pianissimo*. J'ai dû apprendre à négocier le jeu dans les escaliers, la scène inclinée, les sols laqués et glissants. Ma contribution personnelle à une soirée d'opéra est de trébucher en me prenant le pied dans ma propre robe, et j'y déploie un talent inégalé – après dix ans de leçons de danse, je peux tout juste me réjouir de ne pas connaître quelque chose de pire encore. On m'a aussi fait porter d'immenses perruques blanches auxquelles il est arrivé de se coincer sur quelque élément du décor ou bien dans les vêtements des autres personnages.

Une de mes expériences les plus anciennes est assez remarquable. Je chantais l'air de Constanze « Martern aller Arten », dans *L'Enlèvement au sérail*, debout sur une table qui se trouvait juste devant les rideaux de la scène ; des mains aux gants rouges, surgissant de derrière les rideaux, continuaient de s'affairer sur ma robe et me déshabillaient pendant que je chantais cet air colorature diaboliquement virtuose. Comme je ne pouvais pas chanter l'air correctement, j'étais rassurée de savoir que le public serait de toute façon distrait par la mise en scène. Dans la même production, je chantai un autre air extrêmement difficile enchaînée à un grillage. Dans une mise en scène d'un opéra baroque, je devais chanter tout en grimpant sur un grillage (apparemment c'était la grande mode des grillages à l'époque). J'ai chanté dans les positions les plus diverses : allongée par terre, la tête à l'envers… Mais j'avoue n'avoir pas encore eu la chance d'être propulsée dans les airs et je n'ai encore jamais paru sur scène en passant par une trappe ; mais il est bon d'avoir l'esprit tourné vers l'avant.

En 2001, je chantai *Arabella* au Bayerisches Staatsoper de Munich, ce qui revenait à interpréter Tatiana à Saint-Pétersbourg, Manon à Paris ou Eva à Bayreuth. Ce fut l'un des moments les plus exaltants et les plus risqués de ma carrière. À Munich Richard Strauss était chez lui ; sa musique n'avait jamais cessé de croître en importance à mes yeux année après année, et l'interpréter dans cette ville me donnait l'impression de chanter pour le maître lui-même. Bien que la distribution fût merveilleuse, les répétitions ne laissaient pas d'être épuisantes. Le décor figurait une immense pile de papier censée symboliser les tas de factures que la famille d'Arabella se trouvait dans l'impossibilité de payer ; c'était comme une colline escarpée dont les pentes raides faisaient un angle d'environ quarante-cinq degrés. Nous devions grimper là-dessus et chanter tout en même temps ; nous étions comme des chèvres sur la montagne. Tout ce papier qu'on avait collé sur la colline ne manquait pas de se déchirer chaque fois que nous y mettions le pied. Ce fut donc littéralement sur une pente savonneuse qu'il nous fallut répéter durant six semaines. Je ne pense pas que les syndicats eussent autorisé pareille chose aux États-Unis, mais en Europe, on exige généralement des chanteurs beaucoup plus d'engagement physique et théâtral. Au bout du compte et sans surprise, je fus clouée deux jours au lit par un mal de dos. Une scène d'à peine quatre minutes impliquant cinq chanteurs nécessitait neuf heures de mise en place ; il y avait de quoi s'arracher les cheveux.

Pour autant, tandis que je gambadais et glissais sur cet immense tas de factures, j'essayais de ne jamais perdre de vue où je me trouvais et quelle occasion c'était pour moi de participer à un spectacle qui, au bout du compte, s'avérerait un grand succès pour nous tous. Le soir de la première, je m'apprêtais à monter sur scène lorsque je reçus un coup de téléphone de Carlos Kleiber.

« Vous savez où je me trouve ?, me demanda-t-il.

– Non, où ?

– À Garmisch. Je vais tendre l'appareil ; vous entendez les cloches de l'église ? »

J'écoutai de toutes mes forces et, bien sûr, aussi loin que je fusse, je pouvais les entendre sonner.

« Nous voulions vous souhaiter le meilleur pour ce soir », me dit Kleiber.

Par ce « nous », il entendait lui-même et Richard Strauss, puisqu'il se trouvait dans le cimetière de Garmisch auprès de la tombe de Strauss. Je fermai les yeux, j'écoutai les cloches ; en ce moment sublime, je pouvais sentir que j'étais soutenue par un chef de légende et par un compositeur de légende.

Chapitre X

La scène

Tout au long de ma carrière, je suis montée sur beaucoup de scènes différentes. J'ai chanté dans de petites salles aussi bien que dans des arènes gigantesques et à ciel ouvert, mais que je paraisse devant un public de douze ou de douze mille personnes, mon objectif est identique : communiquer avec ce public. Quand la soirée se passe bien, je me sens plus vaste que moi-même C'est un peu comme si les limites de mon corps avaient fondu, que je pouvais par ma voix atteindre et toucher le public d'une manière quasiment charnelle. Pour moi, l'art du chant est l'art de l'expression – l'expression de la musique et celle du texte. En quelque vaste lieu que je projette ma voix, je m'en sers pour que l'espace entre moi et le public aille en s'amenuisant. Ma voix devient alors un grand filet que je déploie tout alentour pour nous rapprocher tous.

Si tout se passe bien, il est des moments dans un

concert où le public observe un silence absolu; vous savez alors que vous le tenez dans le creux de votre main. C'est pour connaître de tels moments que vit l'interprète. Ils n'arrivent qu'en certains lieux et dans certains opéras, et parfois pas du tout. Lorsque mon public est suspendu à la musique qu'il écoute, je sens monter en moi une puissante vague de reconnaissance. Je sais que je l'ai atteint, et avec cette certitude vient la liberté, la liberté absolue d'aller là où mon imagination me porte. Voilà l'objet de toutes ces années de travail consacrées à l'acquisition d'une technique solide. La liberté signifie que je peux être spontanée. Je peux tenir une note plus longtemps, la chanter plus doucement ou plus fort, je peux tenter une *messa di voce* ou bien un *decrescendo* à ma guise. Je peux modeler une phrase de telle manière ou placer tel accent sur un mot. Dans ces occasions, c'est l'imagination elle-même qui est révélée. Alors les heures de dur labeur et de discipline au cours desquelles j'ai appris à maîtriser chaque note et à dessiner précisément le contour de chaque nuance, me libèrent de la page plutôt qu'elles ne m'y enchaînent. Plus j'ai de savoir-faire, plus j'ai confiance en ma voix; plus j'ai confiance en ma voix, plus j'ose prendre de risques. Parfois il m'arrive de me souvenir d'un concert et de me demander : « Comment ai-je fait ? » Qu'est-ce qui m'a fait croire que je pourrais tenir cette note si longtemps ou bien chanter cette phrase si doucement ou encore m'abstenir de prendre ma respiration là où j'aurais pourtant dû le faire ? Comme ces moments-là sont des moments d'inspiration, ils sont éphémères, car la prochaine interprétation ne sera jamais exactement la même.

Lorsque je suis en tournée, lorsque je donne des

récitals, les circonstances changent tous les soirs : la ville, la salle, le public, le piano, ma santé, mon sommeil, le temps accordé aux répétitions, l'orchestre, le chef, tout contribue à décider du succès de la soirée. Dans un récital, ma voix se ressent de la position du couvercle du piano, ouvert ou fermé. Parfois, j'ai affaire à un piano à la sonorité trop dure, ce qui me conduit à pousser un tout petit peu la voix. Avec un peu de chance, je saurai diagnostiquer le problème à temps, et nous pourrons alors chercher une qualité de timbre différente qui convienne à l'instrument et à la salle. L'acoustique d'une salle est fort différente selon qu'elle est vide ou peuplée de tous ces corps qui la réchauffent. Même après toutes ces années, il m'arrive encore de croire que je suis dans un mauvais jour alors qu'en fait c'est l'acoustique de la salle qui a changé avec la présence du public. Parfois l'acoustique est trop chaleureuse, ce qui peut me conduire à chanter avec une résonance en position étrangement haute, et c'est alors encore pire qu'avec une acoustique trop sèche. Une acoustique très brillante et très chaleureuse peut sonner très durement après un moment, et alors je ne manque pas de me crisper. À la seconde même où j'entends que quelque chose ne sonne pas bien, je me repasse mentalement ma fameuse liste de contrôle : Est-ce que je me sens bien ? Y a-t-il trop d'air conditionné qui souffle sur mon visage et m'assèche la gorge ? Suis-je en train de pousser ma voix, et si cela est vrai, pourquoi ? Y a-t-il quelque part un muscle qui se contracte ?

En dehors de toutes les circonstances extérieures, je dois considérer le moindre changement dans ma voix nécessitant quelque modification ou réajustement. Je dois tenir compte de chaque fatigue, de chaque tension, traquer toute mauvaise habitude qui pourrait s'insinuer dans ma gorge en une seule nuit, sur une seule note. Si j'ai de la chance, j'aurai le temps de m'échauffer doucement et de répéter tous les passages qui m'ont paru faibles lors de la soirée précédente. Le plus souvent, je mobilise toute une stratégie pour trouver une solution au problème. C'est un peu comme si ma voix était cette bulle d'air logée dans un instrument à niveau et que je devais sans cesse l'incliner d'un côté (la bulle a trop glissé sur la droite) puis de l'autre (j'ai chassé la bulle trop à gauche), à la recherche de l'équilibre parfait au point mort de la cible.

Je donnerai un exemple du type de prudence dont je dois faire preuve aujourd'hui. Lors d'un récent concert en Allemagne, j'ai eu maille à partir avec deux *si* aigus dans un air de Manon. Sans que je puisse m'y attendre, ils avaient dérivé de leur voie habituelle et, je ne sais comment, glissé dans ma voix de tête. À la représentation suivante, je m'efforçai donc de les rabattre vers le bas et de trouver l'équilibre entre résonance buccale et résonance de tête. Comme j'ai toujours été peu sûre de mes aigus, aujourd'hui encore je dois être extrêmement vigilante pour ne jamais permettre à la peur de s'insinuer dans ma voix. Dès que je suis trop consciente d'une note et surtout de la possibilité qu'elle me lâche, il y a de sérieux risques pour qu'elle me lâche effectivement. Si j'ai échoué un soir à atteindre une hauteur, je serai automatiquement tendue le lendemain au moment de réessayer, et cela quelle que soit la stratégie que j'aurai adoptée entre-temps pour m'en sortir; je dois donc faire avec. Dans ce cas précis, j'essayai de trouver ce que j'avais bien pu faire de mal pour que ces notes fussent si mal placées; en fait, il ne s'agissait que de réajuster très légèrement la position de ma tête. Dans ma loge, je chantai la phrase litigieuse devant le miroir exactement comme Ubaldo Gardini m'avait conseillé de le faire des années auparavant, à l'époque où je devais chanter Musetta pour la première fois. Lorsque je m'éloignai du miroir et chantai la même phrase à nouveau, je sentis que mon menton avait légèrement monté, et je pensai : c'est donc ça! J'avais été probablement trop attirée par l'éclairage pendant le concert, ce qui m'avait conduite insensiblement à lever le menton un petit peu trop haut. C'est ce travail incessant et toujours renouvelé qui assure la longévité.

Une fois le problème résolu, je mis en œuvre une stratégie. Lorsque j'arrivais au premier *si*, je m'efforçais de garder la nuque relâchée et de libérer la note sans lever le menton. Je devais aussi respirer en évitant toute tension. Juste avant d'atteindre la hauteur litigieuse, je m'imposai de placer un accent sur la note immédiatement inférieure avec très peu de pression du souffle, puis de l'ouvrir horizontalement en m'élevant, mais tout en continuant de n'ajouter aucune pression du souffle. Je pratiquai cet exercice quelques fois, car la mémoire musculaire est une des clés de l'art du chant. Lorsque je remontai sur scène, une partie de moi-même ne croyait pas que je pourrais reproduire ce que j'avais fait dans ma loge : je craignais toujours de subir quelque tension, et la moindre tension aurait tôt fait de rejeter la note dans ma voix de tête. Mais la stratégie que j'avais adoptée s'avéra efficace et, à ma grande satisfaction, je constatai que mes exercices m'avaient permis de trouver une solution à un problème auparavant insoluble. Le reste du concert ne fut que joie, car je pouvais me concentrer à nouveau sur l'expression. J'étais la seule à savoir quelle crise j'avais traversée; avec un peu de chance, il en ira encore de même pour encore quelque temps.

Bien sûr, le chant n'est pas ma seule préoccupation lorsque je suis sur scène. Je pense aussi à mon jeu, à mon apparence physique, à ma prononciation, à ma diction et au public. Comme je ne suis pas quelqu'un d'extraverti, cela m'aide beaucoup de recevoir du public aussi bien que de donner. Parfois son amour est manifeste; d'autres fois, j'ai plutôt l'impression d'avoir affaire à un juge et d'être le plaideur de ma propre cause. Je pourrais presque les voir tous avec leurs carnets de notes, ne laissant passer aucune erreur.

J'ai en permanence besoin de me rappeler qui est le public, surtout quand je chante un programme exigeant. De même, je dois me rappeler qui je suis lorsque j'écoute un autre chanteur. Je ne vais jamais assister à un récital à Carnegie Hall en me plaçant en position de critique. La plupart d'entre nous assistent aux concerts ou à des représentations d'opéras en espérant que l'expérience sera positive et même qu'elle nous transformera. Lorsque je suis sur scène, j'essaie toujours de trouver dans le public un regard attentif, un visage qui me sourit; en fait, je recherche ce qu'Edith Wiens avait dit avoir trouvé en moi pendant la fameuse répétition du *War Requiem*. Les soirs où je considère la salle entière et ne trouve personne à qui m'adresser, j'ai le cœur lourd. Cela n'arrive que pour les récitals, car alors la lumière n'est pas si tamisée, l'orchestre n'est pas logé dans sa fosse, entre moi et le public, et la salle est plus petite et plus intime – toutes choses qui contribuent à me rapprocher du public. Au début de ma carrière, j'étais souvent intimidée par ces petites salles où un public restreint et cultivé, les bras croisés, semble se dire : « Montre-nous ce que tu sais faire. » J'essaie donc de les éviter aujourd'hui. J'ai besoin que le public m'accorde sa confiance, ne serait-ce que par un sourire ou un visage impliqué. Je me souviens d'un concert en hiver où les trois quarts de la salle s'endormaient. J'étais perplexe, et pourtant je ne pensais pas que mon interprétation fût si ennuyeuse.

Il y a aussi des jours où je me trompe totalement sur le sentiment du public. Il peut sembler impitoyablement sévère pendant que je chante et finalement m'applaudir avec frénésie à l'issue du concert. Il arrive qu'il ait l'air si grave que je prenne sa concentration pour du rejet, avant de m'apercevoir qu'en réalité il s'est diverti. L'expérience m'a appris à ne présumer de rien, car il m'est souvent arrivé de m'attendre aux pires calvaires alors même que j'allais au-devant des succès les plus gratifiants.

La vérité est que la plupart d'entre nous chantent pour les applaudissements et ne donnent que pour recevoir. Nous avons un grand besoin d'être aimés, si possible simultanément et par un public immense. Il y a bien sûr des interprètes pour lesquels le public est une chose totalement superflue et pour qui faire de la musique est le seul objectif. Je ne suis pas si pure. Je veux de l'amour, j'en ai besoin, tout comme j'ai besoin qu'on approuve ce que je fais. Ce n'est pas la bête de scène, mais la bonne élève congénitale en moi qui demande au public de lui donner une bonne note.

La relation des chanteurs aux applaudissements est très complexe. Le salut fait certainement partie du spectacle, bien que je n'y sois pas toujours très à l'aise. Il est très intéressant d'observer les différents styles de salut. J'ai lu des descriptions très longues et très détaillées sur la manière qu'avaient les grands chanteurs de saluer; certaines grandes sopranos se contentaient du geste le plus sobre pour marquer la fin du concert, d'autres y mettaient plus d'art que dans le reste de leur interprétation. Parfois le salut a plus d'effet sur le public que la musique elle-même. Imaginez un peu la chanteuse qui saisit le rideau de ses deux mains pour entrevoir le public, l'air épuisé de quelqu'un qui s'est livré à des émotions qui lui ont tant coûté qu'il n'a plus la force de paraître sur scène. Au bord de l'évanouissement, elle allait presque oublier le public; mais elle l'entend qui l'acclame, ses yeux s'écarquillent d'étonnement et, d'un geste interrogatif, elle presse doucement sa main contre son cœur. « Moi ? » semble-t-elle dire, « tout cet amour est pour moi ? » Mais à ce moment le public exalté crie : « Oui, vous ! » Il tonne son enthousiasme, ses « Brava ! » retentissent dans la nuit. Le public quitte la salle en étant persuadé de n'avoir jamais connu pareille émotion – il ne voit pas que c'est le salut et non l'interprétation qui lui a ravi le cœur.

Il y a d'autres façons de communiquer avec le public. Je signe souvent mes disques après un concert, ce qui me permet d'aller à la rencontre du public auquel je viens de me livrer. Souvent des admirateurs se confient; certains me disent qu'ils ont trouvé du réconfort dans ma musique après la perte d'un proche ou dans l'épreuve de la maladie, d'autres me racontent comme elle a illustré des événements heureux, un mariage ou le début d'une relation. Savoir que les gens qui aiment la musique se tournent vers moi dans les moments les plus importants de leur existence est un privilège extraordinaire. Lorsque je suis proche du public, je sens qu'il peut me voir telle que je suis ; tandis que mon cœur et mon âme parlent par ma voix et la musique, tout le reste s'évanouit.

Il y a deux manières pour les admirateurs de considérer une soprano. Les uns la mettent sur un piédestal et la regardent comme un don de Dieu, descendue du ciel pour bénir les masses de sa voix d'or. Les autres, qui forment la plus grande partie du public, la voient, peut-être pas comme leur voisine de palier, mais au moins comme une personne normale. Voilà l'image que la plupart des gens se font de moi – descendue du piédestal et bien ancrée sur la terre. Je pense souvent à ce que j'essaie d'être pour mon public. Une personne tyrannique, difficile, capricieuse ? Aux manières affectées ? Une personne chaleureuse et charmante ? Aimante ? Sexy ? Généreuse ? Parfois mon apparence dépend de ce que je chante, mais il y a toujours un choix à faire.

Je crois que le but ultime d'un chanteur d'opéra est de laisser un héritage. La légende de Maria Callas dépasse de très loin le succès qu'elle a pu connaître de son vivant et qui était pourtant considérable. Sa façon de chanter était inégale, et la beauté de sa voix n'était pas universellement appréciée. Beaucoup de gens ont même dit que sa voix n'était pas particulièrement puissante ; mais comme elle était une musicienne consommée, elle s'en servait efficacement pour imposer sa marque sur tout ce qu'elle chantait. Un jour où je me trouvais à Paris, je demandai à

Michel Glotz de me parler du jeu de Callas. Il avait été son agent et un ami proche. Qu'est-ce qui la rendait à ce point inoubliable sur scène ? Il y a si peu de témoignages filmés. Est-ce qu'elle mordait les décors ? Est-ce qu'elle battait le sol à tout rompre ? Que se passait-il pour qu'elle s'impose si fortement à tant de passionnés d'opéra ? Ce qu'il me répondit fut plutôt à l'opposé de l'idée qu'on pouvait s'en faire. Il me dit qu'elle ne faisait presque rien. Elle ne bougeait pas, et par conséquent le moindre de ses mouvements et le moindre de ses gestes vocaux causaient un effet immense. Elle puisait sa concentration dans l'agitation confuse qui avait lieu autour d'elle. Pour ma part, d'un point de vue purement vocal, le plus émouvant, c'était la tristesse dans sa voix – quelque chose dans son *chiaroscuro* qui est pour moi comme un poignard qu'on m'enfonce dans le cœur. Était-ce le son naturel de sa voix, ou les malheurs de sa vie qui l'avaient ainsi colorée – on ne le sait. Elle a incarné ce que doit être l'interprète lyrique. Par ailleurs, elle ne montait pas souvent sur scène, et cette rareté ne manqua pas de créer cette folie qui l'entourait, avec tous ces gens courant derrière sa voiture et l'obligation pour elle de s'échapper chaque soir, à l'issue du spectacle, par quelque tunnel creusé sous l'opéra. Le mythe de la Callas a tellement éclipsé la vraie femme qu'elle était qu'il est difficile de rester objectif à son sujet. Qu'on la vénère ou qu'on la critique à l'excès, il demeure qu'elle a gagné ce que tout chanteur rêve d'avoir : une place, unique et irremplaçable, dans l'histoire.

À l'époque où je commençai à chanter, on disait parfois que le temps des grands chanteurs était révolu. Tout le monde parlait avec nostalgie des années cinquante, ou même, si on était amateur de vieux disques, des années vingt et trente. Les vrais aficionados remontaient encore plus loin dans le temps, jusqu'à l'âge d'or, et essayaient d'imaginer, à partir des decriptions, comment leur répertoire favori était interprété avant que l'enregistrement existe.

En vérité, c'est l'importance de la musique elle-même, et le travail de compositeur, qui constitue le don de création, tandis que la chanteuse est reléguée au rôle de l'*umile ancella*, de modeste servante. De ce point de vue, les chanteurs ne sont pas des artistes mais seulement des interprètes. Ce qui fait d'un chanteur un grand artiste a fort peu à voir avec sa voix ; c'est plutôt le chemin qu'il a accompli pour tirer le meilleur de son instrument. Les grands chanteurs utilisent chaque aspect de leur talent, y compris celui qu'ils déploient dans la vie, afin de captiver l'imagination du public. Ce sont les artistes les plus intéressants et ceux qui gardent leur public le plus longtemps. La perfection est souvent comme une surface si compacte que le public ne peut y pénétrer, tandis que les aléas d'un style personnel sont comme des fenêtres ouvertes sur le cœur du chanteur. Ces interprètes nous captivent pour la même raison qui fait que nous ne pouvons quitter des yeux la funambule, ou bien le dompteur dont la tête est engloutie dans la gueule d'un lion. C'est l'excitation que l'on ressent à regarder quelqu'un qui prend des risques.

Il y a des soirs où tout se déroule parfaitement. Je sens alors que j'ai donné le meilleur de moi-même et que j'ai accompli le saut qui mène de l'interprétation à l'art. J'ai réussi à captiver le public. Je pense à la soirée et rien ne me vient à l'esprit que je voudrais changer. Et pourtant il peut arriver que, de retour à l'hôtel, je me sente désorientée : le changement est trop brutal. Je chéris surtout le chemin du retour, pendant lequel je peux jouir d'un peu de solitude. Il n'y a pas de téléphone qui sonne et j'échappe un peu au chaos de ma vie quotidienne. Bien que ce chaos me réussisse très bien, tout le monde a besoin d'un peu de répit de temps à autre. Mais enfin, après avoir communiqué si intensément avec mille deux cents personnes, se retrouver seule dans une chambre inconnue est une chose assez étrange. Je suis parfaitement réveillée, encore sous tension, et je ressens un vide immense. Beaucoup de chanteurs ont parlé assez justement de la solitude qu'apporte un tel mode de vie. Une très grande excitation s'accumule sur scène; tout le dur labeur engagé dans la réalisation d'une grande interprétation vient à la rencontre de l'enthousiasme et de l'énergie du public. Je l'ai diverti et je l'ai instruit; en retour, j'ai gagné son estime. Mais une fois rentrée à l'hôtel, il est impossible de se maintenir à ce degré d'exaltation. C'est un peu comme si la soirée entière avait été gommée par le simple tour de clé dans la serrure de la porte de ma chambre d'hôtel. Alors je peux devenir très sombre, très sévère à l'égard de la moindre erreur commise. Le lendemain matin, je me porte bien à nouveau et je peux me dire que tout cela fait partie de la vie de nomade que mènent les chanteurs.

Comme me l'a dit un jour un collègue avisé : « Ce que nous faisons nous apporte tellement de joie et de satisfaction que nous le ferions volontiers pour rien. Ce pour quoi nous sommes payés, c'est pour quitter notre famille et nos amis. »

Chapitre XI

Les rôles

Lorsque j'ai un nouveau rôle à apprendre, trouver deux heures pour le travailler, dans une journée déjà surchargée, n'est pas la moindre des difficultés que je rencontre. Avec le téléphone qui sonne toutes les deux minutes et la sonnerie de l'entrée qui ne se fait pas oublier non plus, je me réjouis d'avoir acquis une bonne concentration tout au long des années. Lorsque je répète au piano dans mon salon, mon assistante Mary essaye de m'interrompre le moins possible, mais régulièrement quelque chose survient qui requiert immédiatement mon attention. En jonglant avec ses trois lignes de téléphone, elle s'occupe aussi de dénicher les partitions dont j'ai besoin et de faire mes valises pour mon prochain voyage. Alison, mon autre assistante, est mon lien avec le monde extérieur;

elle conçoit mes itinéraires et organise mon agenda; selon le lieu et la date des concerts, elle s'arrange pour placer interviews, essayages, déjeuners avec mes amis, heures de travail, spectacles d'école, réunions au Met, sans oublier les rendez-vous plus intime. Mes assistants m'appellent «la cravache de velours» ou «l'ouragan» ; même si je ne suis pas harcelante à ce point, la nécessité écrasante ou je suis d'exercer des tâches multiples me met dans la catégorie des Stepford divas[1]. À leur retour de l'école, mes filles courent me voir au piano pour m'embrasser et me faire le récit de leur journée; elles me racontent tout, les questionnaires sur les chanteurs pop, les invitations chez leurs amis ou à des fêtes, les potins (qui a dit quoi et qui s'est assis à côté de qui au déjeuner). C'est le meilleur moment de ma journée. Quand nous avons tout passé en revue, elles grignotent quelque chose et s'en vont faire leurs devoirs dans leurs chambres. En ce moment même, je suis en train de préparer *Daphné*, tout en vivant au milieu des travaux que j'ai entrepris dans mon appartement. Je dois donc me battre contre la poussière – qui ne forme pas précisément la meilleure atmosphère pour un chanteur – et le vacarme continuel que font des hommes portant des casquettes de base-ball et qui traînent partout dans l'appartement en se criant les uns aux autres des choses en russe (je regrette de n'avoir pas pensé à faire construire ma nouvelle cuisine pendant que je travaillais

1 Référence au roman de Ira Levin, *Stepford wives*, porté à l'écran par Frank Oz avec, entre autres, Nicole Kidman, qui met en scène des femmes au-delà de la perfection.

Tatiana). Pendant ce temps, Alicia, la personne qui s'occupe des filles, fait des lessives, et Rosie, mon épagneul Cavalier King Charles, aboie sur les deux architectes d'intérieur qui viennent d'arriver pour prendre les mesures des étagères. Ce chaos n'est pas l'exception mais la règle. Une fois la cuisine terminée, il y aura autre chose. Si j'étais une personne fragile incapable de travailler sans calme et concentration, je serais condamnée à chanter la Comtesse dans *Les Noces* pour le restant de mes jours, car je ne pourrais jamais trouver le temps d'apprendre un nouveau rôle. Mon univers est exaltant, gratifiant, exigeant, et presque jamais paisible. Lorsque j'ai du travail, je sais m'abstraire de tout ce qui se passe autour de moi – c'est la seule solution.

Bien que j'aie toujours pris du plaisir à travailler tous les traits d'un personnage d'opéra, des musiques aux costumes, le moment de la découverte est le meilleur. Quand je pense en avoir fait le tour, quelque chose survient qui m'en révèle une autre facette. Appelez cela inspiration divine ou exercice du muscle créatif, quoi qu'il en soit, lorsque je découvre une nouvelle façon de réagir dans un dialogue, un mouvement différent ou une motivation insoupçonnée, je me sens renaître dans le rôle. Cela peut arriver pendant une répétition ou pendant le spectacle, cela peut aussi se développer au fil des mises en scène, et c'est une construction sans fin. Ce qui la rend si exaltante, ce sont tous ces efforts combinés qui participent à la création du personnage : la lecture du roman ou de la pièce duquel le livret est adapté, l'étude du contexte historique concerné et, par-dessus tout, l'immersion dans le texte et la musique. Plus on s'investit lors de ce travail, plus on y trouve son compte, et le public aussi.

Les personnages féeriques comme la nymphe Rusalka ou la sorcière Alcina sont généralement difficiles à incarner, car ils sont entièrement faits de nuances. Interpréter Alcina pour la première fois, cela revient à exécuter des variations du type : « Cinquante manières de plaquer votre amant » (Ruggiero), ou cinquante manières – plus exactement cinq airs diaboliques – d'exprimer l'amour perdu (Alcina). Pour répondre au goût du jour, les intrigues sommaires et alambiquées – parfois carrément absurdes – de certains opéras baroques ou italiens du XIXe siècle nécessitent beaucoup d'imagination, et une mise en scène plutôt conceptuelle. À l'opposé, les personnages complexes et dotés de vie comme la Maréchale, Manon ou Violetta sont plus faciles et, en ce qui me concerne, plus intéressants à incarner.

Je me souviens que la première fois que j'ai vu une représentation d'*Otello*, je ne pouvais pas m'empêcher d'imaginer que Desdemona avait subi une lobotomie dans son enfance. Comment expliquer sinon son aveuglement face aux crises de jalousie de son mari, et face à ses motivations réelles, qui la poussent à s'interroger sur sa propre vertu ? Mais en travaillant le rôle, j'appris à la considérer comme une vraie innocente : elle croit tellement en leur amour qu'elle ne peut rien imaginer qui puisse s'y opposer. Cette découverte me permit de l'interpréter avec confiance et beaucoup d'amour. Sir Peter Hall, le metteur en scène, fit un pas supplémentaire en ce sens en suggérant que Desdemona exerce une influence apaisante sur son mari. On comprend alors qu'elle prenne la fureur de son mari comme un signe d'anxiété que seuls des mots d'amour pourront apaiser. Elle ne réalise que trop tard le sérieux de ses accusations. Aujourd'hui, chaque fois que je chante ce rôle, je tente d'y trouver encore davantage de bonté et de confiance, et ainsi de contribuer, pour le public, à l'explication de sa nature profonde.

Chanter Rusalka dans l'opéra de Dvořák, c'est comme prendre un bain sensuel au clair de lune, mais il est très difficile de donner vie à ce personnage et à son histoire. Il m'a fallu beaucoup de temps et de discussions pour comprendre la fin de l'œuvre. Que lui arrive-t-il ? Qu'arrive-t-il au Prince ? Ajouter à cela le deuxième acte pendant lequel elle ne dit presque rien (et ne s'exprime donc que par les mimiques et les gestes), et vous comprendrez pourquoi j'ai eu besoin de sept mises en scènes différentes pour saisir l'essence de ce personnage. Robert Carsen s'est appuyé sur la sexualité implicite de l'œuvre et les aspirations de Rusalka à « devenir une femme », pour faire de cet opéra un subtil drame psychologique, dans lequel le Gnome et la Sorcière deviennent les parents de l'héroïne. Comme interpréter un personnage pendant tout un acte sans chanter, c'est un peu comme de demander à un violoniste de donner un concert sans violon, j'ai dû solliciter l'aide des chorégraphes de plusieurs mises en scène pour trouver un langage corporel qui exprime le désespoir de Rusalka et ce qu'elle appelle, après sa métamorphose partielle en être humain, sa condition, « ni femme ni nymphe ».

La scène finale, dans le décor de Günther Schneider-Siemssen pour la mise en scène d'Otto Schenk – version de cet opéra dans laquelle j'ai chanté le plus souvent –, est celle que je préfère entre toutes. Rusalka y apparaît marchant sur l'eau. Elle marche en réalité sur un morceau de Plexiglas savamment éclairé, criblé d'éclats de métal de toutes sortes, et qu'une machine fait tourner pour imiter les miroitements de l'eau sous la lune. L'effet est saisissant, et quel soprano n'aimerait pas marcher sur l'eau juste une fois ? Mais reste le problème de l'interprétation de cette scène. À la fin de l'opéra, Rusalka – qui ne peut ni mourir ni retrouver sa condition de nymphe – est condamnée pour l'éternité à séduire des hommes et à les conduire à la mort dans sa sombre demeure, au plus profond des eaux. Le cœur de l'opéra a pour thème l'amour et la rédemption, et il en va de même dans tous mes rôles favoris, mais il faut s'« immerger » dans l'œuvre pour en trouver la signification. Rusalka jure qu'elle ne tuera pas son amant, et pourtant c'est ce qu'elle fait d'un baiser, alors qu'il l'en a suppliée. En mourant, il pense être libéré de la honte et de la peine qu'il lui a causée. Elle implore Dieu de recevoir cette âme noble puis, au son d'un des plus beaux postludes de tout le répertoire, s'en retourne vers son infinie et sombre existence. La nymphe de Dvořák est un écho lointain de la petite sirène enjouée de Disney, tous deux inspirés du conte d'*Ondine*, sauf qu'elle s'en sort mieux, gagnant à la fin ses deux jambes et l'amour d'un homme.

Il arrive qu'un rôle difficile me demande un tel engagement qu'il devient un de mes favoris. Ce fut le cas de la mise en scène d'*Alcina* dans laquelle je chantai à l'Opéra Garnier en 1999. Susan Graham interprétait Ruggiero, l'objet de mon amour, ou plutôt de mon obsession, et pour chacun d'entre nous, c'était la première incursion dans un opéra de Haendel. Notre chance était d'avoir Robert Carsen comme metteur en scène et William Christie à la tête de son orchestre baroque Les Arts florissants. Lorsque je rencontrai Christie la première fois, je m'attendais à ce qu'il me demande de chanter le rôle avec beaucoup de pureté, sans vibrato et avec un son très blanc, et c'est exactement ce que j'avais envie d'essayer de faire, mais il était catégorique : « Cette musique a fait se pâmer les gens lors de sa création. Certains s'évanouissaient. C'est vers cela qu'il faut tendre. » Il me dit de donner tout ce que j'avais, d'y aller carrément, cela devait être sexy, jazzy. Je protestai nerveusement : « Non, non, non. Vous ne pouvez pas me demander ça. Ce n'est pas correct stylistiquement. » Mais il insistait, et j'essayai donc de chanter le rôle comme j'aurais chanté du jazz, improvisant une phrase par-ci, bémolisant une note par là. Je commençais à chanter un son sans vibrato, et puis j'en ajoutais plus loin. Interpréter Alcina de cette manière fut un choc, car après tout, il s'agissait de Haendel, et j'avais pensé que nous tendrions stylistiquement plutôt du côté de Mozart. Mais Bill m'encouragea à faire autrement. Le résultat fut fascinant, car nous avions pris le risque de l'échec en nous exposant totalement.

Mon coach Gerald Moore, Emmanuelle Haïm, la claveciniste de William Christie et moi-même, avons travaillé sur les ornements et les cadences de chaque répétition da capo des airs de l'opéra. Il s'agissait de façonner sur mesure des ornements expressifs, intéressants et parfaitement adaptés à mes capacités vocales. Ce qui de loin prend le plus de temps dans la préparation d'un opéra de Haendel ou bien d'un opéra du répertoire bel canto, c'est la mémorisation, la pratique et le travail continuels de ces ornements ; et cela dure d'habitude jusqu'au jour de la première. Si je pouvais, je les improviserais moi-même lors de chaque représentation. La brillante soprano Natalie Dessay, qui chantait Morgàra, s'en montra capable pendant les répétitions. Lorsque je lui dis que j'avais été frappée par sa voix et son imagination musicale, elle rit et me dit modestement : « Oh, je les chante chaque jour différemment car je ne peux pas me souvenir de ce que j'ai fait hier. »

Je m'amuse toujours beaucoup pendant les répétitions, car il n'y a aucun critère auquel se mesurer. Il n'est question que d'explorer. Interpréter devant un public est une chose merveilleuse, parce qu'on peut se nourrir de son énergie. En contrepartie, on s'expose à son jugement ; par conséquent, au moment du travail préparatoire, il vaut mieux être libre de tout cela. Le talent de Robert Carsen est nourri de sa vaste culture et de son goût impeccable. Il parle couramment plusieurs langues, possède une imagination foisonnante et me pousse toujours à donner le meilleur de moi-même, quand bien même cela créerait de la tension pendant les répétitions. Cette tension ne dure jamais, car je sais très bien que son intention est toujours de me forcer à prendre des risques ; et en agissant ainsi, il obtient de bons résultats. Non seulement cette mise en scène fut parfaite du point de vue musical, mais grâce au décorateur Michael Levine, elle le fut également sur le plan visuel. Le décor d'*Alcina* consistait en une boîte blanche aux portes donnant sur des paysages de forêts et de prés verts ; les images d'une nature sublime et éclatante étaient projetées sur le mur du fond pour donner l'illusion d'une perspective infinie. Robert ne se servit que de quelques meubles Louis XVI pour la sobre scénographie qu'il avait imaginée, avec des costumes élégants, une lumière dramatique et des mouvements d'acteurs minimalistes. Trente ou quarante hommes dispersés sur la scène figuraient les victimes littéralement pétrifiées d'Alcina, cette sorcière dont la vocation est de séduire et détruire les hommes, jusqu'au jour où elle tombe amoureuse de Ruggiero. La plupart de ces hommes étaient nus, ce qui nous causait des distractions à Susan et moi, mais certainement pas d'ennui. *Alcina* fut l'un de ces spectacles magiques où l'on voit se déployer des idées authentiquement nouvelles, et il fut apprécié aussi bien du public que des critiques, ce qui est assez rare.

* *
*

Si je vais de l'avant en libérant ma créativité, en m'emparant de nouveaux rôles et en développant mon expressivité, je risque aussi d'aller trop loin en poussant ma voix, c'est-à-dire en interprétant un rôle qui pourrait se révéler dangereux. Il est essentiel pour une chanteuse de bien connaître sa voix et de s'en tenir à ce qu'elle sait. Il est très flatteur de m'entendre dire par des impresarios que je ferais une Salomé ou une Isolde parfaite, et il est vrai que je pourrais chanter dès maintenant et sans difficulté toutes les notes qui sont écrites pour ces rôles – mais alors sans l'orchestre, sans émotion, sans les voix puissantes des collègues avec qui j'aurais à partager l'affiche, et sans cette petite voix dans ma tête m'incitant à me mesurer bravement aux grandes interprétations du passé.

Le plus grand défi vocal que j'aie eu à relever est certainement le répertoire bel canto, c'est-à-dire les rôles composés pour les voix virtuoses du XIXe siècle par Bellini, Donizetti et Rossini. Lorsque j'eus à choisir des airs pour mon disque *Bel Canto*, je fus très étonnée de voir que j'en avais déjà interprété plusieurs, la plupart au début de ma carrière. Tous ces rôles avaient éduqué ma voix et aussi mon jeu, ils engageaient toute la perfection du son et le style nécessaires pour interpréter Mozart, mais avec un registre plus étendu, de vrais feux d'artifice de colorature, des trilles et des airs de bravoure. Ajoutez à cela des intrigues simples et des rôles de victimes – ceux qui m'attirent le moins – alors seul un profond investissement théâtral pouvait rendre ces œuvres convaincantes. Quoi qu'il en soit, ce qui m'attire le plus dans ce répertoire, c'est la liberté de la ligne *cantabile*, qui me rappelle le jazz et la maxime de William Christie selon laquelle il faut mobiliser la totalité de l'éventail expressif. On peut se libérer de l'apport de l'orchestre, souvent minimal, et porter la mélodie là où notre cœur nous porte, pour autant que cette errance ne dure pas trop longtemps et que demeure la pulsation sous-jacente. Les compositeurs eux-mêmes indiquent-ils très peu de nuances expressives ? Alors que nous reste-t-il ? L'imagination ! Dans ma scène favorite de *La Sonnambula*, comment faire entendre qu'Amina est endormie ou éveillée ? Comment la voix peut-elle exprimer l'émotion d'un cœur brisé ? Et le désespoir ? Comment exprimer les larmes vocalement ? La voix peut-elle faire parler directement le cœur, sans le moindre intermédiaire ? Voilà la liberté qu'offre le bel canto, et voilà pourquoi le récitatif de « Ah ! non credea », qui figure dans mon disque *Bel Canto*, est jusqu'à présent la réalisation dont je suis le plus fière. Le grand producteur Erik Smith, qui nous a quittés depuis, et moi-même, avons passé des heures dans le studio d'enregistrement pour choisir les prises les plus expressives et celles qui donnaient le plus de vie aux scènes que nous avions choisies.

Pour une soprano, le bel canto exige également une maîtrise du chant dans le *passaggio* et de l'endurance pour chanter de longues scènes dramatiques sans interlude (il y en a six de ce genre dans *Il Pirata*). La dernière page est toujours, bien sûr, la plus exigeante, et elle arrive toujours au moment où on a l'impression que notre larynx nous est remonté jusqu'aux yeux. C'est inconfortable, pour ne pas dire plus. Je dis constamment aux jeunes chanteurs qu'il leur faut acquérir un sens de la conduite du son, sans avoir à le pousser en utilisant ces petits points qui se trouvent à côté du nez, et de conserver une sonorité élancée, avec autant de voix de tête que possible. (De la même manière qu'il est plus facile de tirer ses bagages que de les pousser.) Lorsqu'on pousse la voix, c'est souvent parce qu'il y a trop de pression du souffle passant par un espace trop grand. Dans les premières leçons, on utilise d'habitude le bâillement pour montrer à l'élève quel est l'espace nécessaire, mais il est important de ne pas « bâiller » trop durement et de ne pas trop pousser sur le larynx non plus. Le son doit être assez soutenu pour flotter, mais sans être comprimé. Lorsque je chante un passage difficile, je m'efforce toujours de bien réguler le flux de l'air. À ce stade, le processus a beau être quasiment inconscient, l'effort est toujours là : « Non, le son a pris trop de grain. Relâche un peu la pression du souffle », « arrête de pousser ! » « ne relâche pas le soutien », « bien, donne un peu plus d'air », « conserve la hauteur de la résonance », c'est là le type d'attention technique qui me permettront de m'en sortir avec des passages aussi difficiles que ceux que l'on trouve dans la scène finale de *Capriccio*. L'objectif est toujours de pouvoir chanter avec aussi peu d'effort et avec le plus d'efficacité possible ce qui impose de contrôler à la fois la sensation et la sonorité. La difficulté est que les dommages causés par des faiblesses techniques ne se manifestent pas immédiatement, et il peut même arriver qu'une manière erronée ne se détecte pas sur le moment.

* *
*

Protéger ma voix ne veut pas dire me contenter de rôles peu exigeants, mais m'en tenir aux rôles qui me conviennent. Il arrivera souvent que ce qui me convient ne convienne absolument pas à quelqu'un d'autre, et vice versa. Au beau milieu d'une répétition à Paris, je découvris que je pouvais parfaitement chanter Manon de Massenet, avec son registre si étendu. Jusque-là, j'avais toujours des visions où je m'imaginais, le soir d'une première, présentant mes excuses au public juste avant la scène du Cours-la-Reine, lui disant humblement que je n'avais pas bien évalué mes limites, et qu'il n'aurait plus à me voir désormais, puisque j'avais l'intention de prendre immédiatement ma retraite. Fort heureusement, je découvris que ma voix s'était au contraire épanouie comme pour aller à la rencontre de ce rôle ; bientôt il serait un de mes préférés. Quelle fête de l'interpréter ! J'avais fait la connaissance de Manon au cours d'une longue exploration du répertoire français : Marguerite, Thaïs, Anna dans *La Dame blanche*, Salomé dans *Hérodiade*, aussi bien que des rôles dans *Platée* et *Médée*. Après l'anglais, le français est la langue que j'ai le plus de plaisir à interpréter, car ses voyelles nasales me permettent de maintenir cette position élevée qui est la plus sûre pour ma voix, et la fluidité de la ligne vocale se prête tout spécialement au chant. Et puis, la complexité du personnage de Manon ne cessait de m'intriguer. Son aptitude à reconnaître sa superficialité puis à s'y livrer allégrement me changeait un peu de toutes ces héroïnes à la vertu exemplaire que je jouais d'habitude. Je trouvais très intéressant de retracer cette trajectoire si complexe ; successivement innocente et coquette, aventurière en fuite, croqueuse de diamants, amante repentante ; et, finalement, avide de tout posséder, connaissant la déchéance de la prison et de la condamnation à mort.

Après avoir franchi tous les obstacles vocaux que présentait pour moi le rôle de Manon, le problème de l'endurance s'imposa. Je devais doser avec soin l'usage de ma voix et de mon énergie dans les premières scènes de l'opéra. Lors de la première saison à Paris, pour les premières représentations, je faillis ne pas aller au bout de la scène finale et je dus même escamoter quelques notes. Mais je finis par trouver la bonne mesure – tout comme je l'avais fait pendant une de mes premières interprétations de ce même rôle au Met. Cela arriva de façon assez étrange un soir où, en plein milieu d'un air, je découvris que je chantais en fait, de manière assez inattendue, dans un duo. Je venais d'entrer en scène habillée d'une grande robe rouge à panier, corsetée (il s'agissait de la mise en scène de Jean-Pierre Ponnelle). Comme je commençais à chanter dans cette fameuse scène du Cours-la-Reine, je crus entendre quelqu'un se joindre à moi depuis les coulisses, mais d'une manière moqueuse. C'était une voix d'homme, et je pensai qu'il devait s'agir de quelque machiniste qui ne s'était pas encore fait aux voix d'opéra. Comme cela continuait et devenait de plus en plus gênant, soudain je m'aperçus que quelques spectateurs gloussaient : la voix parasite portait apparemment jusque dans la salle. Dans cet air, le chœur partage la scène avec Manon en tableau, c'est-à-dire en se tenant immobile. Du coin de l'œil, je vis qu'un des chanteurs s'efforçait de faire sortir un grand lévrier. Je compris alors que mon partenaire dans ce duo était en fait un chien qui avait décidé de chanter, ou plutôt de hurler, avec moi. (Le public aussi hurlait, mais pas de la même manière.) Pour ma part, le fait que les aigus de ce chien ne soient pas mauvais du tout ne laissait pas de m'inquiéter. Après le baisser de rideau, je dis aux organisateurs, en coulisses : « Ce sera le chien ou moi. » Je suis persuadée qu'ils ont hésité…

Richard Strauss est devenu le compositeur le plus important de mon répertoire et, en un sens, il y a même pris la place qu'occupait Mozart. Leur musique est si différente que je n'ai jamais vraiment compris l'étiquette « soprano mozartienne et straussienne ». Historiquement il est vrai, beaucoup d'interprètes de la Comtesse ou de Fiordiligi ont aussi interprété Arabella, la Maréchale ou la Comtesse dans *Capriccio*, car tous ces rôles requièrent un timbre de voix et, ce qui est le plus important, un tempérament semblable. En ce qui me concerne, le fait de repousser des limites auparavant confortables peut se révéler décisif de temps à autre. Le rôle-titre de *Daphné* en est un bon exemple ; cette musique est si diabolique qu'elle représente un défi considérable pour l'interprète. Quatre des cinq rôles principaux de cet opéra constituent ce que j'appellerais volontiers du « Strauss extrême » ; ils mettent à l'épreuve les limites absolues de chaque voix en termes d'étendue, de tessiture (l'étendue moyenne d'un rôle ou d'une scène donnés) et de volume.

Pour Daphné, la tessiture exigée est si élevée que c'en est inconfortable. Il m'arrive de chanter des airs où il faut atteindre des hauteurs plus élevées encore – la note la plus élevée dans Daphné n'est qu'un contre-*ut* – mais la hauteur moyenne est alors souvent beaucoup moins importante. C'est une chose absolument décisive à comprendre pour savoir si un rôle convient à une voix : la tessiture doit être appropriée ; que certaines notes soient trop aiguës ou trop graves est secondaire. L'une des méthodes les plus efficaces que j'ai pu trouver pour m'en sortir avec une tessiture trop élevée, a été de faire appel à une résonance qui fût tout aussi haut placée. En d'autres termes, je chante avec davantage de voix de tête et avec moins de résonance au niveau de la poitrine et de la bouche afin de conserver mon relâchement et d'empêcher que ma voix se contracte.

Il y a dix ans, je n'aurais pas pu me sortir du rôle de Daphné. Mais au fur et à mesure que ma technique s'améliorait, je pouvais accueillir plus confortablement dans mon répertoire les rôles comme Manon, Violetta, Daphné, ainsi que certains rôles du bel canto. D'habitude, les chanteurs s'emparent de ce type de rôle quand ils sont très jeunes, car la voix s'assombrit et devient plus grave avec l'âge. J'ai fait l'expérience inverse. Pensez à la voix comme à une tapisserie : imaginez comme les couleurs les plus vives sont tissées dans la trame du son, tandis que les plus sombres ne sont pas perceptibles dans le tissage tant que le registre le plus élevé est mis au premier plan. La recherche du relâchement s'avère plus importante que jamais pour un rôle comme celui-ci, car il faut rester sur ses gardes et veiller toujours à ce que le stress ne survienne pas pendant le concert ou même entre les concerts.

Musicalement, Daphné est légèrement plus chromatique que les autres rôles écrits par Strauss ; par conséquent, il m'a fallu plus de temps pour en maîtriser la justesse. Par ailleurs, bien que le texte soit simple, il avance à une telle allure qu'il faut la précision et la rapidité d'un acrobate pour aller aussi vite que la partition. Lorsque j'apprends un rôle pour la première fois, je travaille sur le texte et sur la musique simultanément. Dans un monde idéal, il y aurait assez de temps pour séparer ces deux tâches et ainsi gagner en rigueur, mais j'ai l'habitude de travailler sous une grande pression. Pour préparer ce rôle, les obstacles n'étaient pas seulement une partition considérable à apprendre en un mois et une tessiture élevée. La partition de *Daphné* est tellement complexe que ma priorité fut d'abord de trouver un accompagnateur capable de la déchiffrer ou qui la connaissait déjà. Je me souviens encore du temps, pas si éloigné que ça, où mon problème était plutôt de savoir si j'avais les moyens de me payer un accompagnateur. J'encourage toujours les jeunes musiciens à étudier le piano, car ce sera toujours un moyen pour eux, non seulement d'économiser beaucoup d'argent, mais surtout de pouvoir apprendre par eux-mêmes la musique à laquelle ils se trouveront confrontés, ce qui constitue un atout considérable. Parmi mes collègues, beaucoup sont de très bons pianistes, et le sens musical qu'ils ont ainsi acquis leur permet d'étudier un large répertoire de musique difficile. Cela dit, beaucoup de grands chanteurs ne savaient même pas lire la musique…

Un mois avant le début des répétitions, afin de prendre un peu d'avance, il y eut une séance de lecture de la partition avec Semyon Bychkov, qui devait diriger l'opéra à Cologne. Un grand chef comme Semyon prend à cœur de travailler avec le chanteur pour l'aider à trouver les bonnes couleurs, la variété dans la dynamique, le rubato et tout ce qui distingue les interprétations les unes des autres. Par exemple, Semyon me suggéra de souligner le *schein*, dans *Sonnenschein*, avec un « sourire dans la voix » et peut-être en insistant sur le son *sch* (le « sourire dans la voix » est l'une des idées de sonorité que je préfère ; cet effet peut être obtenu en haussant davantage les pommettes ou bien en s'illuminant d'un sourire intérieur. Victoria de Los Angeles a été la plus grande représentante de cette technique qui propose une fort belle manière d'éclairer une phrase). De même, je peux aussi chanter le mot *tanzen* (danser), qui a un rythme pointé, d'une manière très légère et très souple. Si c'est du mot *trauer* qu'il s'agit (triste ou tristesse), et s'il est chanté sur un accord mineur, je vais plutôt conférer au son une qualité plus sombre afin de donner plus de vie au mot.

L'aspect le plus intéressant du personnage de Daphné, c'est qu'elle commence l'opéra en se montrant sous un jour innocent – détachée du monde des hommes, elle voudrait seulement être une partie de la nature, ce qui se révèle de plus en plus embarrassant à mesure qu'elle avance en âge. Malheureusement, elle réalise trop tard que Leukippos, son ami d'enfance, était le parfait prétendant – trop tard, car Apollon qui luttait aussi pour l'amour de Daphné, a fini par tuer son rival en le frappant d'un coup de foudre. Dans un monologue, elle chante la mort de Leukippos ; nous l'entendons et nous la voyons alors mûrir devant nous, sa musique gagnant en intensité dramatique pour mieux souligner la profondeur de sa peine. L'intensité du changement qui intervient dans le caractère même de la musique nous montre à quel point Strauss est un dramaturge brillant. Finalement, le vœu de Daphné est exaucé : elle se métamorphose en arbre. Dans l'inquiétante répétition des phrases par laquelle s'achève l'opéra, je me suis toujours figuré que sa voix se mêlait au bruissement de feuillage des violons.

Arabella, une autre des grandes créations féminines de Strauss, est on ne peut plus humaine. Pleine de force, optimiste malgré tous les problèmes financiers de sa famille, elle sait ce qu'elle veut, elle sait même consoler les cœurs brisés. Je mis du temps à apprécier ce personnage, car ma sensibilité moderne ne pouvait d'abord accepter cette manière si rude qu'elle a de rejeter ses soupirants après avoir décidé que Mandryka était « *der Richtige* », le bon. Mais une fois que j'eus étudié la période historique dans laquelle se déroule l'action, j'appris à mieux considérer son haut degré d'émancipation, inhabituel pour l'époque. C'est *elle* qui choisit son compagnon, à une époque où peu d'alliances se font par amour ou désir. Sensible et hautement responsable, elle sent que son devoir est de mettre clairement un terme à ses autres amours potentielles. Dans le dernier acte, c'est Arabella qui prend en main la situation – et non ses parents ou Mandryka. Elle pardonne à ce dernier sa méfiance et encourage sa famille à voir en Matteo un bon compagnon pour sa sœur Zdenka. Sa voix aérienne de soprano répare l'humiliation de sa famille et de Mandryka, puis elle se lie à ce dernier comme pour confirmer l'adage selon lequel les contraires s'attirent. Vocalement, ce rôle est proche des *Vier Letzte Lieder*, avec un chant soutenu et tout aussi élevé que celui qu'on trouve dans cette dernière œuvre ; il en va ainsi dans l'étonnant duo du premier acte, dans son monologue et dans la scène finale. Je me représente

Arabella comme une Maréchale jeune : une femme très intègre et l'élégance même.

La Comtesse dans *Capriccio* se tient quelque part entre les deux – encore jeune, intelligente, pleine d'esprit et à la recherche de l'amour en même temps que de l'essence de l'art. J'adore cette partition pour ses subtilités. Le feu court sous ce texte, captivant comme dans tous les opéras de Strauss. Les déclarations d'amour de Flamand et d'Olivier me hantaient pendant les répétitions à l'Opéra de Paris, quand je chantai le rôle pour la première fois. Il faut connaître bien l'œuvre, car ces passages sont si fluides qu'on les comprend difficilement à la première audition. J'imagine le vieux Strauss en 1942, en train de composer l'œuvre et de s'ensevelir lui-même dans les « langueurs de nos cœurs épris de beauté », comme le chante la Comtesse dans son avant-dernier monologue.

Les rôles qui me brisent le cœur sont ceux qui expriment la solitude. Il m'est très facile de devenir la Maréchale quand je l'interprète. Oubliez tout ce qui concerne la fin – inévitable – de sa relation avec Octavian. Sa solitude, la crise du temps qui passe en même temps que la beauté, son vieillissement, la perte de l'estime de soi, voilà ce qui nous émeut tant ; ces sentiments concernent toutes les femmes. Lorsqu'elle regarde l'horloge et lui demande de s'arrêter, je peux m'identifier à elle et je comprends la difficulté du moment qu'elle vit, car je ne suis pas moins affectée qu'elle par cette horloge. Il y a peu de risques que je meure d'une tuberculose ou étranglée par mon mari, et bien qu'il soit exaltant d'interpréter des rôles dramatiques, ce ne sont pas eux qui me conduisent à regarder dans le miroir de ma propre vie. Mais jouer la tristesse de la Maréchale, ses peurs, peindre son cœur brisé et le courage qui l'anime malgré tout, voilà ce qui me met le plus à découvert. Certains soirs, on a du mal à admettre que l'on est soi-même atteint par ces peurs, surtout en présence d'une foule d'inconnus; mais, certains autres, on a du mal à laisser derrière soi la tristesse de cette femme à la fin du spectacle.

Lorsque je dus annuler mes débuts au Met dans *La Traviata* en 1998, je regrettais d'avoir à me retirer du projet car, comme tous les bons élèves, j'avais toujours eu à cœur de remettre mes devoirs à temps. Mais je ne m'affligeais pas de l'avoir remis à un autre jour, car je ne me voyais pas écrire le texte et la musique au dos de mon éventail pour les lire ensuite tout au long du spectacle. Violetta est un rôle extraordinairement exigeant et compliqué, et beaucoup de brillants chanteurs jalonnent l'histoire de son interprétation. Je voulais lui accorder toute mon attention et surtout ne pas faillir alors que je me trouvais à la fin d'une des années les plus difficiles de ma vie. Lorsque le Met eut la délicatesse de déplacer les représentations à l'automne 2003, le Houston Grand Opera me permit également de faire mes débuts dans le rôle six mois plus tôt.

J'ai assisté à beaucoup de *Traviata* dans ma vie, et j'ai toujours pensé que les exigences vocales de ce rôle étaient si énormes pour les sopranos qu'il était difficile de se concentrer sur le personnage de Violetta. On dit généralement que ce rôle nécessite trois voix différentes : soprano colorature pour l'acte I; soprano *lirico spinto* pour l'acte II; et soprano lyrique pour l'acte II, scène 2, et l'acte III.

Lorsque l'on se trouve, comme c'est mon cas, mal à l'aise dans l'air « Sempre libera », alors tout le reste du rôle semble un cadeau ; inversement, les sopranos qui aiment chanter l'acte I trouvent que le reste de l'œuvre présente une envergure dramatique difficile. Comme spectatrice, depuis toujours je voulais approfondir mon amour pour Violetta. Je voulais voir sa vulnérabilité, je voulais l'encourager, me sentir bouleversée par le caractère désespéré de sa situation ; je voulais croire que l'amour d'Alfredo pouvait lui faire du bien. Je voulais me sentir assez à l'aise avec la musique pour penser au-delà et saisir l'essence du personnage, le prendre en main du point de vue théâtral. Tout était bon dans l'œuvre qui permît à mon imagination de jouer avec les possibilités du rôle. Par exemple, j'avais toujours pensé qu'Alfredo pouvait se présenter à Violetta, au début de l'acte II, en lui offrant une fleur qu'elle mettrait coquettement dans ses cheveux. Autrement, il y a peu de possibilités dans l'opéra de montrer l'amour intense qui anime les deux amants. Quand il m'arrivait de réfléchir à l'interprétation de ce rôle, je pensais à cette fleur, à la fraîcheur de la vie du couple à la campagne qu'elle représentait, au bonheur que devait alors ressentir Violetta d'être vivante. J'imagine très souvent certains moments dramatiques dans la mise en scène, même s'il est difficile de remplir tous les objectifs que je me suis fixés pour une interprétation.

L'une des raisons principales qui me faisaient rêver de chanter Violetta, c'était la possibilité de chanter « Dite alla giovine » dans l'acte II, au moment où elle cède aux arguments de Germont qui lui demande de quitter Alfredo. Pour moi, c'est la musique la plus bouleversante de tout le répertoire, et je me suis toujours figuré Violetta en train d'ôter la fleur de ses cheveux et l'écraser dans sa main sans s'en rendre compte, tout comme son bonheur lui-même est écrasé, parfaitement consciente du fait qu'elle se meurt. Plutôt que d'en faire la scène de confrontation orageuse à laquelle on aurait pu s'attendre, Verdi a rendu son sacrifice très intime. Par la musique, nous la voyons nous découvrir son âme et nous sentons sa vulnérabilité. Violetta est une femme d'une très grande intégrité, contrairement à Manon qui, se plaisant dans la déchéance, n'a que des éclairs de lucidité qui lui font apercevoir de temps en temps le chemin moral qu'elle n'a pas choisi d'emprunter. Violetta fait les bons choix à ses propres dépens, elle est la victime de sa classe aussi bien que des circonstances et de l'homme qu'elle aime. C'est l'un des personnages les plus sympathiques que j'aie jamais interprétés, un personnage de chair et d'os qu'il est intéressant d'incarner soir après soir.

Une grande partie de l'information dont j'ai besoin pour créer un rôle vient de la musique elle-même. L'écriture de Verdi donne constamment une impression d'essoufflement qui exprime parfaitement aussi bien les symptômes de la maladie de Violetta que l'excitation du nouvel amour qui s'est emparé d'elle. Il me fallut beaucoup de représentations avant d'explorer complètement le problème des petites pauses dans la ligne vocale. Bien que chaque scène, chaque phrase de la musique de Violetta offrent une multitude de possibilités aussi bien musicales que dramatiques, les actes II et III sont ceux qui me conviennent le plus – mais il faut dire aussi que c'est une vraie joie de chanter la plus grande partie de l'acte initial, lequel constitue une sorte d'échauffement au reste de l'œuvre. D'une manière assez inattendue, Verdi conclut le premier acte en laissant Violetta seule face au public, dans une scène qui exige à la fois de l'endurance et du volume, sans parler de la tessiture élevée et de l'absence d'interludes où se reposer. Je décidai pour ma part que la seule manière de m'en sortir vocalement était d'éclairer et de donner du poids aux *do* aigus dans la cabaletta, et d'avancer ensuite prudemment dans les dernières pages de l'acte. Les difficultés techniques de la fin exigent une très grande concentration, et elles sont d'autant plus ardues qu'il faut les chanter avec un air libertin. La récompense réside, bien sûr, dans la suite du rôle, qui est un trésor.

Pour m'y préparer, je lus plusieurs ouvrages consacrés aux courtisanes du XIXe siècle en France, ce qui m'aida grandement. Je fus surprise d'apprendre qu'elles n'étaient pas des prostituées comme nous aurions tendance à l'imaginer aujourd'hui, mais des femmes vivant dans le faste en côtoyant la *crème de la crème*[1] de la société. Leurs salons raffinés accueillaient certains des plus grands esprits de l'époque – poètes, compositeurs, hommes de pouvoir. Habillées avec le plus grand raffinement, elles possédaient les meilleurs équipages, les plus beaux bijoux et avaient de l'influence voire de l'autorité sur les hommes qui les admiraient. Si elles avaient de la chance, elles se

1. En français dans le texte.

débrouillaient pour mettre de côté suffisamment d'argent pour vivre après s'être retirées, ou bien trouvaient des mécènes généreux pour les soutenir dans leurs vieux jours. Les courtisanes les moins heureuses mouraient jeunes de la tuberculose ou de consomption, une maladie qui les rendait maigres et pâles avec des joues fleuries – en bref, elles étaient superbes. Ces recherches me menèrent jusqu'à Marie Duplessis, la courtisane qui est souvent considérée comme le modèle de Violetta. Fermière abandonnée par son père à quinze ans après la mort de sa mère, elle avait fait son chemin et était devenue la coqueluche de Paris. Elle avait même eu une liaison avec Franz Liszt, lequel chérit sa mémoire jusqu'à la fin de ses jours. Elle était morte à l'âge très avancé de vingt-trois ans.

Pour m'aider à façonner mon interprétation, je repris aussi ma vieille habitude de demander l'avis de tout le monde; je voulais savoir ce que mes amis pensaient de Violetta. Charles Nelson Reilly m'aida beaucoup en me parlant des crachoirs que le personnage devait avoir disposé partout dans son appartement. Il me suggéra aussi plusieurs détails, comme le fait de servir du thé à Germont ou de dissimuler des pilules dans son mouchoir. Même le film *Camille* présentait des aperçus intéressants. J'adorais le jeu de Greta Garbo, sa beauté fragile et sa tristesse, si émouvante en comparaison de la froideur sévère du Baron. Toutes les influences sont bénéfiques et j'absorbe tout : plus je m'en nourris, plus je délivrerai spontanément des idées qui me sont propres.

Bien sûr, lorsqu'une soprano est en quête d'inspiration, l'une des meilleures choses à faire pour commencer, c'est d'aller voir ce qu'ont fait les autres. Les enregistrements historiques sont essentiels, et lorsque je débute le travail sur un nouveau rôle, je veux écouter toutes les interprétations sur lesquelles je mets la main. Je n'aime pas *La Traviata* que Callas a enregistrée en studio : elle y paraît étrangement prudente et manque de toutes les qualités qui ont fait sa réputation. En revanche, son enregistrement en public avec Carlo Maria Giulini est merveilleux et fascinant. Mon enregistrement préféré de *La Traviata* est celui de Carlos Kleiber, avec Placído Domingo et la Violetta d'Ileana Cotrubas, dont la voix miroitante projette de la vulnérabilité dans l'espace. J'écoute ces enregistrements et analyse les interprétations pour voir de quels secrets je pourrais m'emparer. Il m'est égal de voler un phrasé particulièrement émouvant ou une idée d'expression dramatique; mais il arrive aussi que j'apprenne ce qu'il ne faut *pas* faire.

On m'a reproché de trop étudier et il est vrai que je ne cesse jamais de lutter avec moi-même pour savoir s'il faut que je sois, en tant qu'actrice, simple ou complexe, cabotine ou directe. Cette alternative me fait beaucoup errer, et quasiment ligne après ligne.

Une Violetta très renommée proposa de m'aider. Pour moi, Renato Scotto avait toujours fait preuve d'une remarquable intelligence musicale et artistique. Son jeu, son imagination et son utilisation du texte en avaient fait une interprète fascinante à observer. Elle accepta généreusement de me faire répéter le rôle avant mon départ pour Houston, et son aide fut particulièrement précieuse pour les problèmes de langue. Chanter en italien n'est pas aussi facile pour moi que chanter en français ou en allemand, langues que je parle. J'avais donc de la chance d'avoir à mes côtés une femme dont l'italien était la langue maternelle.

Une des choses les plus remarquables dans le personnage de Violetta, c'est que son tempérament est si versatile qu'on peut l'interpréter de bien des façons différentes. Lorsque je chantai le rôle pour la première fois à Houston, l'orchestre était placé sous la direction de Frank Corsaro, qui avait beaucoup de choses originales à dire sur le personnage. Dans cette mise en scène, Violetta était en colère et amère dans l'acte I, buvant trop et titubant sur la scène avec une bouteille de champagne à la main et un verre dans l'autre, ce qui ne la rendait pas très séduisante. Cette interprétation ne manquait pas d'arguments, car Violetta a effectivement beaucoup de raisons d'être en colère. Le seul fait de penser à elle d'une façon nouvelle me donna la liberté de continuer mon exploration, et j'allai infiniment plus loin que je n'aurais pu le faire par moi-même. Sans la contribution de Frank, j'aurais joué pour mes débuts dans le rôle une Violetta toute faite, me réjouissant simplement de pouvoir l'interpréter sur scène; mais grâce à cette interprétation créative, je sus que je continuerais à en chercher d'autres à l'avenir. La Violetta du Met était complètement différente et, grâce à mon expérience de Houston, j'étais assez préparée et souple pour m'y adapter.

Si je devais formuler un vœu en tant qu'interprète, je souhaiterais pouvoir me partager en deux pour me tenir à la fois sur scène et dans le public. Si je pouvais me juger moi-même depuis la salle et apprendre quel phrasé est le plus réussi, quel regard, quel geste, je pourrais améliorer la qualité de mon interprétation. Bien qu'il soit utile de chanter devant un miroir, bien qu'un professeur ayant assisté à un de vos spectacles puisse également vous aider beaucoup en apportant toutes sortes de critiques, il n'y a rien qui révèle mieux les faiblesses et les points forts d'une interprétation qu'une vidéo. Je me souviens de la première fois que je chantai la Comtesse au festival de Spolète (encore une fois en Italie !) avec une de mes amies. La presse locale nous surnomma « les deux filles de Baltimore », ce qui signifiait on ne peut plus clairement que nous manquions singulièrement de noblesse. Quand je vis les images du concert, je me trouvai bien disgracieuse – quel choc ! Mes mains surtout : sans m'en apercevoir, je les tendais et j'étalais mes doigts en éventail en relevant le pouce. Voir ces images me poussa à observer ce que faisaient les autres chanteurs avec leurs mains. Je dus apprendre à me libérer de cette tension des mains, particulièrement au niveau des pouces, et à les mouvoir avec élégance.

Les athlètes ont l'avantage de pouvoir observer immédiatement les images de leurs performances. Je crois vraiment que s'il m'était possible de m'observer dans chaque spectacle, je pourrais être bien meilleure que je ne le suis aujourd'hui. Malheureusement, les règlements des théâtres, par crainte des ventes illégales, n'autorisent aucun enregistrement sonore ou visuel. Toutefois, chaque fois qu'un spectacle est filmé au Met, quatre versions préparatoires sont réalisées avant la version définitive, et j'ai donc appris beaucoup de choses sur mon jeu et ma voix rien qu'en les étudiant. Brian Large, qui a dirigé l'enregistrement télévisé d'*Otello*, m'a énormément aidée alors que j'étais prête à me jeter par la fenêtre après avoir vu la première bande. Je constate un immense progrès depuis cette première tentative, car il a trouvé les bons angles et le bon éclairage. J'ai pris quantité de notes sur le jeu de scène après avoir vu ces cassettes. Il m'est aussi pénible de les regarder qu'il est désagréable pour la plupart des gens d'écouter leurs voix sur un répondeur automatique. Mais je me force à le faire, car sans ce témoignage, je ne pourrais que faire des suppositions puis des conjectures sur ces suppositions, ne pouvant m'appuyer que sur l'observation des visages dans le public pour mesurer ma réussite.

Chapitre XII

Les coulisses

Parfois j'aimerais être spectatrice pour voir à quoi ressemble une mise en scène vue de la salle, mais la plupart des spectateurs sont, eux, intrigués par la préparation et les coulisses d'un spectacle. Le rapport entre le monde des coulisses et celui des amateurs d'opéra qui sont assis dans leurs fauteuils en velours évoque, en quelque sorte, la relation qui existe entre la cuisine d'un restaurant trois étoiles, étouffante de chaleur, trépidante d'activité et parfaitement organisée, et les clients élégants qui savourent leurs plats. Ces deux mondes sont tellement différents qu'on les imagine mal se côtoyer dans un même bâtiment et pour la même soirée; et pourtant tout le monde est là pour la même raison – pour la gastronomie dans un cas, pour la musique dans l'autre.

Au Met, l'entrée des artistes se trouve dans le parking. J'ai la chance d'avoir un chauffeur, Richard Burns, en qui j'ai tellement confiance que je peux même lui confier mes enfants. (Un jour il m'est arrivé de m'apercevoir, sur le chemin entre Stanford et le Met, que j'avais oublié de passer prendre ma fille. Richard fit demi-tour à une telle allure que nous nous blessâmes la nuque.) J'essaie toujours d'arriver entre une heure et demie et deux heures avant le lever de rideau pour me préparer, ce qui comprend de nombreux aspects : la transformation physique, l'échauffement de la voix après une journée au calme et, le plus important, la concentration qui me permet d'entrer mentalement dans la peau du personnage.

Je salue les agents de sécurité, descends le long couloir en ciment où s'alignent des casiers et me dirige immédiatement vers les loges. En contraste total avec les lustres somptueux et les loges dorées de la salle de théâtre, cette partie-ci de l'édifice, basse de plafond et éclairée par des ampoules fluorescentes, n'est franchement pas sublime; toutefois, elle possède un charme réconfortant et familier. La moquette, d'un rouge sombre, est usée, et, le vestibule qui se trouve devant les loges est meublé de chaises et de tables venues tout droit de la salle d'attente d'un cabinet de dentiste des années cinquante. Depuis le couloir, je peux entendre que d'autres chanteurs sont arrivés avant moi, car ils font déjà leurs gammes et revoient le texte.

Je dois m'échauffer la voix chaque fois que je chante, à moins que je ne m'exerce tous les jours intensément. Si je répète un opéra, c'est la répétition elle-même qui représente l'échauffement, et cela équivaut à vingt ou trente minutes d'exercices. Il n'y a pas une seule manière de procéder car le corps lui-même est différent chaque jour. De nombreux facteurs influent sur l'aisance et le bien-être de la voix : la qualité du sommeil et de l'alimentation, l'humidité de l'air, la difficulté de la musique, la fatigue, l'altitude, le temps qu'il fait et même des petites allergies à la nourriture ou aux poils d'animaux. Un vol en avion peut se révéler désastreux pour la voix car on y attrape facilement des maladies respiratoires. Et même si on ne tombe pas malade, l'air très sec qui règne dans les avions, sans parler de la fatigue due au décalage horaire, peut endommager la voix. À chaque vol, je me dis expressément que tout ira bien. Je bois beaucoup d'eau, j'évite la caféine et l'alcool et, à l'arrivée, je me mets à l'écoute de mon corps pour voir s'il a besoin de sommeil.

Voyageant beaucoup, je me suis aperçue qu'il fallait un certain savoir-faire pour trouver quotidiennement les conditions optimales pour l'exercice du chant. Cela exige un formidable sens du corps ainsi qu'une bonne coordination du son à la sensation. Pendant mes vocalises, je suis très à l'écoute de ma condition physique. Où se trouve la tension musculaire ? Est-ce que je respire correctement ? Échauffer les muscles qui agissent sur la capacité pulmonaire est une part importante de l'exercice, surtout si je ne dispose pas de beaucoup de temps ; le relâchement des muscles de la mâchoire et du visage est tout aussi importante, car il permet au son de résonner librement dans le masque. Ensuite, je relâche ma nuque, le trapèze, les épaules et la poitrine, puis j'examine s'il n'y a pas de tensions dans mon dos. Cela exige des ajustements très précis, car les problèmes les plus infimes peuvent avoir des effets considérables.

Parfois j'utilise un miroir. J'étire le palais, relâche la langue, et je provoque quelques bâillements. Je m'appuie sur les concepts de ma vieille technique Alexander pour que mon alignement, surtout au niveau du dos et du cou, soit correct et détendu, ainsi que de la méthode que j'ai adoptée récemment, Pilates, qui m'a beaucoup aidée à trouver ma force intérieure, mon endurance et même le contrôle de mon souffle. Je connais beaucoup de chanteurs qui préfèrent le yoga : on est donc loin de l'image du chanteur qui passe sa vie allongé sur une chaise longue à s'empiffrer de chocolat. Il faut ménager sa santé pour endurer ce mode de vie. Je me concentre intensément sur le relâchement de ma paroi abdominale et des muscles intercostaux pour favoriser une inspiration de l'air optimale. Je vérifie que mon menton se trouve dans le bon axe pour pouvoir bien ouvrir la partie arrière de ma bouche. Ce sont d'infimes ajustements et seules l'expérience et des années de chant m'ont permis de le faire rapidement et efficacement. Je m'étonne encore de ce qu'en voulant résoudre un problème de justesse par exemple, il m'arrive encore d'imaginer une solution avant de réaliser que je me suis totalement trompée de stratégie. Parfois je sens que je suis dans un mauvais jour et qu'il me faut trois minutes de concentration supplémentaire sur ma respiration pour trouver exactement ce que je cherche. Ce réglage minutieux et constant de ma voix est très intéressant, bénéfique et gratifiant. C'est tout à la fois une technique, un métier et un art.

Ensuite, je dois faire le vide dans mon esprit pour me concentrer exclusivement sur le texte et le sens des mots lorsqu'il s'agit d'une langue étrangère. Si je m'inquiète pour un voyage prévu le lendemain ou si je songe à l'une de mes filles qui peine sur son devoir de maths, je ne parviens pas à trouver le calme. Toute distraction peut gêner la préparation de l'interprétation.

Ces temps-ci, je suis constamment absorbée par des questions d'interprétation, je m'interroge notamment sur le problème de l'expression de l'émotion dans la musique. J'essaie toujours de déterminer le degré d'expression le plus adéquat pour une phrase donnée. J'ai discuté avec James Levine de la différence entre une interprétation sur laquelle sont plaquées des recettes et une interprétation dans laquelle des trouvailles sont transmises au public d'une manière qui semble naturelle et organique. Le but, m'a-t-il expliqué, est que la personnalité soit entièrement présente mais sans que cela soit artificiel. Je suis obnubilée par la différence entre le chant de Beniamino Gigli – par exemple lorsqu'il interprète si magnifiquement « Ombra mai fu » –, qui ne présente que le simple déploiement d'une grande voix, et celui d'interprètes comme Dietrich Fischer-Dieskau et Elisabeth Schwarzkopf, qui détaillent leur texte avec un sens artistique très intelligent et imaginatif. Qui peut dire quelle est la meilleure approche ? C'est une affaire d'opinion subjective, de goût.

Une partie de mon échauffement a lieu au calme et dans l'intimité de ma loge – il dure deux bonnes minutes. Je continue ensuite pendant que des gens vont et viennent, que le téléphone fixé au mur, avec son fil interminable, sonne, et que la sonnerie de mon portable dans mon sac ajoute son bourdonnement au remue-ménage général. Ma petite loge, avec son immense miroir, son radiateur antique, ses deux humidificateurs et son canapé déglingué, se transforme en hall de gare. Quelqu'un passe pour voir si je n'ai besoin de rien et je demande du thé. Victor, le maquilleur du Met depuis plus de trente-cinq ans, entre avec son énorme boîte faire en sorte qu'on voie mon visage à cent mètres.

« Ils prennent des photos ce soir » lui dis-je. « Donne-moi un peu plus de couleurs. »

« Tu étais très bien la dernière fois. »

« J'étais trop pâle. »

Il secoue simplement la tête et commence par m'appliquer un fond de teint au blanc spectral. Vu ses trente-cinq années d'expérience, ce n'est pas la peine de discuter : il sait ce que donne un visage sous les projecteurs. Tandis qu'il me colle des faux cils, Amelia téléphone. Elle est malade et ne veut pas aller écouter James Galway à Carnegie Hall ce soir, mais comme elle a l'air encore plus souffrante que Violetta dans ses derniers instants, je la soupçonne de jouer la comédie. Je lui dis qu'elle doit y aller ; elle soupire et dit : « D'accord, j'ai compris. » Bien essayé.

Juliet entre pour arranger ma perruque. Cela fait dix ans qu'elle fait ce métier et sa mère était déjà dans la profession. Tout le personnel du Met vous dira que c'est une maison où l'on travaille dans une bonne ambiance. On y travaille d'arrache-pied, presque nuit et jour, mais une fois que la saison est finie, on dispose de beaucoup de temps pour retrouver ses forces. Juliet arrange mes cheveux avant de placer la perruque du premier acte. Quelques épingles à cheveux semblent s'enfoncer directement dans mon cuir chevelu mais au moins j'ai la certitude que ma perruque restera bien fixée sur mon crâne ce soir. Comme je ressens encore le besoin de m'échauffer, je me dirige vers le petit piano droit Yamaha, qui se trouve dans un coin de la loge, pendant que Juliet traîne à ma suite et essaie de planter des épingles ornées de pierreries à l'arrière de mon chignon. Je joue quelques notes de l'air du premier acte et commence à chanter. Jimmy Levine m'appelle pour me dire combien il a aimé le programme de Schubert que nous avons donné ensemble une semaine auparavant. On rit mais il ne me retient pas au téléphone, car il sait que mon temps est compté. Je suis loin d'être prête. Les filles et moi avons skié la veille et maintenant, j'ai peur que tout cet air froid et l'exercice physique aient altéré ma voix.

Dmitri Hvorostovsky frappe doucement à la porte et passe la tête.

« Tu es visible ? »

« Oui », dis-je.

Avec son pantalon au gris si correct et ses chaussures brillantes, il est Germont de la taille jusqu'aux pieds, mais il porte un tee-shirt et ses bretelles pendent. Il n'a pas encore sa moustache.

« Comment vas-tu, chérie ? »

J'émets un soupir de bonheur et lui réponds que je vais bien. J'imagine toutes les filles en pâmoison qui attendent, chaque soir, pour un autographe à la porte de sa loge ; qu'est-ce qu'elles ne donneraient pas pour entendre le mot « chérie » dans sa bouche, même dans un contexte professionnel… Dmitri est à l'opéra ce que Richard Gere est au cinéma. Quand il retourne dans sa loge, je l'entends s'échauffer à travers les cloisons minces. C'est un son qui donne de l'inspiration.

La personne qui se présente ensuite est Vicky, mon habilleuse et mon excellent bras droit. Comme Victor, cela fait trente-cinq ans qu'elle fait ce métier. Elle me demande si j'ai mangé et je me rappelle que mon dîner se trouve dans une boîte en plastique au fond de mon sac. Si je ne mange pas tout de suite, il sera trop tard. Je ne peux vraiment pas manger cinq minutes avant d'entrer en scène, surtout quand le premier acte représente un défi si considérable ; mais si je ne mange pas, je commencerai à manquer de force vers onze heures avant la fin de l'opéra. Quelqu'un entre et me demande de signer quelques programmes et quelques disques pour des mécènes ; à ce moment-là, une personne arrive avec une grande tasse d'eau chaude et me dit qu'elle ne trouve pas de sachets de thé. Aucune importance, j'en ai dans mon sac.

Passe encore qu'une chanteuse d'opéra fasse sa diva et exige que l'on débranche, en plein mois de juillet, l'air conditionné d'un centre commercial pour ne pas attraper de mal de gorge. Mais je ne supporte pas ce genre de comportements dans les coulisses, un endroit qui malheureusement favorise ce genre d'attitudes. Un chanteur se doit de répondre au respect et à la courtoisie du personnel du Met en lui rendant la pareille. J'admire beaucoup les gens comme Victor et Vicky, parce que je sais le temps qu'ils passent dans leur travail et l'engagement qu'ils y mettent. Je leur suis reconnaissante et honnêtement, ils m'inspirent. Une représentation d'opéra est une énorme machine et même si on fait partie de ceux dont le nom est en couverture du programme, on ne monte pas pour autant le spectacle tout seul.

Au milieu de tout cela, je me souviens tout à coup que je dois enregistrer un morceau pour un hommage à Fred Rogers (le Mister Rogers de la télévision), que la séance est prévue pour le lendemain matin et que je ne l'ai pas encore étudié. Vicky a réchauffé mon plat au micro-ondes, j'en avale quelques bouchées et m'assieds au piano pour essayer de jouer et chanter le morceau. C'est une chanson de Fred, vraiment intéressante. Je me surprends à penser que dans un monde parfait, j'aurais répété pendant quelques jours, de préférence avec quelqu'un qui sache jouer du piano mieux que moi, mais à l'heure qu'il est, je n'ai pas d'autre choix que de faire avec ce que j'ai et m'estimer déjà assez heureuse d'avoir pu trouver une minute pour la parcourir en entier. Ramon Vargas, qui chante Alfredo, entre; il porte des demi-guêtres, une veste en soie bleue et une cravate rouge à rayures, avec un chapeau haut de forme à la main, tel un soupirant plein de déférence. Il a l'air impeccable et prêt à entrer en scène, ce qui me fait penser que je suis vraiment en retard. Il me donne un baiser.

« Tu te sens bien ? » demande-t-il. « Tu en as l'air. »

Je lui réponds que je me sens mieux qu'il n'y paraît; il faut dire qu'à ce moment je suis Violetta pour le haut, et Renée Fleming pour le bas... Ramon s'en va et Vicky revient me dire qu'il est temps que j'enfile mon costume.

Je suis loin de l'époque où je ne pouvais chanter Musetta sans porter une robe de soie. Maintenant, je pourrais chanter Violetta en jogging, mais j'aime le costume que je porte. D'abord Vicky me fait enfiler par la tête un immense jupon puis elle me lace un corset. Je ne suis pas Scarlett O'Hara ; il n'y a pas de lit à baldaquin auquel me tenir et l'on ne me serrera jamais la taille jusqu'à cinquante centimètres. Pourtant ce corset est serré, bien qu'il n'y ait aucune comparaison à faire avec ceux que j'ai portés pour *Platée* en 1986. Certaines chanteuses aiment avoir leur corset ample et d'autres l'aiment serré au point de ne plus pouvoir respirer. Moi je préfère qu'il épouse mes formes (sans pour autant que cela soit inconfortable bien sûr), car alors il offre une sorte de résistance et un soutien supplémentaire pour mon souffle. Vicky m'enfile une robe de soie en forme de meringue et l'attache. Ensuite viennent les gants, des diamants assez grands pour être vus depuis le dernier rang du dernier balcon, trois bagues grosses comme des œufs de caille, deux bracelets, un collier et une broche. Ces bijoux de fantaisie semblent tout droit sortis de l'imaginaire d'une petite fille de huit ans. Vicky me donne un éventail et un mouchoir et je recule pour juger de l'effet d'ensemble. Je ressemble à une pièce montée recouverte de couches de glaçage et de guirlandes de roses. Malgré le côté excessif de la tenue – kitsch ou somptueuse, selon le point de vue –, je la trouve magnifique.

Je m'applique un peu plus de blush sur les joues en puisant dans ma réserve personnelle car, quoi qu'en dise Vicky, je me trouve trop pâle ; puis je retourne au piano pour répéter quelques lignes difficiles du premier acte. Je dois me tenir debout désormais : il est presque impossible de s'asseoir avec ce costume. Le temps presse et j'exécute une sorte de version accélérée d'un disque qui compilerait *Les Grands Succès de la Traviata*. C'est à ce moment-là que je commence à me parler à moi-même sérieusement, puisqu'il n'y a personne d'autre à proximité pour m'encourager. Je me concentre sur ma première fausse note.

« Voyons, voilà encore l'erreur de la dernière fois ! Tu manquais de souffle sur cette phrase. Ne te fais pas honte à toi-même. Rappelle-toi, il y a une série d'autres petites notes noires qui t'attendent après cette portée. » Je pianote à nouveau. « Dans quelle clé sommes-nous, Renée ? Ok, chantons ce contre-*ut* ». Je m'exécute et le résultat est assez bon. « Voilà, tu y es ! C'était intéressant. Accroche-toi furieusement à ce contre-*ut* ! »

Peut-être y a-t-il des gens dans le couloir qui écoutent, mais je doute qu'ils n'aient jamais entendu ce qui se passe dans cette loge. Je chante deux autres portées.

« Corrige ça. Encore. Plus de souffle. Ça y est. »

J'entends l'appel par le haut-parleur. « Violetta sur scène avec un mouchoir. » Vicky frappe de nouveau à ma porte. C'est l'heure.

Vicky marche derrière moi et tient ma jupe comme une demoiselle d'honneur. Devant la loge, des courtisanes, des femmes de chambre et des hommes de la haute société sont assis et discutent de leurs chiens et de ce qu'ils ont fait le week-end dernier. Des jeunes femmes somptueuses, vêtues de robes de soie, portent des peignoirs en coton défraîchis au-dessus de leurs costumes pour ne pas les salir. Tout le monde est tiré à quatre épingles. J'entends de l'italien, de l'espagnol, du russe. « Bonne chance » disent-ils, et je leur souhaite de même. Je passe devant le magasin de perruques, la salle des costumes, l'atelier du menuisier ; j'emprunte des couloirs étroits, cimentés, encombrés d'échelles et de chariots ; les murs sont recouverts de rouleaux de cordons électriques gros comme des serpents à sonnette. Il est difficile d'imaginer que c'est là le chemin qui mène à l'endroit le plus somptueux que je connaisse, et que tous les grands chanteurs des cinquante dernières années ont emprunté ces corridors. Tandis que j'approche de la scène l'agitation se fait plus grande. Je croise des gens avec des écouteurs et des blocs-notes, des danseurs en collant et des filles avec des tambourins ; d'autres téléphonent sur leurs portables, d'autres encore sont en costumes ou en t-shirts noirs et en jeans ; des techniciens passent avec des marteaux et font rouler un échafaudage, des femmes s'affairent à la régie lumière et des hommes transportent des projecteurs.

C'est incroyable de savoir à quel point chaque détail est pour quelque chose dans la réussite d'une représentation. Le rideau se lève, les lumières s'allument. Bien que cela soit rare, les choses peuvent parfois aller complètement de travers. Lorsque je fis mes débuts au Royal Opera dans *Médée*, une des pièces de l'énorme décor incliné avait été mal fixée à la scène. En entamant le premier air, je me trouvai juste devant, et le tout bascula d'un coup vers l'avant. Le public en eut le souffle coupé car à quelques centimètres près, je tombais dans la fosse d'orchestre. En 1991 au Met, tandis qu'on donnait

Les Fantômes de Versailles, une énorme partie du décor suspendu tomba. Comme nous ne chantions pas très fort, nous pûmes entendre le « crac » et courir. Les gens criaient ; nous évitâmes de justesse l'accident, deux autres jeunes chanteurs et moi-même. Teresa Stratas était tellement choquée qu'elle fondit en larmes et ne put continuer. Il y deux ans, dans une représentation de *Rusalka* à Paris, une immense partie du décor, mesurant presque deux mètres de profondeur et formée de deux étages, se renversa et le mezzo et moi pûmes, en courant, l'esquiver juste à temps. En général, l'équipe qui travaille en coulisses assure parfaitement notre sécurité. Elle peut monter un décor en cinq minutes, attacher un escalier branlant à une partie du décor avec simplement quelques crampons qui devront soutenir tout le chœur et, d'une façon ou d'une autre, ça fonctionne.

Lorsque je me trouve sur le point d'entrer en scène, Vicky lâche ma jupe et j'y suis, sur ce pont qui relie le monde à ses coulisses.

Sur scène, tout est gigantesque. Comme nos voix et nos bijoux, il doit être visible jusqu'au dernier rang. Un énorme lustre domine le décor. Les meubles sont partout couverts de grands oreillers. Cette mise en scène de Zeffirelli, avec ses murs rouges et ses moulures dorées, présente un décor dans lequel on a envie de s'enfoncer tant il est luxueux, suave et accueillant. Je commence à chanter en puisant de la force dans le public et chez les autres chanteurs ; en retour, je leur donne la mienne.

Bien qu'il s'agisse de la dernière représentation de ma deuxième interprétation de Violetta, je découvre encore cinq ou six manières de me perfectionner dans l'acte un. Durant le premier duo avec Alfredo, je me rends compte que je n'ai pas entièrement exploré le registre colorature. Idéalement, tout ce que nous chantons doit être motivé. Il ne suffit pas de bien chanter les notes, il faut aussi exprimer un sens. Considérons, par exemple, la cadence qui a lieu à la fin du premier duo. Elle peut être interprétée de manière amusante, ardente ou hystérique; elle peut représenter Alfredo en train d'attirer à lui Violetta ou Violetta repoussant Alfredo : tous ces choix sont justifiables. Verdi ne précise nulle part dans la partition qu'il veut signifier ceci ou cela. C'est ce qui rend cette musique si excitante : son intangibilité, son mystère me donnent de l'espace pour me déployer et expérimenter différents types de jeux selon les jours, et pour sentir ce qui appartient en propre au personnage, ou même à la soirée. Ce soir, je décide que l'essoufflement phtisique de Violetta représentera aussi sa soumission à l'amour, et je l'interprète presque comme un signe de lascivité. J'essaie de voir comment je pourrais associer ces deux idées : Violetta est malade, mais elle est aussi sous le charme d'un jeune homme très séduisant. La créativité est comme un muscle : plus on s'en sert, plus elle est puissante et plus on peut reposer sur elle, même inconsciemment. Je pense que tout le monde est créatif, mais nous devons nous entraîner à l'être dans la confiance et l'aisance. Si j'exerce fréquemment ma créativité, si je l'entretiens autant que ma voix, je serai plus à même de faire des découvertes et d'améliorer mon interprétation. C'est là que réside le bonheur d'interpréter : on s'exerce dans quelque chose pendant si longtemps et avec une telle discipline que cela finit par paraître, et même par être ressenti, comme quelque chose de naturel.

La cadence qui termine la cavatine du grand air fournit une autre occasion de s'exprimer; elle m'offre une des situations les plus puissantes de l'opéra : faire attendre le public. Lorsqu'une interprétation est réussie, le public sent qu'il vit quelque chose de réel, quelque chose qui a lieu devant lui pour la première fois. Sur scène, nous ressentons quelque chose de semblable. Une des façons d'optimiser ce potentiel d'identification est d'utiliser le temps de manière à déclencher la surprise. C'est encore à Frank Corsaro que je dois mon effet de surprise favori, la longue pause avant « È strano ! È strano ! » Les invités sont partis, le soir tombe et tout est à nouveau calme. Normalement, la porte se referme, Violetta se retourne et, pour ne pas perdre sa note, chante immédiatement « È strano ! È strano ! ». Mais Frank voyait cette scène différemment. Il me demanda d'ôter mes chaussures et d'aller devant la cheminée. Tout cela provoque une tension dans le public; c'est essentiel dans le drame musical.

Hartmut Höll, qui l'appelle *tragen* (ce qui signifie « porter » en allemand), me l'a enseigné. Parfois, une ligne vocale absolument claire, pure et virginale crée une puissante émotion simplement du fait de son caractère angélique. Mais on peut créer une tension de diverses manières, ce qui me fascine incroyablement. On peut jouer sur la corde sensible du public en utilisant les variations de tempi et les legatos, en anticipant légèrement sur la note suivante ou en la retardant à peine, ce qui entraîne le public et le lie émotionnellement au chanteur. Lorsque Hartmut me parla du *tragen*, il m'en fit une démonstration au piano. Ces effets sont assez difficiles à réaliser du point de vue technique et peu de chanteurs savent quand les utiliser. Quand ils le font, je suis bien plus émue que par tout ce qui se passe dans le monde.

Même lorsque je suis seule sur scène, comme à la fin du premier acte de *La Traviata*, je n'y suis jamais complètement seule, car je peux compter sur le soutien inconditionnel de Joan Dornemann, postée dans le trou du souffleur. Elle prévient les catastrophes, remet les chanteurs au bon endroit lorsqu'ils ont pris de l'avance ou du retard, nous souffle la réplique si nous avons oublié ce que nous devions dire et, en dernière instance, peut crier un mot. Quand j'ai débuté, les jeunes chanteurs ne bénéficiaient pas de ce luxe, et dans les théâtres les plus importants on s'abandonne à la sécurité qu'ils procurent, ce qui fait de leur absence un genre de torture mentale. J'ai chanté pour la première fois *Manon Lescaut* à Paris sans souffleur, ce qui était particulièrement angoissant, vu l'abondance des dialogues. La première chose que fit James Conlon lorsqu'il devint directeur musical de l'Opéra de Paris fut d'installer un trou pour le souffleur. C'est après tout une tradition de l'opéra, qui remonte à l'époque où les chanteurs interprétaient plusieurs rôles chaque soir.

Lorsque le premier acte est terminé, je pousse un grand soupir de soulagement. Cela ne signifie pas que le reste de l'opéra soit facile ; mais comme le premier acte me rend anxieuse et que c'est le plus épuisant de tous, si je ne règle pas bien mon allure, je risque de flancher plus tard dans la soirée. Je suis aussi susceptible de faire un faux pas. Encore aujourd'hui, à mon grand étonnement, si je chante légèrement faux je me mets à penser : « Voilà ! C'est fini ! Ma voix est fichue ! » Cela peut sembler névrotique, mais pourtant la chose est possible : on ne sait jamais quand on va déformer une note et ruiner ses cordes vocales pour de bon. Pensez à la façon dont un patineur artistique exécute parfaitement une série de doubles axels et de triples loops pendant une soirée, puis glisse en patinant tout droit et s'abîme un tendon. Parfois les passages les plus faciles sont aussi les plus dangereux, car on relâche son attention.

Le rideau se baisse, je salue pour remercier tous ces applaudissements encourageants et rentre dans ma loge. J'ôte la robe en forme de pièce montée de l'acte I. Vicky m'aide à enfiler la robe à rayures bleues et vertes de la scène 1 de l'acte II : la courtisane à la campagne. On troque les diamants de pacotille contre une grande croix, de longues boucles dénouées remplacent mes cheveux relevés et les épingles en pierres précieuses font place à un simple chapeau de paille. Placído Domingo frappe à ma porte. J'ignorais totalement qu'il se trouvait dans le public ce soir. Je l'avais juste vu la veille dans *La Dame de pique*, parce que Sage chantait dans la chorale d'enfants. Il m'embrasse, prend mes mains, me regarde d'un air sérieux et me dit : « Tu sais que j'adore ta voix ? » Lorsqu'il part, le chef d'orchestre Valery Gergiev m'appelle pour me dire que j'ai très bien chanté. Même à ce stade de ma carrière, j'apprécie tout encouragement.

Je regagne la scène à travers les couloirs sinueux du Met; Vicky porte ma jupe, je passe devant d'énormes caisses orange étiquetées GÖTTERDÄMMERUNG et LUISA MILLER. Les accessoires scintillants du premier acte ont été déplacés, le lustre est maintenant replié et pend deux étages au-dessus de nos têtes, hors de la vue du public. La vie mondaine est devenue bucolique, le décor figure une pièce ensoleillée aux innombrables fenêtres.

Si on a de la chance, au cours de sa carrière on se dit des dizaines de fois : « C'est le meilleur metteur en scène avec qui j'ai jamais travaillé. Ce chef est génial. Ce ténor, cette mezzo, cette basse – je n'ai jamais vu un talent pareil. » D'une certaine façon, une chanteuse d'opéra est un peu comme une jeune fille de seize ans très romantique, qui tombe passionnément amoureuse tous les mois. J'aime particulièrement chanter avec Dmitri, célèbre pour sa capacité à maîtriser son souffle et à faire durer les phrases. Il a parfaitement compris le *tragen* et sait l'utiliser pour dilater et comprimer le cœur du public. Si on le comparait aux Germont de l'histoire, on pourrait immédiatement discerner le talent qui lui est propre : il possède un soutien et une technique parfaits. Ajoutez à cela qu'il a une voix magnifique et qu'il sait toujours quoi faire avec une phrase, et vous comprendrez pourquoi la scène se déroule comme un rêve. C'est un de mes moments dramatiques préférés à l'opéra; il est si subtil et tragique. On voit qui est réellement Violetta, sa bonté transparaît et le public en est profondément ému.

Lorsque la première scène du second acte est terminée, je retourne dans ma loge pour me changer encore une fois et, en chemin, une femme m'arrête et me tend une enveloppe. Au Met, les interprètes principaux sont payés après le deuxième acte, et même si recevoir un chèque est toujours gratifiant, ce n'est sans doute pas le meilleur moment. Je suis toujours distraite – c'est un euphémisme – et j'oublie souvent l'endroit où j'ai fourré le chèque dans ma précipitation à enlever mon costume et à en passer un autre. D'habitude, quelques jours après la représentation, Mary, mon assistante, me demande si j'ai été payée ; c'est alors que commence la chasse au chèque.

La scène 2 de l'acte II commence par une soirée, avec la participation du chœur et des danseurs. Je ne suis pas sur scène au début et j'ai juste le temps d'enfiler la robe noire qui signifie « Je suis revenue à la grande vie et suis maintenant une misérable courtisane. » C'est le moment où les figurants sont les plus nombreux et les costumières s'installent juste à côté de la scène, tout occupées à repasser les vestes et à faire bouffer les jupons. Lorsque l'acte est terminé, je passe rapidement ma chemise de nuit et me prépare à mourir.

Je me suis toujours efforcée de trouver la meilleure façon de paraître émaciée et fluette pendant le dernier acte, et cette année Susan Graham m'a confié un excellent truc : le corset applatissant. Elle en porte un lorsqu'elle chante des rôles de travesti dans Haendel ou Strauss, et cela fonctionne très bien. J'en mets un sous ma chemise de nuit lavande, Victor vient m'ôter du visage le blush que j'avais rajouté en douce avant le premier acte et me dessine des cernes sous les yeux, puis je passe une perruque échevelée qui indique clairement que je souffre depuis plusieurs jours d'une forte fièvre. Je troque ma croix contre un grand médaillon sentimental qui contient sans doute un portrait d'Alfredo et un autre de moi, que je lui offrirai comme souvenir de notre amour. Mon mouchoir est maculé de sang; je ressemble à un dessin d'Edward Gorey. Vicky me ramène sur scène et m'aide à monter sur le lit. C'est pour moi l'unique moment heureux de *La Traviata*, car à l'instant où j'entre en contact avec ces draps, je réalise à quel point je suis fatiguée, et chaque soir je me dis : « Si je pouvais dormir pendant une minute ! » Les menuisiers ont planté une énorme perche en bois au milieu du décor et sont occupés à forer bruyamment; c'est le troisième acte, je suis au lit, et tout va bien. Les menuisiers enlèvent la perche, mettent de l'ordre et s'en vont. J'entends la musique de l'autre côté du rideau et essaie de me réveiller.

Je suis très heureuse d'avoir pu travailler avec Valery Gergiev. Nos sensibilités artistiques sont complémentaires et nous travaillons bien ensemble. Je trouve dynamique et excitante sa façon d'apporter de la virilité à l'orchestre, j'y réponds en chantant avec plus de passion, ce qui l'inspire à son tour. Sur le plan rythmique, sa direction est beaucoup plus affirmée que celle à laquelle je suis habituée. Nous fîmes ensemble *Otello* en 1994, et comme je faisais partie de la seconde distribution, je pus être présente pendant la majeure partie des répétitions. Lorsque j'entendis sa scène de tempête, je me sentis réellement terrorisée par l'ardeur et la vie qu'il y mettait. Je n'ai pas besoin de le regarder constamment car il étire une phrase et je sens de manière innée que mes deux prochaines phrases devront être projetées pour équilibrer son étirement. Ce sont ces concessions mutuelles, le risque et la confiance, qui peuvent faire d'une production de *La Traviata* quelque chose d'inédit.

Je comparerai cela avec l'amour. Leonard Bernstein disait que diriger un orchestre est comme faire l'amour avec cent personnes en même temps. On m'a dit aussi que, que voir Kleiber diriger Ileana Cotrubas dans *La Traviata* (il ne la quittait pas des yeux, ils se répondaient l'un à l'autre musicalement) laissait penser qu'il était amoureux d'elle. Et, comme me l'a raconté un musicien de jazz, Miles Davis disait qu'il n'avait pas fait son travail si les femmes présentes dans le public ne tombaient pas amoureuses de lui. Ce n'est pas étonnant que nous tentions de reproduire l'émotion la plus forte de l'existence.

L'un des moments exigeant le plus de talent théâtral dans cet opéra se situe au troisième acte, lorsque Violetta lit la lettre qu'elle a reçue d'Alfredo. Cette scène de la lettre, très révélatrice, peut faire le succès ou l'échec d'une Violetta. À Houston, Frank montrait une Violetta furieuse de l'absence d'Alfredo, alors que celui-ci sait qu'elle va mourir. Une idée puissante, qui mène irrésistiblement à son cri de « C'est trop tard ! ». Au Met, en revanche, ma lecture était plus pensive, en accord avec la vision plus douce de Violetta que proposait la mise en scène. La lecture de cette lettre a tout à voir avec la beauté du langage, car on est bien plus exposé en parlant qu'en chantant. Dans le chant, chaque voyelle est étirée, et on peut en esquiver un certain nombre tout en restant authentique. Mais lorsqu'on parle, on ne peut pas se cacher. C'est le genre de chose qui peut me rendre très obsessionnelle, bien plus qu'un passage vocal difficile.

À la fin, Alfredo et Germont reviennent. Alfredo et moi nous nous jurons à nouveau l'amour, et tout est pardonné. Je vis un bref instant de joie, croyant que je suis complètement guérie et que nous pourrons mener une vie heureuse tous les deux, puis je m'écroule, morte, sur un dernier *si* bémol. Lorsque nous paraissons à nouveau en scène, le public rugit. On dirait l'océan, c'est une énorme vague d'amour et d'approbation qui déferle sur nous. Les gens déchirent leurs programmes et les lancent en l'air et, bien que cela soit expressément interdit au Met, ce n'est certainement pas moi qui leur dirai d'arrêter. Les pages pleuvent sur nous, les applaudissements semblent durer aussi longtemps que l'opéra tout entier. Soudain, j'ai l'impression que je pourrais rester debout toute la nuit.

C'est là que l'histoire devrait se terminer, avec ma résurrection devant un public adorateur, en compagnie de mes collègues et amis ; mais la soirée n'est pas tout à fait finie. De retour dans ma loge, je repose ma perruque sur son support de polystyrène et ma chemise de nuit sur son cintre. J'enlève mes épingles, ôte mes cernes du mieux que je puis, et remets mes propres vêtements. Si je me trouve bien, j'ouvre la porte de ma loge et accueille tous ceux dont les noms figurent sur la liste, les dirigeants du Met, des anciens camarades de l'école primaire, d'autres chanteurs, des admirateurs venus d'autres États ou d'autres pays, des amis proches, des relations amicales et encore bien d'autres personnes. Rencontrer, saluer et faire défiler tous ces gens demande de la dextérité, car, même si j'apprécie leurs visites, je veux être sûre que ceux qui se trouvent à la fin de la queue ne devront pas attendre jusqu'à deux heures du matin. Il y a beaucoup de photos, d'embrassades et de petits cadeaux échangés. Après avoir parlé à chacun, je reviens à l'entrée des artistes, où m'attend la file des admirateurs dont le nom ne figurait pas sur la liste. Voilà les troupes. Il est maintenant très tard, il fait très froid, pourtant ils veulent que je signe leurs programmes. Parmi eux, beaucoup de jeunes chanteurs, et je me souviens de l'époque où j'attendais dehors pour dire à un artiste combien j'avais apprécié son interprétation. J'essaie de parler quelques instants avec tout le monde. Il est minuit passé lorsque j'arrive à la fin de la deuxième file. C'est le moment où je préfère New York. La ville m'a attendue. Elle ne paraît absolument pas déserte ou fermée. Une amie m'a invitée à partager une salade tardive et un verre de vin, et soudain je possède toute l'énergie du monde, pour quelque temps encore. Je descends Broadway en m'éloignant du Lincoln Center. C'était une bonne soirée.

Coda

Je ne saurais imaginer de vocation plus satisfaisante que la mienne : jour après jour la beauté, l'humanité, l'histoire sont associées à la joie cathartique que me procure le chant. Musicienne classique, pour autant que je conserve ma voix, j'ai le privilège de pouvoir mener une longue carrière. La complexité de cet art et la capacité de mûrir artistiquement peuvent maintenir vingt ou trente ans l'attention d'un public fidèle, ce qui est rarement le cas des chanteurs de musique plus populaire. Le plus grand avantage que j'en ai tiré, c'est le pouvoir de choisir : quel rôle ou quel concert accepter et, jusqu'à un certain point, avec qui.

Je continuerai à rechercher de nouvelles aventures et à me risquer dans d'autres créations mondiales au concert ou à l'opéra. Comment l'art pourrait-il continuer de grandir si la source qui l'alimente en le renouvelant venait à se tarir ?

Imaginez un monde où nous aurions chaque année deux ou trois nouveaux opéras à enregistrer avec les plus grandes stars, où le public les attendrait avec autant d'avidité que le nouveau livre d'Ann Patchett ou le nouveau film de Pedro Almodóvar. À mesure que je progresserai dans l'art du récital, je poursuivrai mon exploration du répertoire de la mélodie tout en continuant d'enrichir mon legs discographique. Les mêmes qualités qui ont fait de moi une étudiante passionnée me permettent aujourd'hui de repousser mon horizon en m'incitant à explorer le théâtre et l'art, en m'intéressant aux problèmes d'éducation et en me faisant réfléchir à l'importance de la musique et des arts dans notre culture.

Ce n'est que récemment que j'ai pris conscience de ma chance. Je repense à Jan DeGaetani qui nous amenait au bord des larmes en nous parlant du privilège qui était le nôtre, et de l'honneur que nous avions d'être des musiciens, des artistes. Nous avions du mal à percevoir cela à l'époque, car nous pouvions à peine achever un air sans douleur, mais aujourd'hui je comprends parfaitement. Souvent, en scène, il m'arrive de me sentir complètement submergée par un sentiment de reconnaissance à l'égard de la plénitude que ce travail me fait connaître. Lorsque j'étais jeune, la musique me permettait de donner une voix à des émotions que je pouvais à peine nommer ; aujourd'hui elle donne à ma voix le pouvoir unique et mystérieux de parler à autrui.

J'ai aussi la chance d'être entourée par des amis extraordinaires auprès de qui je trouve constamment de quoi me rajeunir et renouveler la force dont j'ai besoin pour faire face à la pression de mon métier. Ils sont pour moi une véritable oasis. Il y a les amis de ma jeunesse, les collègues, des gens qui ont connu le même type de carrière que moi, il y a aussi des admirateurs et amis, issus de toutes les couches de la société, qui sont des esprits cultivés et de fins amateurs d'art. Je retourne beaucoup de choses dans ma tête, je suis même une vraie championne pour ça, et je ne pense pas que je pourrais supporter les rigueurs de la vie que je mène sans tout l'amour que je puise dans ce cercle intime, chez ma sœur et dans ma famille.

Ma préoccupation principale est de bien m'assurer que je consacre assez de temps à mes enfants. Je discute ouvertement de tout ce qui concerne mon travail et mes voyages avec Amelia et Sage. Elles savent exactement quand je dois partir et quand je rentre à la maison. Nous révisons ensemble le calendrier. Nous communiquons tous les jours, par téléphone ou bien par e-mail. Je suis informée de tout ce qui les concerne. Je m'efforce de bien leur faire comprendre qu'elles sont ma priorité, et je pense qu'elles en sont conscientes. Elles savent aussi quelle force herculéenne et quelle éthique exige mon métier : je dois me porter sur plusieurs fronts; mais elles savent aussi que le moment venu, il n'y aurait même pas à choisir : elles viendraient en premier. Je ne leur ferme jamais la porte quand je suis en train de répéter. Elles peuvent venir et s'asseoir sur mes genoux. Elles peuvent m'interrompre s'il est besoin. Je voudrais qu'elles ne ressentent jamais de rivalité avec la musique pour obtenir mon attention, et jusqu'ici tout va bien. Elles aiment la musique. Je ne les pousse pas dans ce sens, mais la musique est toujours là pour elles. Ma philosophie est de les exposer à la plus grande variété possible de choses, de personnes et de situations intéressantes.

Il faut beaucoup d'amour pour s'assurer chaque jour que leurs besoins ne sont pas ignorés ; par bonheur, j'ai finalement trouvé le bon équilibre entre ma vie professionnelle et ma vie personnelle. J'éprouve de la reconnaissance envers ma mère qui me fit comprendre qu'elle avait beau être différente de la mère de mes amis, je pouvais quand même être fière d'elle. Récemment, Sage a participé à un chœur d'enfants dans un opéra russe, et lorsque je suis allée la retrouver dans les coulisses, je lui ai dit : « Ma chérie, tu sautes à la corde sur scène et tu es censée t'amuser. Tu pourrais me faire l'un de tes sourires célestes la prochaine fois ? Et puis chante vraiment ! » Je me mis à rire en m'apercevant que l'histoire se répétait. Je ne suis pas seulement leur mère ; je suis aussi leur modèle. Je leur dis toujours mon espoir qu'un jour elles aussi trouveront une ambition pour leurs vies qui les rende aussi heureuses que je l'ai été moi-même : quelque chose qui les passionne.

Par une belle journée dans le Connecticut, tandis que je conduisais mes filles pour faire quelques courses, l'aînée d'entre elles, qui devait avoir dix ans, commença à chanter l'un des airs virtuoses de la Reine de la Nuit dans *Die Zauberflöte* ; tout y était, et jusqu'aux *fa* aigus parfaitement en place. Je garde toujours dans ma voiture un diapason, car souvent je m'exerce la voix pendant que je conduis (vous savez maintenant qu'il faut éviter de croiser une soprano sur la route), et je pus donc constater qu'elle chantait en plus dans la bonne tonalité. « Amelia, c'est incroyable, lui dis-je ! Où donc as-tu entendu ça ? » Je l'avais déjà emmenée à l'opéra, mais cela faisait un an.

Elle sourit et me répondit : « Oh, j'ai vu ça à la télévision l'autre jour. C'était dans un film. »

– Ah, donc tu l'as vu plusieurs fois pendant le week-end ?

Elle haussa les épaules, ne paraissant pas se rendre compte de ce qu'elle avait fait. « Non, juste une fois. »

La mémoire musicale est un don remarquable. Bien sûr, pendant toute la semaine suivante, les deux filles chantaient la Reine de la Nuit à chaque fois que nous montions dans la voiture, et dans des registres de plus en plus élevés. C'était très amusant pour moi, et déconcertant pour toutes leurs amies qui montaient dans la voiture avec nous.

Dès qu'elle chantait, je disais à Amelia qu'elle le faisait admirablement, jusqu'à ce qu'elle me dise finalement : « Tu sais Maman, je pense que je veux être chanteuse d'opéra. »

Bien entendu, trois jours après elle n'y pensait même pas, mais au moins avait-elle envisagé ne serait-ce que l'espace d'un instant ce que je savais depuis toutes ces années : il doit y avoir au moins une note de mon registre qui me vient de ma grand-mère, et il est sûr que la voix de soprano de ma mère ainsi que l'amour immense de mon père pour la musique contemporaine ont beaucoup contribué à la couleur et à la profondeur du son qui est le mien. Leurs voix sont notre héritage et une partie de ce que nous sommes, auquel tout ce que nous avons appris vient se mêler. Nous sommes tous uniques, chaque voix humaine est unique, mais non parce que nous nous serions engendrés nous-mêmes : nous nous singularisons par notre manière de réunir les innombrables facteurs qui nous ont façonnés. Ma voix porte en elle les générations qui l'ont précédée, ma famille, les brillants chanteurs que j'ai admirés, les amis qui me sont chers. Ce livre ne fait pas entendre ma voix, mais au moins le travail, la pensée et la passion de la discipline. Certains petits éclats de ma voix pourront nourrir un élève qui assiste à l'une de mes master classes ou bien un jeune chanteur qui m'écoute attentivement, tout comme de petites lueurs du contre-*ut* rayonnant de Leontyne Price ou encore comme la respiration de Dietrich Fischer-Dieskau m'ont nourrie moi-même. Si c'est là le passé de ma voix, alors il faut croire que là réside aussi son avenir. Ma voix continuera de s'épanouir, elle ne vivra pas seulement dans mes disques, mais aussi en mes filles et chez les enfants de mes filles, et tant que durera la lignée. Cela ne veut pas dire que tous ceux qui en seront issus seront des chanteurs, mais que chacun sera animé d'une passion entraînante et que peut-être une part de cette passion s'incarnera dans nos voix. Les gens pourront entendre résonner, même dans un mot, la puissance et la splendeur de toute la musique qui est venue avant eux.

Table

Remerciements		9
Prologue		11
Chapitre I	La famille	23
Chapitre II	L'éducation	49
Chapitre III	L'apprentissage	79
Chapitre IV	Les mentors	113
Chapitre V	Le succès	139
Chapitre VI	Le défi	171
Chapitre VII	Le business	193
Chapitre VIII	La longévité	229
Chapitre IX	L'image	259
Chapitre X	La scène	285
Chapitre XI	Les rôles	297
Chapitre XII	Les coulisses	327
Coda		351

Achevé d'imprimer en octobre 2004
par **Bussière**
à Saint-Amand-Montrond (Cher)
pour le compte de la librairie Arthème Fayard
75, rue des Saints-Pères - 75006 Paris

35-56-2471-01/7

ISBN 2-213-62271-X

Dépôt légal : novembre 2004.
N° d'édition : 52365. – N° d'impression : 044434/4.

Imprimé en France